DH
数字人文
吴夏平 主编

文献考据 讲义

吴夏平◎著

治文史要懂得文献学基本知识，更

要懂得如何去用文献，如何去处理文献。与文

献紧密相关的**是考据，也**就是考

镜源流。所谓考据，就是要弄清事实真相，考

据学是求真的学问。

上海教育出版社
SHANGHAI EDUCATIONAL
PUBLISHING HOUSE

本书为国家社会科学基金重点项目"中古书籍制度文献整理及其与文学之关系研究"（项目编号：21AZW006）阶段成果

编　委　会

主　编

吴夏平

编　委

（按姓氏笔画排序）

王弘治　王　贺　吕元智

刘　江　孙　超　吴夏平

於　家　查清华　袁非牛

总　序

2022 年 5 月,中共中央、国务院印发《关于推进实施国家文化数字化战略的意见》,明确提出到"十四五"时期末,基本建成文化数字化基础设施和服务平台,形成线上线下融合互动、立体覆盖的文化服务供给体系。2023 年 2 月,中共中央、国务院印发《数字中国建设整体布局规划》,强调统筹布局一批数字领域学科专业点,培养创新型、应用型、复合型人才。2023 年 3 月,教育部等五部门印发《普通高等教育学科专业设置调整优化改革方案》,提出要推进文科专业数字化改造,深化文科专业课程体系和教学内容改革,做到价值塑造、知识传授、能力培养相统一,打造文科专业教育的中国范式。可见,随着大数据时代到来,数字人文作为一门重要新兴交叉学科备受关注和重视。

将计算科学与人文学科结合,可溯源至 20 世纪 40 年代意大利耶稣会士罗伯托·布萨(Roberto Busa)与 IBM 公司合作,利用大型计算机制作了托马斯·阿奎那(Tommaso d'Aquino)著作索引。60 年代,《计算机与人文科学》杂志诞生,标志着人文计算正式兴起。70 年代,苏联科学家 M.安德柳辛科提出"电子计算机与人文学科"的构想。1975 年,法国国立科学研究中心成立人文科学电子计算机实验室。此后,随着计算机和网络技术普及,数字技术与人文科学结合越来越紧密,数字人文概念也得到学界广泛关注。

数字人文是实现加快新文科建设的重要方法和路径。数字理论技术与传统人文学科的契合点在于数字素养和数据意识。数字素养主要就数字视野、数字思维、数字方法、数字技能等而言。通过计算机将事物转化为机器可读取、识别、分析的信息，属于数字化过程。数字化是数据化的基础，二者关联密切，但并不等同，因为数据化是对事物进行描述的过程，数据是描述的结果。只有将事物数据化，各事物之间才能产生更深层次联系，在此过程中可以发现新知识。传统人文学科知识转型为人文大数据，可以实现知识汇聚和知识新发现。因此，培养数据意识、提升数字素养，是数字人文学科建设的关键工作。

为服务国家重大战略，加快新文科建设，上海高水平地方高校"数字人文资源建设与研究"重点创新团队与上海师范大学数字人文研究中心共同推出"数字人文教材系列"。编写团队结合各自研究专长，考虑读者不同需求，同时又通体协作，遵循共同学术旨趣，追求一致学术目标，因而该系列具有整体性和系统性。

一是传统与现代兼顾。文献是开展数字人文研究的重要基础。传统文献数字化转型虽然实现了检索、统计、分析等功能，但对数字文献的理解和利用必须从源头开始。也就是说，传统目录学、版本学、校勘学等方法是数字文献学的重要根基，在转型过程中，必须兼顾传统，否则无法深度认识和判断文献价值和意义。

二是技术与人文融合。例如，AI（Artificial Intelligence，人工智能）情感分析与文化生成，全面系统阐述大数据技术、数字化与知识图谱、虚拟现实技术、自然语言处理技术、人文情感计算与分析、文化自动生成、数字人文运用等。这对理解和认识数字人文基本内涵、数字技术及其在人文学科研究中的运用，具有非常切实的帮助作用。再如，3S 地理信息科学技术与人文研究。3S 是指由 RS（Remote Sensing，遥感）、GIS（Geographic Information System，地理信息系统）、GNSS（Global Navigation Satellite System，全球卫星导航系统)共同组成的地理信息科学技术系统。借助 3S 技术,可以将抽象知识运用于野外场景,从而实现虚拟仿真测绘、数字人文景观制图、历史人文场景还原等。

三是理论与实践并重。哈佛大学开发的"中国历代人物传记资料库",由郝若贝(Robert M. Hartwell)教授创办,他去世后由包弼德(Peter K. Bol)教授主持。编写其使用教程旨在使读者进一步了解该数据库框架设计的基本理论和方法论、数据结构、资料来源等,并结合具体实例分析该数据库在数字人文研究中的实际价值。数字人文案例分析,精选国内外多种数字人文研究典型案例,详细介绍具体研究过程,总结提炼研究方法、理论技术、思想价值、学术意义等。因此,这些案例对于初学者来说,具有重要的研究范本和学术范式作用。

"数字人文教材系列"可以作为数字人文学科及相关专业研究生和本科生的学习教材,也适合广大数字人文爱好者使用。

限于水平,教材编写可能存在不足甚至错误,祈请专家学者不吝批评教正!

编委会

2023 年 8 月

前　言

　　2023年春天，令人振奋的是，OpenAI公司推出了ChatGPT。兴奋之余，也有不少人表示担忧，认为人工智能可能会破坏人类既有秩序。这种担忧可以理解。因为在人类历史上，人们面临技术革新时的心情大都是相同的。但历史的车轮，不会因为人们的忧虑而停止。

　　我也试着问了几个问题。我问，如何能更好地学习唐代文学？机器回答了好几条，思路清晰，很有层次，令人惊叹。但答案中的几句话，特别是要学习李白、杜甫、苏轼的诗歌这句话，又使我对答案产生了怀疑，因为它把苏轼也看成是唐代文人。我又从《全唐文》电子版中复制了一篇，希望机器能帮助分词。很快，答案出来了，分得确实不错。但是对专有名词，特别是地名、官名、人名等，机器不能很好地识别，出现了几处低级错误。由此我知道，ChatGPT在技术上还有很大提升空间，特别是在古汉语文献技术处理上，还需要不断改进。

　　其实，即便机器能够把古文分词做好，能够提示研究思路，我们也不必恐慌，因为最终机器的答案还需要人来理解。就像学生向老师请教一样，老师提供的答案最后还需要学生来理解和实践。如何能够更好地理解机器或老师的提示，就古典文学研究而言，打好文献基础非常关键。程千帆先生教育学生，开设了两门课程，一门是校雠学，一门是杜诗研究。校雠学教学生怎么收集材料、整理材料，杜诗研究教学生怎么分析材料、研究材料。前者是为了打好文献基础，后者是为了提高研究能力。这两种方法，后来被概括为文献学与文艺学。程先生所说的下面这段话，对我们很有启发：

我才走进金陵大学的时候，看到那么多课程，又兴奋又紧张。我不知道搞什么好。我去问老师，各个老师的回答也不一样。季刚先生就说你首先要通章句之学，要先把书读懂读通，我对此不是很满足。刘国钧先生说要先通目录之学，治学就容易摸着门径。他引了一段章太炎的话。章太炎曾讲过谭复堂（献）有个儿子，才十来岁，并没读过多少书，可是开口就谈《汉书·艺文志》九流十家，非常空疏，极不可取。所以，刘先生告诉我，治学要有门径，又不能流于空疏。后来我接受了刘先生给我的指示，从目录学入手，但只记住些书名，看些目录提要，还不是学问的本身，靠目录学入门后，要进而达到专门，我是愿意这样做的。①

目录学确实是治学的重要门径。这一点，前人有很清醒的认识。王鸣盛《十七史商榷》说："目录之学，学中第一紧要事，必从此问途，方能得其门而入……"②同时，学者金榜也说："不通《汉·艺文志》，不可以读天下书。《艺文志》者，学问之眉目，著述之门户也。"③张之洞《书目答问》："读书不知要领，劳而无功。"④龚自珍《六经正名》："微夫刘子政氏之目录，吾其如长夜乎？"⑤这些话广为引用，都是我们熟知的。我在求学过程中，老师也经常强调文献学的重要性，要懂得辨章学术、考镜源流的方法。我在教学过程中，特别是指导学生论文写作中，经常会遇到一些问题，如发现他们多从网络上找资料，到知网下载论文。甚至有些同学给引文作注，也从知网上去找。他们说作者已经注明出处，不必再麻烦去翻原书。我跟他们说，知网上的论文，仅仅是研究史或者某一学术史中的一小部分，怎能当作原始文献来读呢？网络上检索文献，也只能是按图索骥，不能直接引用。因为道理很简

① 程章灿等《老学者的心声——程千帆先生访谈录》，巩本栋编《程千帆沈祖棻学记》，贵州人民出版社 1997 年版，第 108 页。
② 王鸣盛《十七史商榷》卷一，黄曙辉点校，上海古籍出版社 2016 年版，第 1 页。
③ 王鸣盛《十七史商榷》卷二二，第 248 页。
④ 张之洞《书目答问·略例》，范希曾补正，孙文泱增订《增订书目答问补正》，中华书局 2011 年版，第 1 页。
⑤ 龚自珍《六经正名》，王佩净校《龚自珍全集》，上海古籍出版社 1999 年版，第 37 页。

单,网络只提供信息共享平台,不辨真伪。因此,在数字技术日益发达和广泛使用的环境下,更需要强调阅读原典和查阅原始文献的重要性。

利用数字文献进行学术研究,同样也要先打好文献学基础,否则,仅靠数字技术无法展开研究。以古文分词为例,把古文粒度化,有助于重新发现其间的知识关联。但就目前而言,古文分词技术还处于摸索阶段。不仅如此,所分对象,亦即古文文本,网络上能够搜索到的文本,大部分还不够精确。举一个简单例子,假如要对《全唐文》进行分词,就不能只是依靠网络检索到的电子版《全唐文》,因为其中有不少错漏。要对计算机进行古文分词训练,首先必须提供精确的文本。因此,古文分词最重要的一步,也是第一步,是要懂得一些基本的校勘学知识,选择一个可靠本子为底本,精校电子文本。只有在这个精确文本基础上,所进行的分词才更加精准。如果文本本身不可靠,所分的结果自然也不可靠,相关数据统计分析的价值也会大打折扣。

正如上述程千帆先生所言:"从目录学入手,但只记住些书名,看些目录提要,还不是学问的本身,靠目录学入门后,要进而达到专门……"研究文献学的目的是"达到专门",也就是以文献学为学术入门的途径。近年来,古典文献学相关教材和专著出版不少,目的都是引导初学者进入学术领域。我在读博士时,导师戴伟华教授强调,不仅要懂得文献学基本知识,更要懂得如何去用文献,如何去处理文献。与文献紧密相关的是考据,也就是考镜源流。所谓考据,就是要弄清事实真相,考据学是求真的学问。戴老师开设的"制度与文学"课程,主要讲授如何分析材料和研究材料。我后来在教学过程中,开设了"文献与考据"课程。从 2009 年至今,已有 15 个年头。

在讲授过程中,虽也提到目录学、版本学、校勘学等专门的文献学知识,但这门课程的主要目的不是教授文献学,而是要将文献学与学术研究结合起来,从传统文献学中萃取、提炼一些基本的学术方法。具体来说,《汉书·艺文志》《隋书·经籍志》《旧唐书·经籍志》《新唐书·艺文志》《四库全书总目》等重要目录学著作,是教学过程中研读的主要对象。在反复讲授中,我也曾试着把授课内容系统化,形成比较稳定的十二讲。以下简要介绍每讲设置的目的和基本内容。

追问学术研究的价值和意义,目的是提振学生的自信心。拿毕业论文换一纸文凭,是应当肯定的现实需求。道理很简单,从事一切工作,首先要保障基本物质生活。如果连吃饭问题都解决不了,还能侈谈什么学术研究呢?! 但是,学术研究的目的又不能仅止于此。以追求真善美为基础建立学术理想,是文献与考据课程设置的基本目标。

第一讲,专门谈到作为思想与方法的文献与考据,主要从历史经验出发,对历史之真、艺术之真、通性之真等进行解说,对释证、补正、参证的具体含义从方法论上予以阐释。

第二讲,以八个具体个案为例,解释文献与考据在文学研究中的价值和作用。所举的八个例子,包括王维《使至塞上》"大漠孤烟直"蕴含的唐代军事制度、江州司马白居易"青衫湿"中的自伤之义、孟郊"春风得意马蹄疾"与唐代科举制度的关系、陶渊明辞官归隐与督邮的关系、项羽为什么不肯过江东、苏轼《念奴娇》词中到底是"樯橹"还是"强虏"、白居易思想分水岭认识中的误区、王安石改字与网络知识碎片化等,其中有些是前贤的研究心得,有些是我的一己体会。这八个例子,都与文献问题有关,也都涉及考据学基本方法在文学研究中的运用。

第三讲,总论文献与文献学。"文献"一词,最早见于《论语·八佾》。该篇记载了孔子研究夏礼和殷礼的学术方法,类似于现代的田野调查。因此,"文献"一词的原初含义已包孕了它的现代性。文献的现代性样态非常丰富,包括文字、口述、实物、图像等不同形态。文献学是研究文献的学问,是传统学术的重要内容,这一讲主要就目录学、版本学、校勘学等进行分析,指出它们的基本含义,以具体例证说明其重要性。本讲也略涉辨伪学和辑佚学。

第四讲,主要叙说《汉书·艺文志》编纂体例及学术史价值。围绕其总序,述其成书过程。以保存在宋本《列子》中的《别录》佚文为例,阐明刘向"条其篇目,撮其指意"的具体内涵。这一讲还特别分析了"序"与书籍整理活动的关系,详细论述了"序"之义涵的演化过程。通过解说六艺略所著录的九类书目以及各类小序,阐明《汉书·艺文志》的学术史价值,特别关注先秦两汉经学源流、经学与史学的关系。

第五讲，主要讲述《汉书·艺文志》思想史及文学史价值。从诸子略切入，具体分析先秦两汉时期诸子的源和流，对诸子与周官系统的关系作了较深入的揭示。同时，将《庄子·天下篇》与诸子略对读，以明其学术思想分化的根源。从诸子略所载小说家以及诗赋略所载五类切入，分析《汉书·艺文志》与先秦两汉文学的关系，特别从书籍制度角度，指出《汉志》所载歌诗和赋仅反映了刘向、刘歆、班固等奉命整理国家所藏诗赋的情况，不能据此简单认为这是汉代文学的全部记录。这在一定程度上具有对汉代文学认识的纠偏意义。

第六讲，主要讲述《隋书·经籍志》总序的书籍史价值。从东汉到初唐几百年间，书籍发生了巨大变化，人们对书籍的认识也相应地发生了很大变化。那么，《隋书·经籍志》如何成书？编撰《隋志》的初唐史官又如何认识自东汉以来书籍的变化？这一讲主要叙说《隋志》的成书过程和编纂体例，六分法到四分法转变的具体过程和根本原因，以及郑默、荀勖、李充、谢灵运、沈约、任昉、王俭、阮孝绪等人在书籍史进程中的贡献，等等。这一讲还以孟浩然、杜甫诗歌为例，特别分析了史源学方法在书籍史研究中的运用。

第七讲，主要讲述《隋书·经籍志》的经学史价值。《汉志》六艺略分九类，《隋志》增加了谶纬类。自东汉以降，经学发生了很大变化，从目录学角度看，这些变化主要体现在经学典籍的著录上。因此，从《隋志》经部书目著录和各类小序，既可看到初唐史官对东汉以来经学演化的认识，同时也可以发现经学著述消长与其命运浮沉的关联。仔细统计各时段的经学著述，将其勾连起来，大致可形成一条经学发展的历时性脉络。若从区域角度统计，又可对经学史的区域特征及其发生作深入研究。例如，三国时期以刘表为中心的"荆州学派"，两晋、南朝江州的学术传统等，都值得关注和探究。以往经学史研究比较关注经学的历时性变化，对经学区域性则多瞩目于"南学"和"北学"问题。事实上，在"南学"和"北学"内部，也还各自存在区域性问题。《隋志》经部记录了经学著述的区域和时代等信息，为重构两汉至初唐经学历史坐标轴提供了基础。

第八讲，主要讲述《隋书·经籍志》的史学价值。《汉书·艺文志》将

《太史公》130篇附属于六艺略《春秋》类之下,反映了当时史籍数量不多,尚未能单独成类。《隋志》史部分13类,共著录817部、13 264卷,加上亡佚之书,共有874部、16 558卷。两相比较,可见自东汉以来,史部书籍数量剧增。每一类史籍的产生原因,都应深入研究。结合《隋志》史部著录和各类小序,大致能看到各类史籍生产和增长过程,也能了解不同史籍兴起根源和流变脉络。同经部一样,若从时段上统计,能够勾画史部整体及各类的历时变化。若从编撰者所处区域统计,还能观察到区域史学的不同发展。

第九讲,主要讲述《隋书·经籍志》的文学史价值。以往研究比较关注《隋志》集部总序所述唐前文学简史和文学史观,以及《隋书·文学传序》对南北文学异同的认识。但事实上,《隋志》史部杂传类和子部小说类与文学的关系也非常密切。《隋志》集部对楚辞、别集、总集的著录及各类序文,涉及集部生产和变化,特别是其中关涉的文集观念、别集和总集的渊源、别集与总集的关系等,是重构唐前书籍史和文学史的重要材料。因此,本讲从《隋志》杂传三种类型的著录切入,分析杂传与小说的关系。从《楚辞》类著作切入,细致区分《楚辞》整理过程中所涉篇、章、卷之间的关系,揭开《隋志》所载六朝时期《楚辞章句》的原始面目。将《隋志》所载别集类书目及序文与章学诚《文史通义》对文集的论述结合起来,分析了与别集相关的六方面问题。特别指出先有别集编纂之实,后有别集之名,是认识别集起源的重要观念基础,离开这个基础来讨论别集源流问题,难免不得要领、劳而无功。特别强调,齐梁时期是别集整理史上第一次大爆发时期,其中蕴含了重新认识历史时期别集版本的书籍制度视角和书籍生产理论。细致考察,发现唐前总集与别集之间存在离合关系,亦即由别集而成总集,由总集又分离出新的别集。这就使我们对别集的版本源流产生了新认识,也就是说,在自身系统之外,别集还有一个散入总集,又从总集脱离出来的流传和结集的新路径。本讲还具体讲述了《隋志》总集著录体例,以及利用著录体例进行学术研究的基本方法。

第十讲,主要讲述《旧唐书·经籍志》和《新唐书·艺文志》的性质、体例及其在唐代文集研究方面的价值。《旧志》总序不仅叙述了唐前书籍发展史,而且还专门交代了《旧志》与毋煚《古今书录》的关系。《旧志》转抄《古今书录》而成,但把《古今书录》中的提要、序文、目录等删去。据此可知,《旧志》著录文献截止到开元初期,反映了初盛唐时期的书籍观念。《新唐书·艺文志》是在对北宋国家藏书清查基础上编纂而成的,反映了当时国家藏书情况。了解这些信息,有助于研究唐人别集。以初盛唐文人别集为例,可将《旧志》《新志》以及两《唐书》人物列传所载别集的数据抽取出来,再统计分析。《旧志》所载别集卷数,反映了初盛唐国家庋藏情况。《新志》所载卷数反映了文集流传至北宋的情况。列传中所载文集卷数则比较复杂,有些是作者生前所编,有些是卒后所集,与流传并保存在国家藏书机构中的卷数不一定相同。根据这些数据,既可重勘初盛唐文人别集版本,亦可再探《新志》著录体例。

第十一讲,主要讲述如何利用《四库全书总目》。从三个层面展开:一是《四库全书》纂修过程,二是《四库全书总目》编纂及体例,三是《四库全书总目》学术利用。我们认为,即便在检索便利的古籍数字化时代,《四库全书总目》同样能起到即类求书、因书究学的作用。《四库全书总目》中各部类序文蕴含重要的学术史价值。例如,从经部总序,可以看到四库馆臣对两汉至清初经学史的整体建构;从集部词曲类序文,可知四库馆臣的词曲观念。

第十二讲,主要从数字人文角度,讲述古籍数字化与现代学术转向的关系。从五个方面展开:一是将数字化古籍置于书籍史视野下考察,认为数字化古籍其实也是书籍形态的一种,因此要特别注意数字化古籍与原始文献之间的关系。二是系统梳理了古籍数字化进程,认为古籍数字化虽有近半世纪的发展历史,但从未来看,也只不过是新事物的一个开端。三是古籍数字化与知识新发现的关系。在传统的新材料发现之外,通过数据化、语义关联等技术,可实现数字化古籍的知识聚合与重组、古籍数字化再造等智慧化功能,由此发现新知识。四是以数字目录学、数字版本学、数字校勘学为例,讨论从传统文献学到数字文献学的转换问题。五是大数据时代学术研究的新变化。对"e考据"、时空结合、历史现场还原与可视化呈现、文本计算与人文情感分析、多模态情景分析与文化生成等问题,作了较系统的揭示。

以上简要介绍了本书的主要内容。为避烦冗,书中所引《汉书·艺文志》《隋书·经籍志》《旧唐书·经籍志》《新唐书·艺文志》等,以点校本二十四史中的相关史书为据,未专门注明页码,这是需要特别说明的。本书是我对文献与考据问题的初步思考,错漏难免,敬祈读者朋友不吝批评教正!

目　录

第一讲　文献与考据的学术传统

一、学术研究的目的和意义

做任何研究都需要方法，文学研究也不例外，这是基本常识。大家到校有一段时间了，听过不少老师的课，对文学研究的方法也有所理解，有所掌握。我觉得考据学方法在文学研究过程中非常重要。"文献与考据"这门课程，就是想给大家讲一讲如何利用好文献，如何把考据学方法运用到文学研究中来。基于这样的考虑，下面来谈谈文献与考据的问题。

在讲这个问题之前，我还是先说一下我们为什么要做学问。这个恐怕不单单是困扰在座各位同学的问题，我经常也会有这样的困惑。大家为什么要来读研究生呢？我们好多同学都非常优秀，能够考上研究生很不容易。即使不读研究生，读完本科也可以找一份很好的工作，至少养家糊口没有问题。大家既然选择读研究生，就一定有一个追求。做学问，到底目的何在？这么多年我也一直在思考这个问题。想来想去，最后想明白了一点点吧。做学问的真正目的，并不是说把它当成一种谋生手段，当然首先要吃饭，但是最重要的不是这个，还要有一种更高的追求。通过长时间有规律的训练，我们掌握了一些基本方法。这些方法不一定是要用来研究古代文学，它们可能会在今后的生活当中用到。比如进入社会参加工作，可能会遇到各种各样的困惑。在遇到困惑的时候，该如何去面对，如何去解决呢？我想应该拿在学校接受的各种训练来解决问题。做学问的意义在追求真善美。

首先是求真，我们每天要接收各种各样的信息，特别是在这样一个发达

1

的网络时代,每天有海量信息要处理。这些信息哪些是真,哪些是假,不能听风就是雨,一定要有自己理性的判断,这样才能体现你的见识。现在流行一个说法,有知识没文化,有文化没见识,可见"知识"和"见识"是两个概念。网络时代,了解知识比较容易,到网上搜一搜,各种各样的知识马上就有了。但是,有见识吗?有是非判断吗?有价值判断吗?这就需要你运用学养来帮助做理性判断。我觉得做学问首先要把道理讲清楚、想明白。求真、求善、求美,首先是要求真。当然,我们获得一个学位,用来谋生,这是无可非议的,也是非常重要的。先要养活自己,再讲其他的东西。

其次,我们在这里来共享、共勉怎么读研究生。我想起20多年前自己读研究生的情况。怎么去读研究生呢?我觉得读研究生首先要想好怎么走出去。我怎么来的,不管了。但已经来了,就一定要想好该如何出去。是要去谋生,选择一个职业,比如做一个中小学老师,还是继续去求学深造,去读博士呢?一定要想好。只有想好了之后,你才能够比较好地规划三年的学习时间。我经常跟同学们讲,时间非常紧张,很宝贵,抓住了时间就抓住了一切。如果没抓住时间,想把事情做好就很难了。我们在学校总共才三年,也就是36个月。除掉9个月寒暑假,剩下的只有27个月。如果没有把寒暑假这9个月抓好的话,你就比其他同学少掉了将近一年的时间,也就意味着你在学校里面,只有两年多一点的时间。你想好怎么出去,就要规划好每天该做什么事情。比如想继续去读博士,那你就要把英语学好,把专业基础打牢。其实,大家都很清楚,普通高校和好一点的学校已经形成了各自不同的圈层。你想到好的学校去进一步深造,继续读博士,很不容易。现在考博大多是考核制,它里面就有条件限制,比如英语要达到多高水平,雅思要考多少分,都有相关规定。还有一个学业水平的考核,就是专业能力的考核。怎么考?就是看你在读期间发表的学术论文,看你的硕士毕业论文。这篇硕士毕业论文,老师拿到手里一看,就知道你有几斤几两了。看看你平时发表的学术论文,一看就知道你的水平如何了。我经常讲,一定要想好我们来了该怎么出去,这样才能规划好我们三年的学习生活。这很重要,不是说我们只顾拉车,而是还要抬头看路、仰望星空。"仰望星空"是什么意思?要有方向、目标,明确之后,你才好去用力。其他老师应该也讲过类似的道理,我在这里再多讲一次，也是一个提醒。

还有一个，我觉得大家一定要有一种意识。我经常问我的学生，武侠小说中谁的武艺最高强？是峨眉派、崆峒派，还是其他什么派的掌门人武艺最高强？都不是。武艺最高强的是什么人啊？是无门无派的人。有些同学会说："我是学古代文学的，现当代的东西与我无关。""我是××老师的学生，其他老师的课程与我无关。"如果是这样，你就画地为牢了，就不可能达到较高水平。所以，在我心目当中，我所了解的那些学问做得好的学者，都是无门无派的。他们什么都学，广泛地汲取各种养分，然后为己所用。我们一定要摒弃、抛开这样一种想法：我是学中国古代文学的、学古典文献学的，学中文的，你是学什么什么的，我们不相干。错了！一定不能这样。如果是这样，就很麻烦。就是说，你要不断地壮大自己。你不能说我是搞古代文学的，文献学、文艺学乃至现当代的、西方理论的东西就不要去看，不要学吧？如果有这样一种观念，肯定是做不大的，所以一定要转变观念。

读研究生，还有一个基本的方法问题。什么意思呢？就是发表论文。这里面有一个方法问题。是不是等到要求发文章时，再去写文章呢？那肯定不行，晚了。因为时间是有限的，你总共只有三年时间。那怎么办？基本方法就是做好每一门课的课程论文。这是我个人的学习经验，也是我的教学经验。我的学生中也有一些比较优秀的，后来考到好一点的大学读博士。有些在读硕士期间发了十多篇论文，而且都是在专业杂志上发表的。怎么做到的呢？就是做好每一门课程论文。我自己以前读书的时候也是这样子的。我读研究生的时候，也发表了一些论文，虽然不多，但也是按这个想法去做的。把作业做好，达到能够发表的水平，这样不就节省很多时间了吗？而不是说为了完成一门课的作业，糊弄一下就完了，这样其实得不偿失。你既然花了那么多功夫去准备一门课程论文，为何不去把它写得更好一点呢？做得更细致认真一些呢？要求一定要高一点，你才能做得好一点。我想大家一定要提前做好准备，知道进来后该怎么出去，该如何去发文章。这些都是我的一些粗浅想法，跟大家交流一下，希望大家在三年之后有一个美好的前程。不管是找工作还是继续深造，一定不要辜负这三年的学习时间。

再次，怎么去做学问。做学问，视野一定要开阔。古代文学研究无非两大

3

类,简单来讲,一类是文献整理,另一类就是在文献基础上的各种研究。首先,要从基本的文献入手。有些人动不动就来"论",用了很多西方阐释学方法去解释中国古代某个作家、某部作品或者文学史的某一现象,这当然是可以的。但前提是必须做好基本的文献整理工作。基本史实要搞清楚,基本文献要厘清,不厘清这些东西,怎么去研究?就像建房子一样,基础没打牢,上面建那么多有什么用?建得越高,塌得越快。好的学位论文,不管是硕士生还是博士生,都是文献学与文艺学两者结合。一个是非常扎实的文献整理,另一个就是比较有说服力的论述,能自圆其说。我们现在动不动就讲创新,我认为不应该是这样子的。创新是那么容易的事情吗?创新的前提是你首先要把前人积累的东西消化掉了,在这个基础上哪怕往前走一点点,走一小步都叫创新。如果前人讲的东西你都没有消化,没有搞清楚,怎么可能创新呢?如果连一首诗的基本情况都没有搞清楚,解释得天花乱坠有什么用?程千帆先生曾说,创新有三种情况:第一,前人所未涉及或未论述过的东西,你论述了,这叫创新。第二,前人已做过一些研究,但做得还不够充分,有继续补充和扩展的必要,或是前人解释尚不够圆满,不能让人完全信服,有必要作进一步的解释。这种在前人研究基础上的进一步扩充和重新解释,也是一种创新。第三,就是前人对某一问题已有涉及和论述,但其论断并不正确,需要加以修正。这也是一种创新。① 文献学与文艺学的完美结合,才是做学问的基本方法,两者缺一不可。只是做文献整理还不叫研究,它是对基本事实的清理。只是空谈臆想也不叫研究,也不可能有创新。我们一定要有自己理性的判断,不能人云亦云。总而言之,做古代文学研究要抓住两个关键:一是整理,一是研究。但研究的前提是整理,先整理再研究。

二、作为思想和方法的文献与考据

下面正式来讲"文献与考据"课程。这门课既要讲基本方法,也要讲具

---

① 巩本栋编《程千帆沈祖棻学记》,贵州人民出版社 1997 年版,第 129—130 页。

体运用。文献学不仅仅是一种工具，它本身也是一门很重要的学问。如何才能做好考据呢？一定要从最基本的路径进入，就是目录学。比如要研究某一个作家、一部文集，首先得做资料的清理工作。很多人的做法是到网上找，知网、百度，以及学校提供的各种平台比如读秀、超星等，凡是网络检索的途径都用上了。但是我要问大家，这叫作文献检索吗？基本文献清理不是这样的。要把某部著作或者某个作家放到具体历史时代中去，要知道那是时代的产物。必须还原具体的历史时空，看一看当时是什么样的情况。这叫历史语境或者文学生态。怎么来还原呢？目录学非常重要。比如要找一本书，首先要知道在哪里可以找得到。这就不是仅靠百度或者其他网络检索就可以解决的了。如何去读懂一部作品，也不能只靠百度。要纠正一种观念，做文献检索不是网络检索，而是要以目录学方法进行检索。所以，这门课要给大家讲一讲基本的目录学著作，比如《汉书·艺文志》《隋书·经籍志》《旧唐书·经籍志》《新唐书·艺文志》《郡斋读书志》《直斋书录解题》《四库全书总目》，讲讲该如何去用它们。只有掌握了基本的文献学方法，才能够做文献检索和考据，而不是简单地依赖百度。王鸣盛《十七史商榷》说："目录之学，学中第一紧要事，必从此问途，方能得其门而入……"①同时，学者金榜亦称："不通《汉·艺文志》，不可以读天下书。《艺文志》者，学问之眉目，著述之门户也。"②张之洞《书目答问》："读书不知要领，劳而无功。"③龚自珍《六经正名》："微夫刘子政氏之目录，吾其如长夜乎？"④可见，古人对目录学有一个很清醒的认识。这是关于目录学，就是这门课程要讲一些什么内容，和大家简单介绍一下。通过目录学，要学会基本的文献检索方法，而不是怎么用网络的问题。现在网络资源太多了，会带来各种垃圾信息和碎片化信息，而且网络只提供一个搜索平台，不做是非判断，不做真假考证。所以，怎么能直接用网络上的东西来做学问呢？那是要出大问题的。一定要纠正这种观念。

---

① 王鸣盛《十七史商榷》卷一，黄曙辉点校，上海古籍出版社2016年版，第1页。
② 王鸣盛《十七史商榷》卷二二，第248页。
③ 张之洞《书目答问·略例》，范希曾补正，孙文泱增订《增订书目答问补正》，中华书局2011年版，第1页。
④ 龚自珍《六经正名》，王佩净校《龚自珍全集》，上海古籍出版社1999年版，第37页。

　　什么叫考据呢？其实很简单，"考"就是推求。考据的目的就是求真。我刚才已经讲了，读书就是要求真善美。善和美的前提是真，没有真，哪来善和美？如何求真？什么是真呢？真各有不同，比如有历史的真、艺术的真。举个例子，杜甫《古柏行》有云："孔明庙前有老柏，柯如青铜根如石。霜皮溜雨四十围，黛色参天二千尺。"这首诗大家都很熟悉了，特别是"霜皮溜雨四十围，黛色参天二千尺"两句，无非说古树高大苍劲。但是有人偏要较真，宋代沈括《梦溪笔谈》说，四十围是树的周长，如果要达到四十围，那这棵树的直径是七尺，但它有两千尺高，这样算下来的话，这棵树太细长，不可能真实存在。沈括从一个植物学家的角度来看这首诗，讲的是植物学的真。而杜甫讲的是艺术之真，无非用一种夸张手法来写柏树高大苍劲的外貌。这个例子告诉我们，判断一个事物的真，首先要搞清楚什么叫真。这种真在文学艺术中是可能的，但从其他角度看或许就不存在。

　　还有整体之真和局部细节之真。我们去看某一个事物，整体上来看是不正确的，但里面的一些方法、材料可能是真实的。举一个例子，郭沫若先生上个世纪 70 年代出版的《李白与杜甫》是如何评价李白和杜甫的呢？他把李白抬得很高，把杜甫说成是一个地主阶级分子。他说杜甫太小心眼了，你看《茅屋为秋风所破歌》，茅草掉下来被邻居小孩捡走了，发那么大的脾气干什么，这就是瞧不起贫下中农的邻居，地主阶级的思想很浓重。我们读这部书，可以感觉到很明显的政治性。整体上讲，《李白与杜甫》的某些结论需要修正，但是里面用来推理的方法和材料，有些还能为我们所用。比如考证杜甫、李白和某些人的交往，可以补充以往研究的一些缺漏。这就需要我们做一个判断，不能因为某些观点而全盘否定这部著作的价值。这叫整体之真和局部细节之真。

　　还有一种真是事实之真与通性之真。事实之真很简单，可以理解为所读的人物传记、各种史料是真实的，能够当成论文材料来用。此外，还存在一种通性之真，就是说这个材料讲的事情是不可能在那个时代发生的，可它反映了背后的另外一种真实。举个例子，张固《幽闲鼓吹》记载了白居易当年到长安去拜谒顾况的故事。白居易第一次见顾况时，顾况说"米价方贵，居亦弗易"。就像北京、上海一样，房价太高了，还是回老家容易一些。这个事情是真的吗？顾况和白居易二人的这次见面可能发生吗？用我们今天掌握的材料去考证，非常容易。有关顾况和白居易的生平经历，现在都研究得很清楚，两者一比对，某个时间点白居易、顾况在什么地方，一查便知。事实是，白居易到长安时，顾况不在长安。因此，这件事情是否真实发生，还需存疑。或者说，白居易拜谒顾况的地点，很可能不在长安。这条材料对我们有没有用？该怎么去用？假如要拿这条材料来论证白居易和顾况的交游，或者拿它去考证某一首诗的写作时间，显然不能这样用，因为这个事情本身如何还需考证。那么，这条材料有没有价值呢？有价值。它的价值就在于，透过这个故事可以看到中唐时期长安盛行的干谒风气。可以将它作为一个旁证来论述中唐干谒之风的盛行，它反映了一种社会现象。里面的这两个人，可以当作两个符号去看，顾况无非代表了长安城中有名望地位的一类人，是举子们所渴望见到并希望得到其援引的这样一群人。而白居易象征着初到长安，希望能在科举考试中获得成功的一类人，他的心态是当时参加科举考试的举子们心态的普遍缩影。因此，我们一定要学会如何去用材料，而不是拿到一条材料之后直接就用。如果用《幽闲鼓吹》中的这条材料来论证白居易与顾况的交往，说明没有读懂材料、理解材料。但是透过这个记载，我们可以看到长安城举子们的心态和干谒的风气，这是真的。这就叫作事实之真与通性之真。我们一定要想一想，该如何去用材料。从不同的角度去理解，你的用法就不一样。一条材料不止一种用法，它可以有很多种不同的理解和用法。怎么去用，反映了你的学识和水平。比如用这条材料来说明白居易和顾况的交游，说明水平不高，因为你没读懂。但如果拿这条材料做科举干谒之风的旁证，就证明你读懂了它。

基于对"真"的认识，我们再来看怎么考证。考证，首先要有基本的材料。我这里讲的陈寅恪先生的"三重证据法"，大家都非常熟悉：

> 一曰取地下之实物与纸上之遗文互相释证。凡属于考古学及上古史之作，如《殷卜辞中所见先公先王考》及《鬼方昆夷玁狁考》等是也。二曰取异族之故书与吾国之旧籍互相补正。凡属于辽金元史事及边疆地理之作，如《萌古考》及《元朝秘史之主因亦儿坚考》等是也。三曰取

外来之观念,与固有之材料互相参证。凡属于文艺批评及小说戏曲之作,如《〈红楼梦〉评论》及《宋元戏曲考》《唐宋大曲考》等是也。[①]

该如何理解陈先生所讲的这些话呢?考证犹如老吏断狱。老吏是有经验的办案人员。破案呢,首先要用工具来科学合理地收集各种相关证据,然后对其进行分析,形成证据链条,才能做出判断:这个案件到底是什么时候发生的,谁是主谋,是怎么发生的。首先要有材料,有科学的材料收集方法。王国维先生曾经写过一篇文章,做过演讲,叫作《最近二三十年中国新发见之学问》,里面有一句话很重要,说"古来新学问起,大都由于新发见"[②]。为什么他会讲这样一句话呢?王国维先生演讲的时候,是在1925年,他提到新材料和新学问的问题,是基于当时学术界的状况。当时有很多的新发现,比如甲骨文,在王懿荣发现之前没有听说过,后来罗振玉他们才慢慢参与整理。还有汉简,地下出土的各种简书。最重要的是敦煌藏经洞被打开,出土了大量的敦煌文书。所以,王国维先生讲的有新材料才有学术的新发现,是基于当时的状况来谈的。我们现在要反思王国维先生讲得对不对。其实,很多时候,新学问固然要靠新材料,但更重要的是你对材料的理解,就像刚才讲的白居易和顾况的故事。我们并不是否定有新材料、新发现就有新学问,更重要的是对材料要理解到位,也可以用旧材料来做新学问。陈寅恪先生评价王国维先生,就是《王静安先生遗书序》里的话,说当年王国维先生是怎么做学问的,为什么他的学问那么好呢?原来王国维先生有自己的方法。

第一,"取地下之实物与纸上之遗文互相释证"。地下实物就是出土文献,纸上遗文即传世文献。这里只是说到了纸质的传世文献,事实上传世文献的类型很多,也包括实物。下面讲"凡属于考古学及上古史之作"等等,这是王国维先生写的文章,其中《殷卜辞中所见先公先王考》《鬼方昆夷玁狁考》两篇文章使用了出土文献与传世文献相互释证的方法。用了什么材料呢?其中一个是地下出土文献。这就提醒我们一定要关注出土文献,要关

---

① 陈寅恪《王静安先生遗书序》,《金明馆丛稿二编》,生活·读书·新知三联书店2001年版,第247页。

② 王国维《最近二三十年中国新发见之学问》,《学衡》第45期,1925年。

注学术发展的最新动态，不能只埋头做自己的东西，还要仰望星空，多去了解。有一个基本的做法是建立学术档案，进行学术追踪。比方说要研究李白，起码得把当今学术界研究李白的各个名家每年的新成果进行编档、追踪，不单单是国内的学者，还有国外学者，比如日本、韩国、美国、欧洲的学者，他们研究到什么地步了，是怎么研究的。对这些，你要有一个基本的判断，才可能站在学术前沿。当然，不是说有些人为了开会随随便便应付，发了李白的文章，我们也要去了解，那就没有任何意义了。我们要专门追踪大家，有代表性的学者，看他们在做什么。给学者编档案，才能发现他们最新的进展，才能依据现状确定自己要研究的东西。回到地下实物这个话题，它有很多的种类，凡是出土的东西都可以叫地下实物。比如，出土的甲骨文、简书和帛书。有的出土文物虽然没有文字，但实物本身就是一种很好的材料，它本身就是历史信息的载体。拿出土文物与传世文献相互释证，能够解决很多问题。

第二，"取异族之故书与吾国之旧籍互相补正"。"异族之故书"是我们经常讲到的域外汉文献。很多古书在国内已经失传了，但是可以在日、韩等其他国家找到。举一个很简单的例子，大家研究古代小说，知道唐人小说里面有一篇张鷟的《游仙窟》。今天看到的《游仙窟》是从哪里来的呢？是从日本来的。当年由唐朝传到日本去，日本人对唐朝的书籍很重视，一直保存得很好，但可惜在国内张鷟的《游仙窟》却失传了。我们今天看到的这个小说文本是清末中国学者到日本重新影印回来的。这个叫"异族之故书"，"故书"是指我们自己的书。这些古籍在某个历史时段曾经传播到域外去，在国内看不到了，但是在国外还可以见到。"异族之故书"不仅仅是指用汉文写的古书，还包括外国人用汉文传抄、翻刻的汉籍。拿我们的传世文献和域外汉籍来比对，就可以发现许多新问题。那么，用这样一种材料，王国维先生做了什么事呢？他做了很多考证，如《萌古考》《元朝秘史之主因亦儿坚考》等，这些文章都是用异族故书和传世文献作比对之后所做的研究工作。

第三，"取外来之观念，与固有之材料互相参证"。这里专门谈到了《〈红楼梦〉评论》《宋元戏曲考》《唐宋大曲考》。大家知道研究《红楼梦》的人很多，有的使用传统考证法，有的用索隐法，说贾宝玉的原型是什么，为什么"金陵十二钗"要这样取名,等等。王国维先生的《〈红楼梦〉评论》是怎么写的呢?他受了谁的影响呢?他是受了德国哲学家叔本华(Arthur Schopenhauer)有关悲剧的理论以及西方心理学等方面的影响。王国维先生研究《红楼梦》用的是西方的观念,所以他写出来就很新颖,与传统著作不一样。这就告诉我们,一定要关注西方的学术方法和文艺思想。有时候,"它山之石,可以攻玉",借助西方的一些学术方法,可以解决中国传统的学术问题。再举一个例子,比如闻一多先生对《诗经》与中国古代神话的研究。我们对民国学术的理解多少有些片面。你以为好像他们很容易就走出来了,要想一想民国时期有多少大学,有多少教授。我们今天知道的著名学者只有那么十来个。那么,其他的教授在干什么?他们也要吃饭,要评职称,要发表文章,你到图书馆翻一翻民国的学术著作就知道了。但是我们今天只知道那么十来个学者,这不符合当时的事实。闻一多先生这些人能走出来,就是因为用了新方法。我们过去研究《诗经》,还是用传统的经学方法在做,闻一多先生的解释为什么能耳目一新呢?因为他用社会学、民俗学等方法来研究。比如他解释鱼和鸟的关系,是从两性关系角度去讲的。用外来的观念和方法去做,可以获得一种新的解释。他讲古代神话也是如此,也用了很多西方思想和方法去解释。所以,他很快就走出来了,成为一位名教授。大家好好地去看看闻一多先生写的书,就会发现当时的学术竞争是非常激烈的。我曾经读过闻一多先生的书信,是他写给河南一位朋友的。大意是说那里如果有什么新出土的碑刻,不管多少钱都给他买下来。无论价格多少,他首先要拿到。为什么?就和我们今天是一样的,最先拿到新材料,才能发表新文章。现在回过头去看民国当时的学术环境,并不完全是我们今天所理解的这个样子。名家之所以成为名家,就是因为他们用了新方法,包括王国维、胡适、闻一多等等都是如此。这就是陈寅恪先生总结的,当时用外来观念与固有材料互相参证的实例。王国维先生以叔本华等人的西方理论来做《红楼梦》研究,所以他的阐释方法和传统不一样,结论也不同。

下面来归纳一下陈寅恪先生这一大段话到底在讲什么。"三重证据法"到底是哪三重呢?一重,地下出土文物;二重,纸上遗文,亦即传世文献;三重,域外汉籍。说到底,就是这些东西。现在有人提出四重证据法,第四重是图像,这种提法最近很流行。比如研究晚清民初历史,会用一些当年的照片。其实,这个说法很含糊,图像也可以放到纸上遗文里面,也能放到出土文物中。最后一条"取外来之观念,与固有之材料互相参证",这不是在讲文献,而是在讲方法,拿西方文艺学术方法来做中国学问。大家再来看,这里面讲到三个词语,分别是"释证、补正、参证",有什么不一样吗?出土文献与传世文献相互释证,异族之故书与吾国之旧籍互相补正,外来之观念与固有之材料互相参证,区别不是很大,但还是有不一样的地方。"释、补、参"三个词语代表三种方法。

以上是我们讲的第一个问题,讲了什么叫考据,怎样求真,讲了陈寅恪先生提出的三重证据法。这个很重要,我们今天还在用陈先生的方法来做考据。从这段话中,我们可以知道,材料和方法是考证非常重要的两支。材料包括三大类:出土的、传世的、域外的。方法也有三种:释证、补正、参证。

什么叫作释证、补正、参证?传世文献当中可能有些东西我们还无法理解,特别是古书,对于上古的历史仅靠传世文献是很难理解的。比如我们读《周礼》,有很多东西无法理解,借助出土实物,就可能对某个历史事实有更清晰的理解和认识。大家一定要思考一个问题:人类历史、中华文明到底是什么时候才有的?我们很多时候做研究,有个错误的观念,好像我们所能依靠的只有文字记载的东西。实际上,文字发明到现在也不过几千年的历史,那人类历史发展有多少年呢?根据最新研究,"原人"的历史距今已有三十多万年。中间有很长一段时间是没有文字的,但是有语言。所以,现在新兴了一门人类学研究的重要方法,就是口述史。我们可以在哪里找到相关的东西呢?现在有很多少数民族还是处于这样一种状态,有语言无文字,特别是在云贵川这些地方,人们生活中还保存了不少传统的东西。我们讲文献,不是只有文字记载的才叫文献,口传的也是文献。过去对古书的理解,很多东西读不懂,现在拿地下出土的文献来作参照,可以帮助我们进一步理解古书的记载,特别是对某一时期历史的记载。你看陈先生举的例子《殷卜辞中所见先公先王考》,这些先公先王,有些在传世文献如《周礼》《左传》等书中是有记载的,但有些没有记载,根据出土的殷商甲骨卜辞、铜器铭文等记载可以将其补充完整。有些记载可能过于简单,只有一个人名,根据出土文献可以考证他的行迹。"取地下之实物与纸上之遗文互相释证"是这么个意思。

异族故书与我国的传世文献为什么可以互相补正？因为我们很多古书在国内失传了，但是在其他国家还保存着，比如我刚刚举的那些例子。其实，除了张文成的《游仙窟》之外，还有很多很多。孔子说"礼失而求诸野"。古代的都城，譬如长安、洛阳是当时文明的中心，但其变化很快，和外来文化的交融速度很快，因此所保留的传统的东西反而失传得更快。越是文明的中心，由于各种文化互相交流，因此传统的东西流失得越快。今天到西南少数民族生活的地区去看，那里还保存了很多古代的风俗习惯，这些在北京、上海看得到吗？不光是在云贵川这样一些地方，在我们周边的一些国家和地区，比如日本、韩国等，传统文化也保存得比较好。大家一定要有这样的一种观念，文明是怎样演化的？各种文化碰撞得越厉害的地方，其演变越快，那些相对封闭的地方保存的东西要多一点。屈原《楚辞》中关于楚地的某个风俗，可能在今天江西、湖南、湖北的一些地方还有遗存。比如在我老家赣北，小孩身体不舒服，亲人往往第一时间不是送去看医生，而是去叫魂。你们知道怎么叫吗？就是两个人拿着饭，扎着纸人去烧。一个喊着名字问：××回来吗？另一人应和着说：回来了。招魂，《楚辞》里有记载，但是到底怎么招，不清楚。这个方法在二三十年前是有的，现在很少看到。再比如小孩晚上睡觉不踏实，老是吵闹，怎么办呢？我老家有一个方法，拿红纸写上"天皇皇，地皇皇，我家有个夜哭郎。过路先生念一句，安眠善睡到天光"，贴在人多的地方，过几天小孩晚上睡觉就很安稳了。很多传统的东西在慢慢地失传，文明交融越深入的地方保存的就越少，演变速度就越快，这就是孔子所说"礼失而求诸野"的内涵，拿异族故书与我国旧籍互相补正也是这个意思。在周边日、韩等国家和地区可能还保存了一些古籍，我们国内反而没有了。拿它们的这些东西和我们保存的传世文献来比对，就可以互补。"取外来之观念，与固有之材料互相参证"，我已经解释过了，就是借助西方的学术方法来阐释我们传统的东西，形成一个参照。所以，这既是材料问题，也是方法问题。

第二讲　文献与考据的价值和作用

　　下面举一些具体的例子,来看看文献与考据在古代文学研究中的重要性以及怎样考据。前面讲了,读古人作品,首先要读懂。不是说认得几个字,能够把它的音注出来,就叫读懂了。我们经常说做研究好难,找一个新题目都很难,可能过一段时间后大家就不用搞学问了。为什么?全部研究完了。是这样子的吗?不是的。其实,还有大量的问题存在,最根本的就是我们没有读懂古人作品。

一、"孤烟"与唐代军事制度

　　王维《使至塞上》这首诗是中学生必背篇目,但我们真的读懂了吗?比如其中的名句"大漠孤烟直,长河落日圆"是什么意思?过去老师跟我们讲,这两句是写王维从长安出发到凉州(今武威)路上所见的大漠风光。"孤烟直"就是炊烟袅袅的样子,"长河落日"写诗人孤寂落寞的心情。总之,就是通过写边塞风光来表达诗人的孤寂心境。这算读懂了吗?这两句中,关键是对"孤烟"的理解。有的同学说通过"孤"字来表现孤独,但实际上"孤烟"是什么意思呢?假如我们看了杜佑《通典》中的记载,理解就会不一样。《通典》卷一五二中有这样一段话:"每晨及夜平安,举一火;闻警,固举二火;见烟尘,举三火;见贼,烧柴笼。如每晨及夜,平安火不来,即烽子为贼所捉。"[1]此处记载了唐代边塞

---

① 　杜佑《通典》卷一五二《兵五》,第五册,王文锦等点校,中华书局 1988 年版,第 3901 页。

的预警机制,也就是怎么传达军事信息。如果每天早晚都是平安的,没有敌情,就燃烧一堆狼烟,即"孤烟"。为什么要烧狼烟呢? 烽火台烧的不是一般的柴草,而是用狼粪,燃烧的烟不易被风吹散。如果有警报,烧两堆狼烟,说明有情况,需要支援。如果发现敌人已经靠得很近了,已经打过来了,烟尘滚滚,赶紧烧三堆狼粪请求救援,这就是我们讲的"烽烟滚滚"。但如果发现的不是敌军,而是一般的毛贼土匪,就不烧狼粪,而是烧柴草。如果每天早晚看不到平安火,什么烟都没有,表示守烽火台的士兵被敌人抓走了。由此可知,有烟没烟,烧什么样的烟,表示的意思各不相同。大家有机会去敦煌游览一下,从河西走廊一路看过去,那里还有很多烽火台遗存。现在回过头想一想,这个"孤烟"是什么意思? 它表示的就是王维到这个地方来见到了"孤烟",即所谓"平安火"。可见,"孤烟"是报平安的意思。有诗为证,如杜甫《夕烽》"夕烽来不近,每日报平安"(《全唐诗》卷二二五);刘禹锡《令狐相公自太原累示新诗因以酬寄》"万里胡天无警急,一笼烽火报平安"(《全唐诗》卷三六〇);刘言史《赋蕃子牧马》"碛净山高见极边,孤烽引上一条烟"(《全唐诗》卷四六八)。"孤烟"意味着边境安宁无事,这是怎么得来的呢? 是守边将士们恪守其职的结果。所以,王维这句诗的意思,既是报平安,同时又是对守边将士的委婉歌颂。这种理解和过去中学语文教材中的说法完全不同。过去理解不准确,原因是没有把它还原到当时历史语境中去,造成对"孤烟"真实意思的理解有偏差,把它当成普通的炊烟了。这就提醒我们不仅要读作品,还要知道相关的典章制度。

若要研究古代的某种制度,如科举、选官、贬谪等,到哪里能找到相关材料呢? 首先要知道有哪些相关的著作以及每部著作的编纂体例。例如,《通典》属于什么书,里面有什么内容,记载了什么? 这就要求我们搞清楚中国古代书籍的渊源流变、编纂体例、分类方法。只有对古代典籍有全面的认识,才知道要找哪本书,在哪里可以找得到。这就回归到我们刚才讲的"怎么去考",目录学是非常重要的途径,不懂目录学就不知道如何去找材料。比如要研究古代的诗画关系,王维的诗"诗中有画,画中有诗",但是只读王维的诗是不够的,还要知道唐人的画学观念以及有哪些相关的著作。这要到哪里找书呢? 到网上去"百度"唐代画学,有用吗? 有一点点用,但找出来的很多可能是错误的。怎么办？你得到《旧唐书·经籍志》《新唐书·艺文志》《四库全书总目》等目录著作中去找,而不是用检索的方法到网络上找。要把《旧唐书·经籍志》《新唐书·艺文志》读懂了,才能找到你要的书,找到书后还要知道所需要的信息在该书的哪个地方。因此,必须明白古人是怎么编书的,怎么分类的,为什么分经史子集,各类之下又是如何细分的。如果不懂这些知识,就很难找到所需要的材料。我前面讲过,找文献不是网络检索。以为依赖网络就可以找到研究材料,那种观念绝对是错误的。怎么知道《通典》卷一五二有关于"孤烟"的这条材料？因为《通典》是一部政书,是研究中国古代制度史非常重要的一部书。它里面记载了各种相关制度,比如军事、科举、礼仪等等。除《通典》外,有关典章制度的书籍还有很多。比如研究唐代官制,想知道国子祭酒、秘书监、集贤院是什么意思、干什么的,在哪些书中可以找到相关记载呢？这类书籍比较多,但从原始文献角度来说,开元时期所编《唐六典》非常重要。所以,首先要通目录学,不通目录学就没办法找到你所需要的材料。一切学问都要以目录学作为入门之径。我写过一篇小文章,题目是《王维〈使至塞上〉新赏》(《古典文学知识》2019 年第 1 期),大家有兴趣可以找来看一下。很多中学老师对这篇文章感兴趣,因为我对整首诗的理解和别人不太一样,包括对诗中时、地的理解都不同,但又是合乎情理的,而不是为了发文章故意捏造一个新东西。写这篇文章花了我不少功夫,既要把王维从京城到武威的路线搞清楚,同时又要把他回来的路线弄明白。怎么办呢？有一部书已经做得很好了,那就是严耕望先生的《唐代交通图考》。只有把王维当年走的整个路线搞懂后,才能明白诗中"萧关逢候骑,都护在燕然"的"萧关"是汉萧关还是唐萧关,才能知道"大漠孤烟直,长河落日圆"写的是两处不同的景物,不是同时见到的景色。"大漠孤烟直,长河落日圆"这两个景是不可能同时发生的。这里面很复杂,要弄清他是怎么走的,走到哪里,有什么景,写了什么诗。

二、白居易以青衫自伤

　　我们再来看一个陈寅恪先生讲过的例子,即对白居易《琵琶行》"座中泣下谁最多？江州司马青衫湿”的解释。过去老师讲到这两句,先翻译一下：在座各位谁流的眼泪最多呢？江州司马白居易的青衫被打湿了。白居易最伤心,流的眼泪最多。为什么伤心呢？因为他看到琵琶女,就想到了自己。白居易被贬谪到江州,就在我老家江西九江。江西九江现在还不错,但在唐代也是贬谪的地方。江州司马白居易为什么着青衫呢？这里面有很多问题,牵涉到唐人的服饰制度。《旧唐书》卷四五记载,上元元年(674)八月制：“文武三品已上服紫,金玉带。四品服深绯,五品服浅绯,并金带。六品服深绿,七品服浅绿,并银带。八品服深青,九品服浅青,并鍮石带。”①这里讲得很详细,几品官穿什么颜色的官服都有具体规定,不能乱穿。在中国古代,颜色与权力的关系是对应的。这里说“八品服深青,九品服浅青”,只有八品、九品的官员才穿青色,但这与白居易当年在江州的官职不匹配。据《新唐书·地理志》记载,江州在中晚唐属于上州。又查《唐六典》卷三十,知上州司马官阶为从五品下。那么,白居易应该穿浅绯色的官服才对,为什么他穿的是青色的官服呢？怎么解释这个问题？其实,白居易没有穿错,是我们理解错了。这里讲的官品不是依我们所说的职事官来定的,而是据阶官,亦即文散官的官阶来定的。此处涉及一个问题,即文散官和职事官的官阶。江州司马是他的职事官,从五品下是职事官的官阶。我们可以简单地理解为按照这个等级拿俸禄。文散官的官阶怎么理解？我们打个比方,不一定准确,类似于今天的职称。白居易当着五品的上州司马,但是他的文散官官阶是将仕郎。我们可以去找白居易在江州任职时写的文章,里面有他自己记载的文散官的信息。如《祭匡山文》是白居易当年在江州写的,一开头就说“维元和十二年,岁次丁酉,二月,辛酉朔,二十一日,将仕郎守江州司马白居易”②过去我们从来不仔细读,将仕郎是干什么的？为什么白居易自称“将仕郎守江州司马”？将仕郎是白居易当年所任文散官。大家可以去查一下两《唐书》职官志和百官志,其中记载了文散官的名称和等级,也是从一品到九品。据此我们知道,白居易当年在做江州司马的时候,五品官是他的职

---

① 刘昫等《旧唐书》卷四五,第 1952—1953 页。
② 白居易《白居易集》卷四十,顾学颉校点,中华书局 1979 年版,第 897 页。

事官,同时他还有一个文散官的官阶,是九品的将仕郎。他的职称很低,类似于我们今天的助教。九品的文散官官阶,正对应穿青色官服的规定。这就说明《旧唐书·舆服志》中记载的官员服色,不是按照职事官的高低来定的,而是按照文散官的官阶来定的。只是简单地说青衫是白居易那时穿的衣服颜色,而没有把服色与官阶的关系讲清楚,这样的理解肯定不够深入。

有人会说,白居易在浔阳江头夜送客的时候,他着的一定是官服吗? 他着的不一定是官服。正因为如此,"江州司马青衫湿"才更加透露出诗人的伤感之意。诗中所写并不一定是诗人实际穿着的衣服颜色,但在诗句中,诗人把青衫与江州司马联系起来,青衫是文散官九品的服色,江州司马又是一个闲职,两者结合,不正是诗人自伤的表现吗? 但是,如果不清楚青衫是白居易文散官官阶所着服饰颜色,就很难理解白居易内心深处的落寞和伤感。

三、孟郊"春风得意"与唐代科举风气

再举一例。孟郊《登科后》"春风得意马蹄疾,一日看尽长安花",说的是什么意思? 如果不了解唐代科举相关风气,就很难读懂这首诗。我们对孟郊很熟悉,他一辈子过得不是很顺利,五十多岁才考中进士。考中进士后春风得意,骑着高头大马,一日看尽长安花。如果把这首诗放到唐代的科举风气中去理解,得出的结论又是不一样的。为什么他春风得意呢? 那么多人考中进士,怎么没人写这样的诗呢? "春风得意"反映的是科举考试竞争的激烈程度,考中进士是相当不容易的。五代王定保《唐摭言》说"三十老明经,五十少进士",三十岁考中明经就算晚了,但是五十岁考中进士还算年轻。为什么会这样? 我曾经做过统计,根据已有研究成果与可利用的材料,能找到的相关记载都很详细。清代乾嘉时期有位非常著名的史学家徐松,他著有《登科记考》。徐松当时参与编纂《四库全书》,能够看到明朝人编的大型类书《永乐大典》。《永乐大典》后来被毁,我们现在只能看到部分遗存。《永乐大典》里面保存了大量的原始材料,在修《四库全书》时,有些人就利用这些材料做辑佚工作。比如,我们现在看到的《旧五代史》,是谁编的呢? 是后周薛居正领衔编纂的。当时不叫《旧五代史》,哪有一开始编书的时候就称作"旧"史呢? 旧和新是相对的,因为有了新的,才把原来的叫作旧的。北宋欧阳修重新编纂了五代史,称作《新五代史》,为了与之前的五代史区分开来,就把薛居正他们编的称为《旧五代史》。我们读到的《旧五代史》是薛居正等编的原书吗? 不是,薛居正等人所编五代史后来散佚了。欧阳修编的《新五代史》出来后,原来的书不怎么用了,就慢慢散佚了。散佚了之后,部分材料还保存下来了。在清修《四库全书》时,有一位学者邵晋涵,是著名的史学家,他利用当时皇宫所藏古书,特别是《永乐大典》中一些材料,按照正史体例重辑旧史。现在看到的《旧五代史》,是邵晋涵从《永乐大典》中一条条钩稽出来的,原书早已不存。徐松编《登科记考》,也是利用《永乐大典》的材料。《登科记考》这部书比较详细地记载了唐代科举考试的情况,某年主考官是谁,考什么题目,考生写的答卷,哪些考生被录取了,能找到的都找出来了。孟二冬教授曾对徐松《登科记考》做过补正,补是补充缺漏,正是修正错误,书名题为《登科记考补正》。根据《登科记考补正》和《登科记考》这两种书,可以统计唐代某一个时段科举考试的相关数据,比如某一年录取了多少人。我曾经做过统计,发现盛唐时期,从开元元年(713)直至天宝十四载(755),平均每年考中的进士是 28 人,到了中晚唐人数更低。这就意味着唐代进士考试竞争非常激烈。录取的人数只有二十多个,但是参加考试的人相当多,这个数字我们也可以统计。它是有规定的,不同的州、县是有名额的。这样算下来,录取率极低,只有几十比一,所以竞争极其激烈。我们看到的大部分是成功者,没有看到那些失败者。大家去看《全唐诗》,其中有大量落第举子写的诗,也有送落第举子返乡的诗,就可以理解这些诗歌为什么会是这个样子。只有通过数据来还原当时的情况,才能明白诗人为什么这样写。只有在唐代科举考试的历史语境中,才能真正懂得孟郊五十多岁考中进士时的"得意"。

为什么是"春风得意"呢? 因为是正月考试,二月放榜,三月之前录取工作必须全部结束。"春风得意"是有讲究的,诗中的每一个词语都可以深挖。为什么是"马蹄疾"? 考上了就要骑马吗? 唐代科举考试放榜后,有宴游曲江的风气。一个人考中了进士就意味着他日后可能飞黄腾达,有好的前程。

"一日看尽长安花"看的是什么花呢？是曲江周边栽种的名花吗？这个"花"中可能还蕴含着其他的意思。由此可知，"春风得意马蹄疾，一日看尽长安花"反映了唐代科举考试风气。只有这样你才能读懂它，才知道为什么叫"春风""得意""马蹄疾"，也才知道他看的是什么"花"。如果不了解唐代科举考试风气，仅停留在对这个"春天"的"春"字所认得的层次，有用吗？我老家以前有一些上过私塾的老先生，能够把《诗经》倒背如流，很厉害。但问他们是什么意思，就不晓得了。只认得字，不知道字面背后的意思，说明没读懂。所以说，根本不用担心论文题目选完了，没得做了，学问到此为止了，以后大家都不要去做了。不是这样，我们还有好多可以去做的工作，甚至包括对基本史料，还有待进一步理解。哪能做得完呢？随便拿一首唐诗来，要把它理解透彻，都是很难的。一首诗为什么要这样写，为什么要用这个词，你可以还原当时的创作情状，设想假如你来写这首诗，你会用什么词。作者可以选的词语很多，但最终为什么要选那样一个词语呢？每一个词语的选择背后，都值得深入研究。

我想提醒大家，一定要去研究名家，不要专门盯着不入流的作家。中国古代从有文字以来有多少文人，是不是每一个都值得研究呢？不是的，代表这个时代最高峰的人才更值得研究。有人会说，李白、杜甫这些大诗人，那么多人都研究过了，还能有什么新东西？不能这样说。我以前也这样想，后来发现不对。他们代表了唐代诗歌的高峰，代表了中国古代文学的高峰，这是毫无疑问的。选择一个三四流的作家来研究，也许完成毕业论文比较容易，但是这样的研究，其学术意义可能会打折扣。

还要提醒大家，一定要知道怎样去读书，读哪些书。民国时期有不少学者开列书单，比如梁启超、胡适等。但实际上，开列书单的作用不大。前辈学者曾教导说，读书要善于选择，因为读研究生时间是有限的。因此，先秦诸子一定要选一到两种来读，以此为中心带动其他的，才能知道各种思想的渊源流变。《庄子》《孟子》等等，可以拿来读一读。魏晋南北朝的集子，每个时代一定要选一到两家好好读一读，比如读"三曹"的作品，才能知道诗歌的源流。当然，最好是将逯钦立先生编的《先秦汉魏晋南北朝诗》过一遍。唐人的集子，要读读大家的，李白、杜甫、韩愈、柳宗元、刘禹锡、白居易、元稹等等，一定要精读一到两家。文献学的基本知识要搞懂，目录学著作要弄明白。读研究论著，也不是从第一句读到最后一句。一开始最好不要去读研究论著，因为一旦先入为主，为他人的观念所支配，就很难有新想法。先读原典，然后再去比较你的想法和别人的想法有何不同，这样才会有收获。读研究论著，一定要试着先假设这个题目由我来做，我会怎么做，想了以后再打开书看目录。通过比较，你就会明白自己和别人的差距在什么地方，然后才会有进步。有些书不需要从头到尾读完，翻一翻目录就可以了，知道下次要用的时候在哪里可以找得到。

四、督邮职掌与陶渊明辞归

下面这个例子与陶渊明有关。陶渊明，大家都非常熟悉。沈约《宋书》载《陶潜传》说："郡遣督邮至，县吏白应束带见之，潜叹曰：'我不能为五斗米折腰向乡里小人。'即日解印绶去职。"①这里就涉及一个问题，过去对这句话的解释是说陶渊明有风骨，不为吃饭的事情向权贵们低头。但是过去我们很少注意陶渊明"束带"要去见的那些人是谁，是什么样的人。"乡里小人"指的是哪些人？"乡里小人"在当时是骂人的话，陶渊明在骂谁呢？为什么陶渊明不愿意向他们"折腰"呢？要把这些情况弄清楚，就要去看一下传统的说法。陶渊明担任彭泽县的县令，彭泽县上面还有个郡，大概相当于现在的地级市。现在彭泽县归九江市管辖，九江市相当于过去所说的"郡"，类似于这个意思，但不完全等同。"郡"中派人下来检查工作，派谁呢？派的是督邮。督邮，大家都知道的，《三国演义》里讲到张飞"怒鞭督邮"，真实的历史是刘备怒鞭督邮，后来移花接木到张飞头上去了。那"督邮"是干什么的呢？也就是"督邮"的职掌是什么呢？假如我们要把"督邮"的职务、具体做什么事情等情况弄清楚，我们应去查哪一部书呢？这就要用到跟古代职官制度有关的著作。前面也介绍了，中唐杜佑编过《通典》。这部书总共二百卷，记

---

① 沈约《宋书》卷九十三，列传第五十三《隐逸·陶潜》，中华书局 1974 年版，第 2287 页。

载了从上古一直到唐代的相关制度。比如经济、职官、军事等各种制度，都可以在《通典》中找到。《通典》卷三十三《职官十五》"州郡下"之"总论郡佐"条，有关于督邮的记载：

> 汉有之，掌监属县，有东西南北中部，谓之五部督邮也。故督邮，功曹之极位。（原注：汉尹翁归为河东督邮。时太守田延年分河东二十八县为两部，闳孺部汾北，翁归部汾南，举法皆得其罪。属县长吏虽中伤，莫有怨者。又孙宝为京兆尹，以立秋日，署故吏侯文为东部督邮。敕之曰："今日鹰隼始击，当顺天气取奸恶，以成严霜之诛。"）①

"掌监属县"，就是监督郡所管辖的各个县。我们来看看杜佑举的例子，说"汉尹翁归为河东督邮"，"尹翁归"是人名，曾经担任河东郡的督邮。当时的太守田延年，"分河东二十八县为两部，闳孺部汾北，翁归部汾南"，是说田延年把他管辖的地区分为两块，"汾北"由闳孺管，"汾南"由尹翁归管，尹翁归和闳孺都是督邮。"举法皆得其罪"，是说他们去地方巡察、巡视的时候，非常严格。"属县长吏虽中伤，莫有怨者"，是说所到的县里面的官员和属吏，犯了错误被抓起来的，没有人有怨恨。闳孺和尹翁归两个人都是河东郡的督邮，据此可以知道"督邮"主要是掌管郡所属县的纪律监督。下面又举了个例子。"又孙宝为京兆尹，以立秋日，署故吏侯文为东部督邮"，侯文去做督邮，孙宝专门写了几句话送给他，说："今日鹰隼始击，当顺天气取奸恶，以成严霜之诛。"现在就可以明白督邮是干什么的了。古代行刑多在秋季，所以"鹰隼始击""顺天气取奸恶"，是指把那些违法乱纪的官吏抓起来，简单来讲就是这个意思。据此可知，督邮属于监察系列的官员，主管郡下面各个属县官员的风纪。现在回过头来看，《陶潜传》说郡里面派督邮来，县里的小吏就跟陶渊明说，要他"束带"去见督邮，也就是要规规矩矩地去见督邮。陶渊明说，我不想"折腰向乡里小人"。到这里，我们知道陶渊明要见的人是督

---

① 杜佑《通典》卷三十三《职官十五》，第一册，王文锦等点校，中华书局 1988 年版，第 915—916 页。

邮,就是郡里面担任监察之职的官员。这样一来,就知道陶渊明辞官去职是因为上面有督邮来督查工作。

知道"督邮"是一个什么性质的官吏,对于理解陶渊明为何辞去彭泽县令是很有帮助的,因为据此可以知道陶渊明对这类官员,或者对应付这类繁杂事务是非常反感的,这与他对县令的理解以及他的为官理想之间有很大差距,所以他称督邮这类人为"乡里小人",不愿意"束带"见之。有学者顺着督邮官职的内涵,继续考察陶渊明任职时期的经济状况。陶渊明在担任彭泽县令之前的经济状况是什么样的? 他为什么要去担任彭泽县令呢? 因为家里太穷了,"余家贫,耕植不足以自给。幼稚盈室,瓶无储粟,生生所资,未见其术"(《归去来兮辞》)。陶渊明在他叔叔的帮助下才得到彭泽县令的职务,即"诸侯以惠爱为德,家叔以余贫苦,遂见用于小邑"。陶渊明说他之所以要出任彭泽县令,是因为家里很穷,穷到"瓶无储粟",揭不开锅了,没饭吃了。做了彭泽县令后,情况有所改观,"僮仆欢迎""有酒盈樽""或命巾车,或棹孤舟",都是他在《归去来兮辞》里讲的。"方宅十余亩,草屋八九间"(《归园田居·其一》),有房有地。因此,有学者认为"短短的八十余天时间,就发生了这样大的变化,光靠官俸收入显然是不够的,肯定还有一些灰色收入,而这些收入在陶渊明任官期间尚未合法化,这也就是陶渊明在督邮来检查工作时辞官归田的真正原因。因为如果督邮查出什么不法之事的话,那就要真的成为严霜之诛的对象,受乡里小儿之辱了"①。按照这个推理,陶渊明有没有可能害怕这个检查,有没有可能是因为他很担心自己经济方面的问题呢? 当然,这个推理不是故意去污蔑先贤,不是这个意思。但是从学术的角度来讲,应该这么去思考。也就是说,只有把督邮及其职责等情况弄清楚之后,才有可能进一步理解陶渊明不愿"束带",不愿"折腰向乡里小儿"的真实原因。我们过去很少注意这一点,现在注意到这个问题,才能理解陶渊明当时为什么要辞职,为什么不想当这个县令了。

《通典》还列举了两个督邮的例子,有助于我们进一步理解陶渊明为何嫌恶督邮,毅然辞去县令的行为:

---

① 王青《陶渊明辞官原因新探》,《博览群书》2002 年第 9 期。

后汉欧阳歙为汝南太守,汝南旧俗,十月乡会,百里内县皆赍牛酒宴饮,临飨礼毕,歙教曰:"西部督邮繇延,天资忠贞,不严而治,宜显之于朝。"主簿读教讫,功曹郅恽前曰:"司正举觥,以君之罪,造谢于天。按延资性贪邪,罔上害人。明府以恶为善,股肱以直从曲。臣恽敢再拜奉觥。"歙惭,不知所言。门下掾郑敬进曰:"君明臣直,功曹切直,明府德也,可无受觥。"歙曰:"实歙之罪也,敬受觥。"恽免冠谢,遂不宴而罢。又陈球为繁阳令,时魏郡守讽县求贿,球不与,太守怒,挝督邮令逐球。督邮不肯,曰:"魏郡十五城,独繁阳有异政,今逐之,将致议于天下。"太守乃止。①

第一个例子中,东汉汝南郡西部督邮繇延在酒会上得到太守欧阳歙表彰,说他"天资忠贞,不严而治",应当上报朝廷。但功曹郅恽当场揭发了繇延的不法行为,说他"资性贪邪,罔上害人"。郅恽的揭发得到郑敬赞同,赞其"切直"。可见,督邮繇延确实是一个贪婪无度、欺上瞒下的小人。第二个例子中,魏郡督邮比较正直,但魏郡太守是个索贿的无耻之人。太守强行命令督邮驱逐不行贿的繁阳县令陈球。可见,东汉时期,太守向县令索贿的现象比较常见,而帮助太守行恶者往往是督邮。结合这些例子来看,东汉以来,督邮确实形象不佳,陶渊明谓之"乡里小人"由来有自。所以说,在考据过程中要敏感,要敏锐地发现并抓住问题的关键。过去人们很少注意"督邮"这个词,多关注陶渊明所说的"乡里小人",但"乡里小人"是什么意思?不知道。这是第一点。第二点,发现问题后,要知道怎样去解决问题,要查什么书。正如刚刚讲的,《通典》这部书有助于解决中国古代职官制度的相关问题。

五、项羽为什么不过江东

这里再举一个例子。这不是我的发明,是朱东润先生的发明。以往评

---

① 杜佑《通典》卷三十三《职官十五》,第一册,第916页。

价项羽，经常引用李清照《夏日绝句》"生当作人杰，死亦为鬼雄。至今思项羽，不肯过江东"，以及杜牧《题乌江亭》中的"胜败兵家事不期，包羞忍耻是男儿。江东子弟多才俊，卷土重来未可知"。李清照说项羽"不肯过江东"，赞美他有英雄气概。杜牧说项羽应该"包羞忍耻"，可以"卷土重来"。王安石《乌江亭》说："百战疲劳壮士哀，中原一败势难回。江东子弟今虽在，肯与君王卷土来？"意思是，即便项羽过了江东，即便江东子弟都还在，他们也不一定愿意再跟随项羽了。杜牧、王安石、李清照诸人的说法，都隐含了一个前提，那就是项羽可以过江东。但是，事实真是如此吗？传统看法都为项羽没有过江东感到遗憾，很少深入思考"项羽过得了江东吗"这样的问题。项羽真的那么傻吗？朱东润先生根据《史记》所载《高祖功臣侯者年表》，发现江东在项羽逃亡的时候已经不属于他了，不再是他能够管辖的范围了。朱先生说："其间堂邑侯陈婴已定豫章、浙江都浙自立为王，羽虽渡江，天下事已无可为者，此则时势所趋，不特愧见江东父老已也。"①陈尚君先生对此有详细解说："项羽到乌江而不肯赴江东，史书上说是羞见江东父老，后来的诗人常别出新解，但大多不离此意。而朱先生则提出，当时江东已经为刘邦所有，项羽已经无路可走。他的依据，是《史记·高祖功臣侯者年表》，江东子弟有 10 人封侯，功劳是以江东归汉。朱先生曾特别和我谈到，读书一定要注意作仔细的时间和空间的排比，一定要注意利用别人忽略的文献。读《史记》的人很多，但认真读表的人却不多，真正读懂的人就更少了。"②这对传统看法产生了颠覆性作用，过去长期认为项羽是真的不想过江东，是一个英雄气短、儿女情长的人，现在看来，事实并非如此。项羽之所以不过江东，是因为即便过去也是死，那时江东已经不是他的地盘了，已经被刘邦占领了。就像朱东润先生所说的，过去读《史记》的人虽很多，但认真读表的人却不多，真正读懂的人就更少了。由此可见，只有细读和排比文献，才能发现新问题，弥补以往认识上的不足。

---

① 朱东润《读〈高祖功臣侯者年表〉书后》，《史记考索》，武汉大学出版社 2009 年版，第 50 页。
② 陈尚君《朱东润先生的治学方法——以〈梅尧臣传〉为例》，《汉唐文学与文献论考》，上海古籍出版社 2008 年版，第 411 页。

六、到底是"樯橹"还是"强虏"

苏轼名作《念奴娇·赤壁怀古》是中学里就读过的,很熟悉了。这首词中的"樯橹灰飞烟灭",有的版本写作"樯橹",有的则写作"强虏",那么如何来判断"樯橹"和"强虏"哪个是对的呢? 就是说,我们怎么来还原当年苏轼用的到底是哪个词语? 因为这两个词语,从声韵上来讲是没有任何问题的,"樯橹"和"强虏"的平仄相同,按照《念奴娇》的格律,二者都可以,因此格律问题不用考虑。我们要考虑的是苏东坡在写这首词的时候一定是选了"樯橹"和"强虏"中的一个词语,而没有用另一个,他用这个词语而不用另一个的原因是什么? 其实宋人早已发现这个问题,如南宋何士信、王楙、洪迈等人各自做出了不同的判断。王兆鹏先生也曾就此问题进行辨析,指出"樯橹"是而"强虏"非。[①] 大家有时间可以找来看看。不过,我的思路可能与他有些区别。

南宋何士信编集《草堂诗余》,已发现"樯橹"与"强虏"的不同。何氏在该词下注:李白《赤壁歌》:"二龙争斗决雌雄,赤壁楼船扫地空。烈火初张照云海,周瑜于此破曹公。"诸本多作"强虏灰飞烟灭",按李白此歌既曰"楼船扫地空",则用"樯橹"二字,其义优于"强虏"。[②]《草堂诗余》是何士信编集的词选,以宋词为主,兼收一小部分唐五代词。《四库全书总目》说:"王楙《野客丛书》作于庆元间,已引《草堂诗余》张仲宗《满江红》词证蝶粉蜂黄之语。"[③]则此书当成于庆元(1195—1200)以前。何士信据李白《赤壁歌》,推论苏轼原作当为"樯橹",而非"强虏"。特别值得注意的是,其注语称诸本多作"强虏灰飞烟灭",可证南宋前期通行的苏词本子中多作"强虏"。

南宋王楙(1151—1213)《野客丛书》卷二十四"东坡水调"条载:"淮东将领王智夫言,尝见东坡亲染所制水调词。其间谓'羽扇纶巾,谈笑处,樯橹灰

---

① 王兆鹏《是"樯橹"而非"强虏"——苏轼〈念奴娇·赤壁怀古〉异文考释》,《中国曲学研究》第3辑,河北大学出版社2014年版。

② 何士信编《草堂诗余》,明洪武二十五年(1392)遵正书堂刻本。

③ 永瑢等《四库全书总目》卷一九九,中华书局1965年版,第1824页。

飞烟灭'，知后人讹为'强虏'。仆考《周瑜传》黄盖烧曹公船，时风猛，悉延烧岸上营落，烟焰涨天，知'樯橹'为信然。"①因苏轼原作未见，故无法判定王智夫所言是否真实。不过，根据此条记载，可知南宋时期苏词"樯橹"与"强虏"之争甚为激烈，而且"强虏"一说颇占上风。何士信根据李白《赤壁歌》，指出"强虏"并非原本。王楙的考证延续了何氏思路。王楙依据《三国志》所载《周瑜传》，推定"樯橹"是而"强虏"非，所用证据在性质上与何士信是一样的。《野客丛书》的这种说法为后人信从，如元陈秀明《东坡诗话录》卷上、清杭世骏《订讹类编》卷三"樯橹灰飞烟灭"条，均全引王氏此条。

洪迈《容斋续笔》卷八"诗词改字"条：向巨原云："元不伐家有鲁直所书东坡《念奴娇》，与今人歌不同者数处，如'浪淘尽'为'浪声沉'，'周郎赤壁'为'孙吴赤壁'，'乱石穿空'为'崩云'，'惊涛拍岸'为'掠岸'，'多情应笑我早生华发'为'多情应是笑我生华发'，'人生如梦'为'如寄'。"不知此本今何在也？②黄庭坚所书东坡《念奴娇》原本未见，无法考证向巨原所说是否真实。如向巨原所说属实，则黄庭坚所书应是"樯橹"。洪迈用以判断版本的方法与王楙相同，均转引他述；所不同者，一为王智夫，一为向巨原。

由此可知，以往学者也在关注这个问题，只是他们多着眼于事实层面的描述，而未深入解释何以苏轼不用"强虏"。要解释苏轼为什么不用"强虏"，首先必须弄清"强虏"一词的真实意义及其在北宋时期的使用情况。"虏"本是古代对北方外族的蔑称。"强虏"则在感情色彩上进一步加深。例如，薛居正等所修《旧五代史》中，凡涉及契丹者，多称为"虏"。但辑佚本《旧五代史》中，这些"虏"字均不见。这是因为邵晋涵等人重辑此书时，将"虏"全部改为"契丹"。《永乐大典》卷六八五一引《五代薛史》之《王权传》原文作"天福中，命权使于契丹。权以前世累为将相，未尝有称臣于戎虏"，"其实权耻拜虏廷，故坚辞之"。影库本（江西熊罗宿 1921 年影印邵晋涵等辑《旧五代史》本）"称臣于戎虏"改为"奉使而称陪臣"，"耻拜虏廷"改为"不欲臣事契丹"。③

①　王楙《野客丛书》卷二十四，《文渊阁四库全书》第 852 册，上海古籍出版社 1987 年影印，第747 页。
②　洪迈《容斋续笔》，上海古籍出版社，1978 年，第 317 页。
③　陈尚君《〈旧五代史新辑会证〉前言》，《汉唐文学与文献论考》，上海古籍出版社 2008 年版，第 348—349 页。

同书同卷载《王继弘传》原文作"从虏主至相州,遂令以本军戍守","会虏主死,汉祖趋洛,唐英遣使归款"。文中两处"虏"字,影库本全部改为"契丹"。[①]北宋时期,"虏"字也不能随意使用。在《全宋词》中检索,发现北宋使用"虏"字的词作非常少。柳永词使用一次,即"汉元侯,自从破虏征蛮,峻陟枢庭贵"[②]。此处"破虏"是作为典故来使用的。黄庭坚词中有两处用到"虏"字,一是"平坡驻马,虚弦落雁,思临虏帐"[③],"思临虏帐"是称赏曹伯达的临边雄心。一是"虏酒千杯,夷歌百转,迫人垂泪"[④],"虏酒"是指北方所造烈酒。晁端礼词中"风流少年儒将,有威名震虏,谈笑安边"[⑤],当是对所怀之人的赞誉。

虽然北宋词作中出现"虏"字用例,但苏轼《念奴娇》(大江东去)绝不可能用"强虏"。何以如此?前述南宋何士信引李白《赤壁歌》,王楙引《三国志·周瑜传》,以赤壁战争场景来论证苏轼应用"樯橹"而非"强虏"。他们认为苏轼应当用"樯橹",但未说明不能使用"强虏"的原因。故其推论虽有合理性,但并未从根本上解决问题。这里需要特别强调的是,从当时政治语境来看,苏轼创作此词绝不能使用"强虏"。赤壁之战中失败的一方是曹操,苏词中的"灰飞烟灭",无疑是指向曹军的。称曹操为"强虏",在一定历史时期可以,但在北宋则绝对不可。章学诚《文史通义·文德》对此有详细解释:

> 昔者陈寿《三国志》,纪魏而传吴、蜀,习凿齿为《汉晋春秋》,正其统矣。司马《通鉴》仍陈氏之说,朱子《纲目》又起而正之。"是非之心,人皆有之。"不应陈氏误于先,而司马再误于其后,而习氏与朱子之识力,偏居于优也。……陈氏生于西晋,司马生于北宋,苟黜曹魏之禅让,将置君父于何地?而习与朱子,则固江东南渡之人也,惟恐中原之争天统也。[⑥]

---

① 陈尚君《〈旧五代史新辑会证〉前言》,《汉唐文学与文献论考》,第353页。
② 柳永《早梅芳》(海霞红),唐圭璋编《全宋词》(第一册),中华书局1965年版,第14页。
③ 黄庭坚《鼓笛慢》(黔守曹伯达供备生日),《全宋词》(第一册),第387页。
④ 黄庭坚《醉蓬莱》(对朝云叆叇),《全宋词》(第一册),第406页。
⑤ 晁端礼《金盏倒垂帘》(流水漂花),《全宋词》(第一册),第426页。
⑥ 章学诚著,叶瑛校注《文史通义校注》卷三,中华书局1985年版,第278页。

这段话的意思是,陈寿《三国志》以曹氏为正统,尊曹抑刘。习凿齿《汉晋春秋》反过来尊刘抑曹。司马光《资治通鉴》继陈寿而尊曹,朱熹《通鉴纲目》则又反过来而尊刘。为什么会这样? 原因就在于陈寿所处之西晋与司马光所处之北宋,其政权之获得有类于曹氏篡汉。也就是说,司马光和陈寿所处时代相似,必须以曹氏为正统。而朱熹所处之南宋又类于习凿齿所处之东晋,他们尊刘抑曹都是出于偏安时代平息正统之争的需要。章学诚合理解释了尊刘和尊曹变化背后的深层次历史原因。明乎此,则可断定在苏轼所处的北宋时代,绝不可称曹操为"强虏",否则会有质疑北宋政权合法性之嫌。因此,章学诚接着说:"不知古人之世,不可妄论古人文辞也。知其世矣,不知古人之身处,亦不可以遽论其文也。"[①]这对理解苏轼此词创作,确具重要启发意义。

既然苏轼创作时必须使用"樯橹",那么,何以后来改为"强虏"? 这个变化又发生于何时呢? 要回答这些问题,首先必须了解南北宋之际及南宋词人创作的变化。从晁端礼《金盏倒垂帘》一词中"谈笑安边"来看,苏轼《念奴娇》(大江东去)一词在北宋时已被化用。这种情况在南宋更为明显。我据《全宋词》进行统计,发现南宋词大量使用"虏"字,其中李曾伯9首,李纲5首,张孝祥4首,张元干、刘过、程珌各2首。使用1次的则有朱敦儒、辛弃疾、曹勋、史浩、陆游、陈三聘、韩玉、陈亮、史达祖、刘克庄、蔡挺、张镃、戴复古、王迈、王澜、文天祥、李流谦、富㮦、蔡戡、姚勉、黄中辅、曹冠、韩淲等人。词中多使用"骄虏""狂虏""胡虏""残虏""羯虏""夷虏"等语词。"虏"字使用的普遍性,反映了南宋词人对民族战争的深切关注。这些词记录了他们的态度和立场,与杜诗相类,可称之为"词史"。

南宋词人多用"虏"字,固然与当时残酷的民族战争有关,但从词史内部发展来看,又无疑是深受苏词影响的结果。例如,李纲:"亲总貔貅谈笑看,黠虏心惊胆落。"[②]李流谦:"万里长江,百年骄虏,只笑谈烟灭。"[③]李曾伯:"天教狂虏灰飞。"[④]富㮦:"趣召遄归,康时佐主,指挥谈笑虏巢空。"[⑤]蔡戡:

① 章学诚著,叶瑛校注《文史通义校注》卷三,第278—279页。
② 李纲《念奴娇》(汉武巡朔方),《全宋词》(第二册),第900页。
③ 李流谦《醉蓬莱》(同幕中诸公劝虞宣威酒),《全宋词》(第三册),第1484页。
④ 李曾伯《沁园春》(丙辰归里和八窗叔韵),《全宋词》(第四册),第2823页。
⑤ 富㮦《多丽》(寿刘帅),《全宋词》(第三册),第1768页。

"风飞雷厉，威行逆虏胆生寒。汉寝周原如旧，一扫腥膻丑类，谈笑定三关。"①姚勉："谈笑暇，诗吟虏。"②黄中辅："河海封疆俱效顺，狂虏何劳灰灭。"③词中直接用"谈笑""狂虏""烟灭"，受苏词影响是非常明显的。再如曹冠："丈夫志业，当使列云台，擒颉利，斩楼兰，雪耻歼狂虏。"其上片"吴越旧争衡，览遗迹、英雄何处"④，直用苏词语。张孝祥："雪洗虏尘净，风约楚云留"，据下片"忆当年，周与谢，富春秋。小乔初嫁"⑤，知亦脱化于苏词。辛弃疾："自是不日同舟，平戎破虏，岂由言轻发。"⑥直接用苏词韵。韩淲："叹都把、生民膏血，尚交胡虏"，据其下片"赤壁楼船应似旧，问子瑜、公瑾今安否"⑦，知其祖述苏词。

　　据上可知，南宋词大量使用"虏"字，受苏词影响非常明显。由此，可逆推"樯橹"改为"强虏"发生的时间。北宋虽与辽、西夏长期对立，但总体上比较稳定，国家政权是独立完整的。金兵南侵及后来元灭南宋，情况与此大不相同。南宋词多用"虏"字，正是民族情绪高涨的反映。也正是在这个时期，苏轼《念奴娇》(大江东去)更能引起共鸣。无论苏词原初形态如何，人们更愿意相信并选择"强虏"，因为"强虏灰飞烟灭"最能表达此时内心情感。从这个角度来看，"樯橹"改为"强虏"，显然并非刻写之误，而是有意为之。虽然现在无法知道其始为此者，但可肯定这个变化发生于南北宋之交民族矛盾剧烈之时。从这个变化可以看到，在苏轼那个时代，"强虏"使用语境关涉北宋政权的合法性。南宋词中大量使用"虏"字，则因民族情感表达之需。

　　由此我们知道，要解决到底是"樯橹"还是"强虏"的问题，首先，要搞清楚"强虏"在当时是有所指的，不是一般意义上的强大的敌人。其次，要搞清楚在苏轼那个时代，"强虏"不是随便能用的。最后，要搞清楚苏轼那个时代是拥曹反刘的，所以绝不可能蔑称曹军为"强盗"。

---

① 蔡戡《水调歌头》(送赵帅镇成都)，《全宋词》(第三册)，第2019页。
② 姚勉《贺新郎》(送易子炎运干之任)，《全宋词》(第五册)，第3094页。
③ 黄中辅《念奴娇》(炎精中否)，《全宋词》(第三册)，第1514页。
④ 曹冠《暮山溪》(渡江咏潮)，《全宋词》(第三册)，第1538页。
⑤ 张孝祥《水调歌头》(和庞佑父)，《全宋词》(第三册)，第1688页。
⑥ 辛弃疾《念奴娇》(三友同饮，借赤壁韵)，《全宋词》(第三册)，第1973页。
⑦ 韩淲《贺新郎》(万事佯休去)，《全宋词》(第四册)，第2237页。

七、白居易思想分水岭的认识误区

有学者认为白居易思想从积极向上转向消极保守的界线,应该是元和五年(810)由左拾遗改任京兆府户曹参军之时。这与一般文学史的认识是不同的。一般认为,贬谪江州是白居易思想的分水岭。那么,问题到底出在哪里呢? 问题主要是对白居易元和五年前后任职的认识有偏差。白居易在元和五年前后任职翰林学士,至于左拾遗,不存在卸不卸任的问题。考白居易此期任职经历如下: 贞元十九年(803),三十二岁,与元稹同授秘书省校书郎。宪宗元和元年(806),三十五岁,罢校书郎。元和二年(807),三十六岁,自盩厔县尉入京应试,除翰林学士。元和三年(808),三十七岁,除左拾遗,依前充翰林学士。元和五年,三十九岁,自请改官京兆府户曹参军,仍充翰林学士。元和六年(811),四十岁,丁母忧。元和八年(813),四十二岁,服除,仍在家。元和九年(814),四十三岁,冬,诏授太子左赞善大夫,入朝居长安昭国里。元和十年(815),四十四岁,七月,上疏请捕刺杀宰相武元衡之贼。后奏贬为江表刺史。中书舍人王涯复论不当治郡,改贬江州司马。秋,出蓝田,到襄阳,乘船经鄂州于冬初到江州。

那么,白居易任职翰林学士期间,与同时所任盩厔县尉、左拾遗、京兆府户曹参军等职务有何关系? 其实,这里关涉唐代官制中官与职的区别。傅璇琮先生对此有很好的说明:

> 官与职的区别,我们还可以举白居易自己所写的一篇文章来作佐证。白居易友人李建,于贞元末、元和初曾为翰林学士,他于穆宗长庆元年(821)卒,白居易特为其作一碑文:《有唐善人碑》(《白居易集笺校》卷四一)。碑中概述李建的仕历,把官、职、阶、勋、爵分得很清楚: 公官历校书郎、左拾遗、詹府司直、殿中侍御史、比部兵部吏部员外郎、兵部吏部郎中、京兆少尹、澧州刺史、太常少卿、礼部刑部侍郎、工部尚书;职历容州招讨判官、翰林学士、郿州防御副使、转运判官、知制诰、吏

部选事;阶中大夫;勋上柱国;爵陇西县开国男。这是当时人叙当时事,
应当说是可信的。由此可见,如校书郎、左拾遗等是官,翰林学士、知制
诰等是职。而凡翰林学士,都须带有官衔。……这是因为,翰林学士本
身是一种职务,他必须带有其他正式的官职名称,这样才有一定的品
位,一定的薪俸。而同时,不管所带的是什么官衔,他仍在内廷供职,承
担翰林学士的职能,并不去做所带官衔的职务。①

据此知道,翰林学士是职,左拾遗是官。也就是说,白居易任翰林学士时,左
拾遗一直是他的寄禄官,在此期间他享受从八品的左拾遗的待遇。实际并
不赴左拾遗之任,因此也就不存在如有些学者所说的左拾遗是近职,有机会
同皇帝直接对话,所以白居易才直言进谏,思想激进,创作了大量的讽谕诗,
元和五年后不任左拾遗了,他的思想也因此发生改变。

八、王安石改字与网络知识碎片化

下面这个例子,是有关怎么考证网络资源、网络信息可靠性的问题。王
安石《泊船瓜洲》"春风又绿江南岸"一句,其中"绿"字改了很多次,最后才确
定为"绿"。洪迈《容斋续笔》卷八"诗词改字"条:"王荆公绝句云:'京口、瓜
洲一水间,钟山只隔数重山。春风又绿江南岸,明月何时照我还?'吴中士人
家藏其草,初云'又到江南岸',圈去'到'字,注曰'不好',改为'过',复圈去
而改为'入',旋改为'满',凡如是十许字,始定为'绿'。"②很多人把这个故事
当作一个很好的材料和论据,比如语文老师强调写文章要仔细揣摩、慢慢修
改,多以此为例。但是,近来网上流传的一个关于王安石改字的故事,说他
连续用了"临、度、来、吹、遍"这几个字。这个说法对吗? 王安石改字会不会
用"临、度、来、吹、遍"呢? 这是网上的一个说法。这个说法可靠吗? 当然是

---

① 傅璇琮《从白居易研究中的一个误点谈起》,《文学评论》2002 年第 2 期。
② 洪迈《容斋续笔》卷八"诗词改字"条,上海古籍出版社 1978 年版,第 317 页。

错误的。为什么？大家仔细想一想。我们知道，王安石此诗是七言绝句。七绝有四种基本格式：第一种平起平收（即首句平起入韵式），如李白《早发白帝城》；第二种平起仄收（即首句平起不入韵式），如陆游《夜读范至能〈揽辔录〉，言中原父老见使者多挥涕，感其事作绝句》；第三种仄起平收（即首句仄起入韵式），如李白《苏台览古》；第四种仄起仄收（即首句仄起不入韵式），如杜甫《绝句四首》之一（两个黄鹂鸣翠柳）。王安石《泊船瓜洲》属于第三种，其平仄是：仄仄平平仄仄平，平平仄仄仄平平。平平仄仄平平仄，仄仄平平仄仄平。"春风又绿江南岸"是第三句，其平仄为"平平仄仄平平仄"，"绿"字是该句第四字，必须用仄声，否则不合格律。一般而言，格律诗用韵遵守"一三五不论，二四六分明"的规则，就是每句的第二、第四个字不能平也可、仄也可的，一定是该平就平、该仄就仄的。"春风又绿江南岸"句中的"绿"字不可能用平声，如果用平声，这首诗就不是一首合律的七言绝句了。因此，这个"绿"字怎么可能是按照网络里搜索来的一连用"临、度、来、吹、遍"几个字来修改呢？因为"临、来、吹"都是平声，王安石绝不可能用这些字，网上的信息是错误的。

那么，这个错误是怎么来的呢？通过网络搜索，可以把这件事情大致梳理一下。2006年5月12日，百度贴吧"抚州吧"中，一位署名"西红柿炒鸡蛋壳"的网友发表帖文《贡酒传奇》。文中说王安石写作《泊船瓜洲》一诗：冷静之后，王安石又觉得此诗虽然可以，但句子比较平淡，诗味不浓，缺少画龙点睛之感。尤其是第三句那个"到"字，看了怎么也觉得不合适。于是他又想了"过"字，"春风又过江南岸"，也觉不妥，后来绞尽脑汁，搜肠刮肚，冥思苦想，一连用了"临""度""来""吹""遍"等十几个字，都觉得不好，一时江郎才尽，一连三天寝食难安，茶饭不思。故事接着说王安石改"绿"字，原来是受了临川老家送来的美酒的启发。王氏饮下临川佳酿之后，再看眼前一派春光，突然想到"绿"字要比之前的十几个字都要好。[①] 这篇帖文所讲的王安石改诗故事，实际上包含两个小故事，一个是改"绿"字，另一个是改诗受了临川美酒的感发。这篇帖文很快在网络上被大量复制和转载。一些教学论

---

① http://tieba.baidu.com/p/99382649。

文也开始转引上述错误信息。例如有人说:"王安石关于'春风又绿江南岸'一句的'绿'的琢磨可谓一个最好的例子。王安石在瓜洲岸边散步游玩,欣赏着江边美景,情趣盎然之余,不觉口出一章:'京口瓜洲一水间,钟山只隔数重山。春风又到江南岸,明月何时照我还。'偶得佳句,王安石非常高兴。冷静之后,王安石又觉得此诗虽然可以,但句子比较平淡,诗味不浓,缺少画龙点睛之感。尤其是第三句那个'到'字,看了怎么也觉得不合适,后来搜肠刮肚,冥思苦想,一连用了'过''临''度''来''吹''遍'等十几个字,都觉得不好,一时江郎才尽,一连三天寝食难安,茶饭不思。"①我讲这个问题,是想提醒大家利用网络资源时,一定要注意网络信息的可靠性问题。我们做文献检索,一定不能过度依赖网络资源,因为网络只是提供一个信息交流的平台,不负责核实信息真伪。网络资源的最大特点是碎片化,这是一定要注意的,不可随意用。

---

① 钱秀萍《精雕细琢拨动美文之弦》,《学园》2014 年第 24 期。

第三讲　总论文献与文献学

一、古代文献基本形态

要考据，首先要知道"文献"是什么意思，知道怎么去用，知道古书是如何编成的、是什么样的形态。文献有哪些形态？先来看下面这段话，大家都很熟悉。《论语·八佾》记载：

> 子曰："夏礼，吾能言之，杞不足征也；殷礼，吾能言之，宋不足征也。文献不足故也。足，则吾能征之矣。"

孔子说，夏朝的礼制是能够考证、复述、还原出来的，可是他到杞国去，发现很多东西都改变了，看不到遗存了，所以没办法讲清楚。殷商礼制也能够讲清楚，但是到宋国去考察，发现很多东西也看不到了。什么原因？夏和商时期的情况现在很难讲清楚，就是因为"文献不足征"；如果足的话，就能把夏、商的礼制考证出来。孔子研究夏朝的礼制为什么要到杞国去？因为杞国是夏朝的遗民所在地，也就是我们说的"杞人忧天"的"杞人"之所在。夏朝被殷商王朝灭了，并不是说把夏朝所有的人都杀掉，夏朝的遗民还在，成了后来的杞国。殷商的礼制为什么要到宋国去考察呢？因为宋国是殷商王朝的遗民所在地。大家来看"宋"字，由"宀"和"木"组成。"宋"字是怎么来的呢？"宀"读"mián"，本是屋顶，引申为房屋、覆盖。"宋"字的上面是房屋，下面是一棵树，为什么树要种在房子里？为什么树要用房子盖起来？这棵树是什么树？这棵树是社树，象征着殷商王朝。大家知道古代每个族群都有象征这个族群的植物，夏朝以松、殷商以柏、周朝以栗，作为他们各自的社树。周王朝把殷王朝的社树盖起来，是什么意思？象征着征服，永世不得翻身。"宋"字是这样来的，是有象征意义的。现在就知道孔子为什么要到宋国去考察了，因为宋是殷商王朝遗民所在地。殷商王朝原本的都城在现在河南安阳一带，宋在河南商丘一带。孔子说到杞国去没有发现夏王朝遗存的东西，到宋国去也没有看到与殷商相关的一些遗存，就是"文献不足征"。因此，我们要搞清楚孔子讲的"文献"到底是什么意思。

　　"文献"包含两层意思。朱熹解释"文献"："文，典籍也。献，贤也。"①贤，是指人。大家看"贤"字是怎么写的："臣"指权力，"贝"指财富，"又"指手。一只手抓到两样东西，一个是权力，一个是财富。"贤"就是当时有名望的人，不是说这个人是文献，而是说这个人说的话是文献，属于口传文献。我们现在所讲的口述史，过去也有，把"贤"口述的话记载下来，就是"献"。张舜徽先生认为，"征文考献"之"文"，即典籍，亦即书本记载；"献"即贤人，亦即耆旧的言论。因此，"文献"的本义是指书本记载与口头言论的合称。② 所以，《论语》中所讲的"文献"主要包含两层意思：一是指文字记载的文献，二是指口耳相传的文献。我们对于文献的理解不能过于狭隘。马端临在《文献通考·自序》中说："凡叙事则本之经史，而参之以历代会要，以及百家传记之书，信而有证者从之，乖异传疑者不录，所谓'文'也。凡论事则先取当时臣僚之奏疏，次及近代诸儒之评论，以至名流之燕谈、稗官之纪录，凡一话一言可以订典故之得失，证史传之是非者，则采而录之，所谓'献'也。"③这也是从文字载录与言论两方面着眼的。马端临对"献"的理解也还是"贤"者的话，只不过这些话语已经转成文字形式，以奏疏、评论、燕谈、纪录的形式出现。他说的"贤"者，包括臣僚、诸儒、名流、稗官等。

　　今天理解"文献"，应在古人的基础上进一步拓展，在文字的、口述的文

---

　　①　朱熹《四书章句集注》，辽宁教育出版社1998年版，第66页。
　　②　张舜徽《中国文献学》，中州书画社1982年版，第1—5页。
　　③　马端临《文献通考》，上海师范大学古籍研究所、华东师范大学古籍研究所点校，中华书局2011年版，第3页。

献之外,还应包括图像和实物。近年来,有关图像学的理论及其与文学关系的研究成果日益增加,图像应引起我们的关注。对于图像的理解和认识,不能局限于绘画,如出土的汉石砖上的图画、敦煌壁画、古地图、抄刻时代书籍所载的各种图画等,出土墓志、石刻文献等也应视作一种图像。石刻是文章

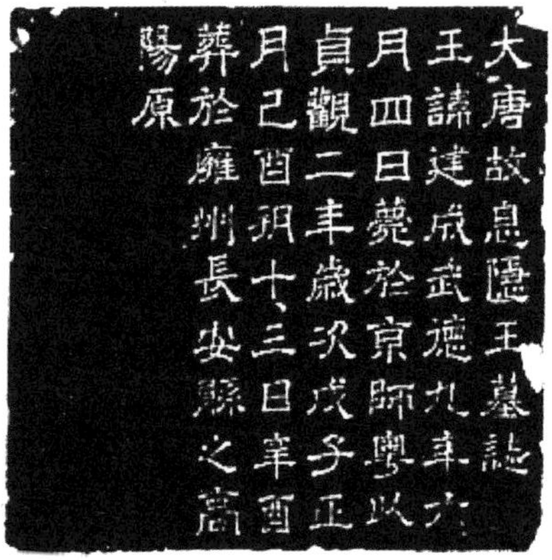

图1 李建成墓志拓片①

从稿本到结集过程中的一个重要环节,是文本流动过程中文字凝结的一种形态。因此,不能简单地将石刻理解为文本,而要将石刻作为一种图像,关注以石作为材料的图像所具有的性质和特点。例如,2005年出土了唐李建成的墓志,《大唐故息隐王墓志》的志文很简单,只有几行字:"王讳建成,武德九年六月四日薨于京师。粤以贞观二年岁次戊子正月己酉朔十三日辛酉,葬于雍州长安县之高阳原。"但是,如果仔细观

察志文的刻写,就会发现"隐"字有明显的修改痕迹。据专家介绍,在碑石上,"隐"字存在磨损痕迹,磨损处长5.3厘米,宽4.4厘米,且相较于整篇志文,向下凹陷了0.12厘米。仔细观察可以发现,在"隐"字之下,还残留有一道浅浅的笔画,经专家识别后确认为"戾"字。但从字迹来看,无论是后刻的"隐"字还是原先的"戾"字,都与其他字的笔迹一致,应当是同一人所书。②这与《唐会要》等史籍中的相关记载刚好吻合。《唐会要》载:"贞观二年三(按:当为'正'字之讹)月,有司奏谥息王为戾。上令改谥议。杜淹奏改为灵。又不许,乃谥曰隐。"③从谥号的更改,可以看到李世民内心的变化。据《谥法》,不悔前过曰戾,"戾"是恶谥,李世民不同意,可见他对李建成尚存恻隐之心。杜淹奏改为"灵",也不符合李世民的想法。《谥法》说谥为"灵"有六种情况:一是"死而志成",二是"乱而不损",三是"极知鬼事",四是"不勤

---

① 参见贾二强《释唐李建成及妃郑观音墓志》,《唐史论丛》2014年第1期。
② 陈志涛《李建成墓志:碑石上的千年秘密》,《陕西日报》2020年10月9日第8版。
③ 王溥《唐会要》卷八〇,中华书局1960年版,第1468页。

成名",五是"死见鬼能",六是"好祭鬼神"。李世民不允,可见这些说法都不符合他的想法。《唐会要》记赠李建成谥号,说谥为"隐"有三种情况:一是"隐拂不成曰隐",二是"明不治国曰隐",三是"怀情不尽曰隐"。所以,最后定为"隐",比较符合李世民内心的想法。由此可见,出土墓志中的改字,既可以用以证史,亦即陈寅恪先生所言"取地下之实物与纸上之遗文互相释证",同时通过刬改现象,还可以考察李世民对李建成情感的波动变化。

　　实物也是文献的一种基本形态。实物承载了各种历史信息,是历史时期特定时空状态下的产物。因此,借助实物可以了解实物背后的历史。举个例子,如色尔古藏寨的嘉绒藏人有在门楣顶上悬挂猪下颌骨的文化习俗。色尔古藏寨 150 多户人家中,就有数十家门楣上首挂有猪下颌骨,其中有些人家因地震损毁了房屋门楣上悬挂的猪下颌骨,没有重新安置,至今还有 16 家挂有猪下颌骨。一块猪下颌骨代表一代,门首上挂几块猪下颌骨,表示本家族世系传承已达多少代。这些猪下颌骨必须是没阉割过的公猪,表明尽管色尔古藏寨的嘉绒藏人生活习俗中尚有一些母系氏族社会的遗留痕迹,但社会生活中男子已占据了主导地位。家谱是记载家族世系传承的载体,色尔古藏寨的嘉绒藏人以悬挂猪下颌骨的方式来反映本家族的世系传承,因此,这种悬挂的猪下颌骨可称为"'猪下颌骨'家谱"。色尔古藏寨的嘉绒藏人独创的这种"猪下颌骨"家谱,为我国原始家谱类别增添了一个新的品种。② 图 2 为四川黑水县藏族白金特家门楣上首悬挂的 38 块"猪下颌骨",表明白金特是家族第 38 代传人。"猪下颌骨"是一种特殊的实物家谱。

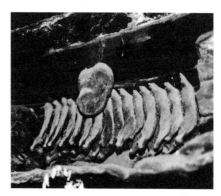

图 2　"猪下颌骨"家谱①

---

　　①　王鹤鸣、王洪治等《中国少数民族家谱通论》,上海古籍出版社 2018 年版,第 293—295 页。

　　②　张杰《神秘的藏寨,原始的谱系——四川黑水县色尔古藏寨藏族"猪下颌骨"家谱简介》,王鹤鸣、王洪治等《中国少数民族家谱通论》,上海古籍出版社 2018 年版,第 293—294 页。

由此可以知道，文献的基本形态有四种，一是文字记载，二是口传资料，三是图像，四是实物。这是对文献含义的简单解释。文献是研究对象，文献学是研究文献的学问，包括对文献的利用和研究方法等。传统文献学的内容非常广泛，其中比较重要的有三个，即目录学、版本学和校勘学。

二、目 录 之 学

"目录"是什么意思？为什么叫目录学呢？"目录"的原始意思也可以在《论语》中找到。《论语·颜渊》："颜渊问仁。子曰：'克己复礼为仁。'"颜渊是孔子的弟子，问老师什么叫"仁"，孔子就告诉他"克己复礼"就是"仁"。颜渊听了之后还是不理解，因而"请问其目"。孔子说把"仁"放大来讲就是四句话："非礼勿视，非礼勿听，非礼勿言，非礼勿动。"孔子说的"克己复礼"具体内容包括四个方面，这就是"目"。"克己复礼"是什么意思呢？就是"纲"。"纲"是绳，"目"就是网眼，抓住了网绳就抓住了要害，所谓纲举目张、提纲挈领就是这个意思。"目"就是一个大名之下分出小名，"克己复礼"是大名，视、听、言、动四项就是它的小名，也就是它的"目"。再讲一下孔子说的"仁"是什么意。《说文解字》"仁"的象形字是"二人"。两个人就叫"仁"，这等于没说。《说文解字》解释"仁"，不是"仁"的原初意义。人靠人就是"仁"吗？不是这样的。我们现在还在说"花生仁、杏仁、核桃仁"，是"二人为仁"吗？"仁"是一个指事字，指的是什么呢？指的是孕妇和腹内的胎儿。后来演变中字形发生变化。"仁"字一开始并不是"二人为仁"，而是说母亲和腹中胎儿的关系。由此可知，原初的"仁"字是指母亲对腹中胎儿的慈爱和保护，由此延伸，用以指人与人之间的关系。以上是关于"仁"的解释，只是简单讲一讲。

"目"是指一个大名下分出的小名，那什么是"录"呢？《说文解字》："録，刻木録録也。""録"本来就是用刀去刻的意思，最初"目录"的"録"不是现在简体字的"录"，是有"金"字作为部首的"録"。把"目"和"录"合在一起作为一个名词是从汉成帝命刘向、刘歆父子校书时开始的。班固《汉书·叙传》

说:"刘向司籍,九流以别,爰著目录,略序洪烈。"①这个"目录"就是指刘向、刘歆父子的《别录》和《七略》。"目"是指一书中的"篇目","录"是指篇目和序的总称。《汉书·艺文志》总序说刘向校书,"每一书已,向辄条其篇目,撮其指意,录而奏之"②。意思是,刘向把一部书校好之后,给它写一个提要,并把目录列出来,合在一起上奏。这就是目录的来历。

目录学重不重要呢? 当然很重要,古人对目录学的重要性有自觉意识。比如王鸣盛《十七史商榷》:"目录之学,学中第一紧要事,必从此问途,方能得其门而入。"③什么意思? 如果不通目录学,就不能知道古人是如何编书的,也不知道古人编了哪些书,那你怎么去做学问呢? 有人可能会说,这个没关系,我们有百度啊。但网络只提供检索平台,利用检索到的知识时一定要慎重。与王鸣盛同时代的另一个学者金榜也说:"不通《汉·艺文志》,不可以读天下书。《艺文志》者,学问之眉目,著述之门户也。"④所以,下一节课我们就从《汉书·艺文志》开始讲。张之洞《书目答问》也说:"读书不知要领,劳而无功。"⑤要领是什么? 就是目录学,要从目录进去。龚自珍《六经正名》:"微夫刘子政氏之目录,吾其如长夜乎?"⑥意思是,假如没有刘子政,也就是刘向,读书就好像在黑夜里一样,没有出路,找不到门径,看不见前途。前贤的这些话,是告诉我们目录学很重要。研究古代文学、古典文献学一定要熟知目录,做文献考据也必须首先搞清楚古人是如何编书、如何使用目录的。只有搞清楚这些,才知道怎样去考证,才知道到哪里可以找到自己需要的书。

古代目录学著作大致可分为三大类。

第一大类是官方史志目录,如《汉书·艺文志》《隋书·经籍志》《旧唐书·经籍志》《新唐书·艺文志》《宋史·艺文志》《明史·艺文志》《清史稿·艺文志》等。官方所编纂的、附在正史中的目录学著作,称作官方史志目录。

---

① 班固《汉书》卷一百下,中华书局 1962 年版,第 4244 页。
② 班固《汉书》卷三十,第 1701 页。
③ 王鸣盛《十七史商榷》卷一,第 1 页。
④ 王鸣盛《十七史商榷》卷二二,第 248 页。
⑤ 张之洞《书目答问·略例》,范希曾补正,孙文泱增订《增订书目答问补正》,第 1 页。
⑥ 龚自珍《六经正名》,王佩净校《龚自珍全集》,第 37 页。

　　第二大类是私人所著目录学著作。私人目录学著作从宋代开始兴盛。当然，宋之前也有，比如南朝沈约、任昉等人，都有大量私人藏书，都编过私人藏书目录。唐代著名史学家吴兢也编过《吴氏西斋书目》，是他的私人藏书目录。到宋代，私人藏书风气越来越浓，藏书家给自己的藏书编目风气也越来越盛。宋代著名的私人目录著作，主要有晁公武的《郡斋读书志》、陈振孙的《直斋书录解题》，前一种简称"晁志"，后一种简称"陈录"。像这样的目录学著作，到了明清时期就更多了，因为明清时期藏书家越来越多，编撰私人藏书目录的风气越来越流行。为什么会这样？这主要是因为版本观念兴起之后产生了大量藏书家。版本这个观念在宋代之前已经有了，但它作为一种概念正式提出，是从宋代开始的。有了版本观念，才会有更多的收藏，以版本为重。明清时期收藏宋版书，动辄以页论价，假如收藏了一部宋版书，可能价值千金。所以，明清时期私人藏书家越来越多，藏书家对自己的藏书，要么自己动手，要么请他人帮忙整理，编成私藏目录，私人目录学著作也就越来越多。

　　第三大类是丛书目录。比如最有名的《四库全书总目》，就不是官方史志目录，它不依附于官方修纂的史书，而是乾隆年间修成的大型丛书目录。

　　由上述可知，中国古代的目录学著作大致可分三大类：官方史志目录、私人藏书目录和丛书目录。据这些目录学著作，可以了解古代藏书的大致情况，里面涉及古人藏书观念、书籍传播、书籍形态、书籍流动等问题。举个简单例子，比如唐代文集编纂——也可以称为书籍生产，书籍生产后要流传，但流传到今天还能够被看到的、完整保存下来的唐人别集很少。那么，这里面就有一个问题，我们今天看到的少，并不是说它在历史上曾经也少。比如要了解唐人别集在宋代的流传情况，但根据现在能够看到的唐人文集，无法还原当时的情况，那么该怎么办呢？这就要去读目录学著作了，读《崇文总目》《宋史·艺文志》等等。《崇文总目》是北宋时期清理国家藏书后所编的大型目录，当时有六十六卷，后来散佚了。清代秦鉴等人重辑为五卷，保存在《丛书集成初编》中。因此，根据宋代所编书目，大致能了解唐人文集在宋代流传的情况。《崇文总目》之外，私家目录学著作，如晁公武《郡斋读书志》、陈振孙《直斋书录解题》，其中也有对唐集在宋代流传情况的记载。根据这些目录书，大致可以还原宋代唐集的藏存情况。因此，我们不仅要学会发现问题，还要学会找到解决问题的办法。刚才讲的唐人文集在宋代怎么流传,到底是什么样的情况,要有解决问题的思路和方法。大家可以参看拙文《唐人别集国家庋藏制度及相关文学问题》(《文学遗产》2020 年第 3 期)。所以,不能简单地根据流传下来的古籍来判断当时的情况。大家一定要有这样一种观念:我们今天没有看到,不等于说它原来在某个历史时段不存在。一定要纠正以往的错误观念。一定要这样想:它在某个历史时段不仅存在,而且产生了影响。假如要去研究某个历史时段,那就不能只是借助现在所能看到的这些资料。所以,目录学著作最大的好处,就是帮助我们回归历史语境,还原历史事实。

三、版 本 之 学

版本是怎么产生的?《说文解字》:"牍,书版也。""版"就是竹片、木片。中国古代文字的载体发生了多次变化,比如现在多用电子书,往前有纸质版,再往前,造纸术还没有发明之前文字是怎么记载的? 写在什么材料上面? 书写在竹简、木片、丝帛上面。有人问,青铜器是不是文字载体? 当然是载体,但它并不是主要的书写工具,而是特定场合的书写行为。比如有重大事件时铸鼎,把铭文铸在上面。所以,青铜器并不是主要载体。在殷商、西周时期,平时用以记载文字的材料主要还是木片和竹简,而不是青铜器。再往前,甲骨文是不是把甲骨当作书写材料呢? 当然也可以这样说,但是哪来那么多龟甲和兽骨呢? 因此,不是说平常书写都要用甲骨作为材料。龟甲主要在占卜场合使用。占卜时,将占卜结果和占卜过程等记录下来,刻在龟甲上面。我们知道,在龟甲上刻写文字很难,所以龟甲不可能作为一般的、经常性的书写材料,当时书写材料主要还是木片和竹片。木片的面积和容量相对较大,可以在上面多写一些文字,当时多用作书信的书写材料,所以后来用"牍"指代书信这一文体。王充《论衡》说:"截竹为筒,破以为牒,……断木为椠,析之为板……"①把竹子、木头截成一节一节的,再剖开就

---

① 王充撰,黄晖校释《论衡校释》卷十二《量知篇》,中华书局 1990 年版,第 551 页。

成了竹片和木片。这就告诉我们书写材料多为竹简和木片。所谓"刀加刮削,乃成奏牍"①,是说木片不仅多作书信的书写材料,而且常用作奏文的书写材料。什么叫"本"呢?李善《文选注》卷六注《魏都赋》"雠校篆籀,篇章毕覩",引应劭《风俗通》:"案刘向《别录》:雠校,一人读书,校其上下得谬误,为校。一人持本,一人读书,若怨家相对。"②"一人读书,校其上下得谬误",类似于我们现在所说的本校法。本校法就是根据前后文记载矛盾来判断其中的谬误。"一人持本,一人读书,若怨家相对",意思是把两个不同的本子放在一起比较,相当于今天所说的对校法,像两个仇人一样。书籍流传过程中产生了不同本子,把两种本子放在一起比较,像两个仇人一样,就叫校雠。这里面实际上包含了两种不同的校勘方法,一种是本校法,另一种是对校法。

"版本"作为一个名词是在什么时候出现的呢?始见于《宋史·邢昺传》,景德二年(1005)夏,"上幸国子监阅库书,问昺经版几何,昺曰:'国初不及四千,今十余万,经、传、正义皆具。……今板本大备,士庶家皆有之'"③。这是关于"版本"一词最早的记载。对此记载也有很多解释,比如叶德辉就说:"雕板谓之板,藏本谓之本。"④什么叫"藏本"?"藏本者,官私所藏,未雕之善本也。"⑤意思就是,叶德辉认为写本要比后来的刻本好,写本更接近书籍的原初形态,所以他说藏本,也就是未雕刻的写本,是书籍的善本。"自雕板盛行,于是板本二字合为一名。"⑥版本很重要,现在做古籍整理都强调版本的重要性。古人在雕版印刷发明使用之前主要靠手写,手写和手抄就会出现很多错误,比如看错行、写漏字等等。还有,古书在流传过程中,原文和注释容易混在一起。因为读者在阅读时会随手批注,后来这些批注被误认为是原文了。此外,大家还要知道,在纸张未发明和广泛使用之前,书籍多以单篇的方式流传。因为竹简所能书写的容量是有限的,一篇千字左右的文章往往需要几十片竹简,连缀在一起很重。假如一部书有8～10篇,几百

---

① 王充撰,黄晖校释《论衡校释》卷十二《量知篇》,第551页。
② 萧统编,李善注《文选》卷六,中华书局1977年版,第106页。
③ 脱脱等《宋史》卷四三一《邢昺传》,中华书局1985年版,第12798页。
④⑤⑥ 叶德辉《书林清话》卷一,中华书局1957年版,第25页。

片竹简的重量可想而知。假如当时要读一部书，不像现在叫拿一本书来，而要抬一部书来了，因为太重了。这样一来，单篇流传的情况就很好理解。读书时，双手持简，就是"典"。"典"字的上方是穿连的竹简，也就是"册"。典、册是这样来的。

关于版本的重要性，下面举几个例子。比如东汉时期的私改兰台经书。《后汉书·儒林列传》载："自是游学增盛，至三万余生。然章句渐疏，而多以浮华相尚，儒者之风盖衰矣。党人既诛，其高名善士多坐流废，后遂至忿争，更相言告，亦有私行金货，定兰台漆书经字，以合其私文。"①这里面提到的问题，是我们需要研究的文献现象。兰台是当时国家藏书机构，漆书经字是指国家所藏经典的权威本子。改成什么？"以合其私文"，是指把国家所藏的权威本子中的文字改成与私人藏书中的文字一致。怎么样才能把国家藏书改成和自己所藏的一样呢？即所谓"私行金货"，通过贿赂方式。这就造成了经典的混乱。因此，国家急需经典的定本，"灵帝乃诏诸儒正定五经，刊于石碑，为古文、篆、隶三体书法以相参检，树之学门，使天下咸取则焉"②。这样就将经典的文字固定下来，形成权威本子。大家拿自家所藏经书与国家定本比对，有不同之处就修改过来。《后汉书·蔡邕传》："及碑始立，其观视及摹写者，车乘日千余两，填塞街陌。"③可见，很多人都去比对、修改，这个过程不就是校勘吗？

唐代的情况也是一样的。唐代科举考试"帖经"，但考生所读之书的版本都不一样，怎么办？当时有一个变通的办法。考生帖经，类似于现在考试的填空题，判断考生回答是否正确，不是以固定的某一经书版本为依据，而是以考生自己的藏书为依据。所以，考试之前，考生要把自己读的本子交给主考官。主考官根据考生所用本子来判断帖经的正误。封演《封氏闻见记》卷二"石经"条记载："开元已来，省司将试举人，皆先纳所习之本；文字差互，辄以习本为定。义或可通，虽与官本不合，上司务于收奖，即放过。"④这样操

---

① 范晔《后汉书》卷七十九上，中华书局 1965 年版，第 2547 页。
② 范晔《后汉书》卷七十九上，第 2547 页。
③ 范晔《后汉书》卷六十下，第 1990 页。
④ 封演撰，赵贞信校注《封氏闻见记校注》卷二，中华书局 2005 年版，第 12 页。

作很麻烦,因此到唐文宗开成时期又有《开成石经》的刊刻。《开成石经》现在还保存在西安碑林博物馆中,大家有机会一定要去看看,馆中保存了大量历代石刻、墓志、碑文等等。手抄本有许多变动,必须有一个权威的定本,《开成石经》主要解决经书的定本问题。

下面这个关于版本的例子,也是考试时出现的问题,老师和学生用的版本不一样。宋代朱彧撰《萍洲可谈》中记载了一个故事:"姚祐元符初为杭州学教授,堂试诸生,《易》题出'乾为金坤亦为金何也'。先是,福建书籍,刊板舛错,'坤为釜'遗二点,故姚误读作'金'。诸生疑之,因上请,姚复为臆说,而诸生或以诚告,姚取官本视之,果'釜'也,大惭,曰:'祐买著福建本!'升堂自罚一直,其不护短如此。"①大家知道,宋代有三个重要的刻书之地,一个是浙江杭州,一个是四川成都,还有一个是福建建阳。当时刻书最好的是杭州和成都,建阳本多不佳。刻书一定要选好的材料,梨木和枣木非常结实,常用来刻书,所以"梨枣"代指刻书。福建书商为了刻得快,常用其他材质的木料刻书,不够结实,时间一长就掉字了。上面那位老师所用《易》的本子就是福建书商刻的,"釜"字上面两点掉了,老师没有发觉,一直读成"乾为金,坤亦为金",实际上应该是"乾为金,坤为釜",他出的题目是错的。姚祐就着出错的题目解释了半天,把官方的定本拿过去看,才发现自己的本子错了,很羞愧,说是"买著福建本"了。

四、校 勘 之 学

校勘有什么方法?陈垣先生《校勘学释例》讲了四种。

一是对校法。就是拿一种书的两种以上不同版本进行比较。但其中有一个问题,即不是随便拿两种本子放在一起比较,而存在善本的选择问题,一定要选择一个善本做底本,再参照其他本子。判断善本的基本依据有三个:一为古本。亦即时代比较早的,接近书籍原初形态的本子。二为足本。

---

① 朱彧《萍洲可谈》卷一,《文渊阁四库全书》第1038册,第284页。

比如某部书原有 20 卷,而某个本子只有 10 卷,丢失了一半,肯定不能作为底本,再早也没有用。三为精本。就是精校、精注、精刻的本子。时间早,内容完整,字迹清晰,三项合一,即为善本。找到善本后借不出来怎么办? 这里有一个方法叫过录,即找一个与精本接近的本子,拿这个本子与善本对校,做完之后,手头上的这个本子就成了善本。以手头上的这个过录本为底本,再与其他本子对校,是一个变通的办法。

二是本校法。在同一部书中,通过前后文的对比来发现和修正文字错讹。比如同一个问题,前面是一个说法,后面是另一个说法,两相矛盾,其中必定有一个是错误的,需要改正。这种方法引申出来,即提示我们如何发现问题。经常听同学们说,现在做学术研究,最大的问题是没有问题,找不到合适的论文题目。如何发现问题,找到好的论文题目呢? 校对之法给我们一个启发,校对本身就是发现矛盾。同一种书前后的记载、说法不一致,这是一个小矛盾、小问题,或者可以写一篇小文章。把一种书不同的本子放在一起比较,可以做一篇更好的文章。通过比较来发现矛盾,是问题意识形成的一个基本方法。这种矛盾有多种表现,除了前面说的文字矛盾之外,还有来自个人意识和知识结构的矛盾,过去的"我"和今天的"我"之间的矛盾,因为一个人的认识、观念会不断变化。也有自己的认识与他人的认识之间的矛盾。所以,发现问题的过程就是不断寻找矛盾的过程。以上是由校勘引发出来的思考,要学会举一反三,将校勘作为一种学术方法,从中引申和联想出其他各种学术问题。

三是他校法。用其他文献中的引文和所记载的文字来校勘某一文献的方法。就是说,某一种文献现在看到的是一个样子,但其中部分内容或一些片段在流传过程中保存在其他书中,尤其是类书中较多。这样一来,书中的某些内容就有很多不同记载,产生了很多版本。这些保存在类书等文献中的文字,可能更接近该书的原貌。因此,既可以据类书所载文字来补充某部书的内容,也可以据此辑佚,还原某部古书。比如《世说新语》,当时刘孝标为之作注,用了数百种书,这些为刘孝标引用的古书现在大多不存,但由于刘孝标曾引用过,因而保存了这些古书的一些片段。假如现在发现了其中的某一种书,就可以拿刘孝标曾经引用过的那些文字和今天所看到的本子进行比对,看一看它们之间有什么不同。类书是古人以分类方式聚合知识而编撰的书籍,如唐代的《北堂书钞》《艺文类聚》《初学记》《白氏六帖》,宋代的《文苑英华》《太平广记》《太平御览》《册府元龟》,等等。类书摘抄前人的书,保留了前人书中的某些片段。因此,可以用这些书中保存的资料来校其他的书,这就是他校法。但是一定要注意,类书保存的也不一定是古书的原始文字,因为类书在编纂过程中,根据不同体例会有很多改动。昭明太子萧统编的《文选》,是唐前重要的文学选本,但也可以当作类书来看。保存唐前文学作品的书,除了《文选》之外,还有其他的书,如"前四史"中保存了大量唐前人的作品,比如《史记》《汉书》里就保存了司马相如、扬雄的赋,《后汉书》中也保存了大量东汉文人的作品。拿史书中保存的文人作品与《文选》中保存的作品比较,就会发现两书中所保存同一作品的内容不一定相同。为什么会这样?因为史书往往不会对某个人的作品照搬,会做一些改动,以使其符合史书体例,所以不一定能以史书中保存的作品作为古代作家所留存作品的最可靠版本。据此,校对过程中就一定要注意,不能完全以保存作品的书籍的出现时间先后作为依据来判断其版本。这就提醒我们,凡事都要设身处地去思考。我们拿《文选》中的作品和范晔《后汉书》中保存的作品相比较,据此可了解范晔是如何改动的,还可以进一步思考他为什么要这样改,了解其用心所在。但不能据此认定范晔《后汉书》中所载作品就一定是某个作品的早期版本。

四是理校法。就是借助经验,通过推理来校勘文字。比如书中缺某个字,或者语句不通,但又没有版本依据,所以不知道怎么补和改。这种情况下,只能根据上下文和作者的文章风格等来判定是非。但这种方法比较难,需要丰富的学术经验和很高的古文辞修养。所以,一般不提倡理校,原来的缺字不一定非补充不可,要有"阙疑"的治学态度。

以上就是校勘的四种基本方法。对校、本校、他校、理校,这些方法在阅读过程中是可以运用的,但要注意每种方法在使用时会出现的问题,在上面都已经说过了。

关于文献学,我们主要讲了目录、版本、校勘之学。事实上,文献学还有很多其他内容,如辨伪学、辑佚学、文字学、音韵学、训诂学等等。辨伪就是辨别伪书。举个例子,大家知道《二十四诗品》,以往都认为是司空图的作品。陈尚君教授1994年写过一篇文章,他的看法是《二十四诗品》的作者不是司空图。现在不管他的最终结论是否正确,只想告诉大家,我们应该知道陈教授是如何发现这个问题的,又是如何解决这个问题的,要学他的方法而不是直接接受结论。这就要充分利用目录学知识。陈老师说他之前也没有疑问,但他后来工作时,为给某条材料加注释,需要查一本书,查的是郭绍虞先生的《诗品集解》。他发现郭先生的注释基本上没有引用宋以前的书,引用的大多是明代以后的书,这就引发了他的疑问:《二十四诗品》到底是不是司空图所作? 然后,他就去查目录学著作,查《旧唐书·经籍志》,其中记载了盛唐之前的唐人书籍,查《新唐书·艺文志》,再查《宋史·艺文志》和宋代的私人目录学著作,如陈振孙、晁公武等人的著作,都没有发现有关于司空图《二十四诗品》的记载。这样一来,他通过遍检书目发现了一个新的学术问题。接下来就要解决另一个问题,既然《二十四诗品》不是司空图的作品,那是谁的作品呢? 有很多考证,有很多说法。我们无须直接接受他们的结论,但应从中学习如何利用目录学方法来解决学术问题。再举一个例子,大家知道《唐诗三百首》这部书,既然叫作《唐诗三百首》,收录的肯定都是唐诗啊,否则就不能用这个书名。本来这是一个不用讨论的问题,但是,莫砺锋教授发现这部书中竟然有宋诗。他的《〈唐诗三百首〉中有宋诗吗?》一文,对《唐诗三百首》所收作品作了辨伪。

什么是辑佚? 辑佚,就是原来有一部书,后来在流传过程中散佚了,原书不存了,但它的部分内容仍保存在各种文献中。前面提到的清代学者邵晋涵从《永乐大典》中辑出《旧五代史》,就是从《永乐大典》中一条一条地将原书的内容钩稽摘录出来,再根据原书体例编排,形成一部辑佚本《旧五代史》,这个过程就是辑佚。理论上讲,辑佚过程中所用书籍越多,则辑佚成果就越完整。类书是主要利用对象,如北宋编的四种大型类书《文苑英华》《太平广记》《太平御览》《册府元龟》等,多为辑佚者所用。《册府元龟》这部书保存了什么史料呢? 它的重要性在什么地方? 这又要讲到陈尚君老师。陈垣先生曾有个想法,想利用《册府元龟》这部书来重辑《旧五代史》,但没有完成。陈尚君先生把陈垣先生的想法实现了。陈尚君先生有部书叫《旧五代史新辑会证》，就是将《册府元龟》中有关五代史的材料一条一条找出来，再考证、系年，最终编成了这部书，这是一个大型的辑佚成果。大家也知道《太平广记》，那我问一个问题，假如现在要去研究唐人小说，要用最原始的文献，需要看哪部书呢？有同学说鲁迅先生的《唐宋传奇集》、汪辟疆先生的《唐人小说》，这些当然可以用，但都是整理本而非最原始的文献，原始文献应该去《太平广记》中找，《太平广记》保存了大量唐人小说的材料。这是用类书来做辑佚和相关研究的一些例子。文字学、音韵学、训诂学等等，也都应有所了解，可以在具体研究中应用得到。

第四讲 《汉书·艺文志》编纂体例及学术史价值

前面我们讲了文献学方法在文学研究中的重要作用。举了一些例子，用以说明古代文学研究中怎样利用文献来理解文学作品，如何解释疑难问题。也专门强调了目录学的重要性，特别举出清代学者如王鸣盛、金榜、龚自珍、张之洞等人的深切体会，他们认为如果没有目录学，那么做学问就好像在长夜里一样，摸不到门径，看不到希望。所以，目录学是指引人们进入学术殿堂的重要路径。清代著名学者章学诚曾在《校雠通义》中提出学术研究的目的是"辨章学术，考镜源流"①，当然这也可以说是学术研究的基本方法。什么是"辨章学术"？什么是"考镜源流"？"辨"是辨析、考辨，"章"是使其明显、使其显示出来。使以前不了解不明白的学术现象和学术问题彰显出来，这个过程就是"辨章学术"。"考镜源流"的意思是通过考证和辨析，使得所研究对象的渊源及其流变的脉络更加清晰地呈现。要知道一个事物是从哪里来的，要明白万事万物皆渊源有自。章学诚揭示的是学术研究追求的目标和基本方法，但基本方法的具体落实要有可操作性。实际操作的最重要一步，也是第一步，就是要充分利用目录学著作。下面先讲《汉书·艺文志》。

---

① 章学诚著，叶瑛校注《文史通义校注》附《校雠通义》，第 945 页。

一、《汉书·艺文志》编纂体例

先来看一下《汉书·艺文志》的编纂体例，它跟我们现代著作的体例不一样，它里面的"目录"也与现代学术著作中的目录不是一个概念。

《艺文志》保存在《汉书》卷三十中。开头一段文字，即从"昔仲尼没"到"以备篇籍"这一大段，是总序。后面接着著录《易》这一类的书籍，著录后有一段文字，即从"《易》曰"到"唯费氏经与古文同"，这段话是六艺略中《易》这一类的小序。接着著录《尚书》这一类的书籍，后面从"《易》曰：河出图，洛出书，圣人则之"到"古文读应尔雅，故解古今语而可知也"，这一段是《尚书》这一类的小序。六艺略先按类别著录各类的书目，每一类后面都有这一类的小序，最后是六艺略的大序。六艺略是一大类，接着是诸子略、诗赋略、兵书略、数术略、方技略，这样分成六大类。六艺略之下，分《诗》《书》《礼》《乐》《易》《春秋》《论语》《孝经》《小学》九个小类。诸子略下面分儒、道、阴阳、法、名、墨、纵横、杂、农、小说十家。关于诗赋略，特别提醒大家，《汉书·艺文志》对赋的分类，已经反映了当时的一些文学观念。把诗赋分为屈原赋、陆贾赋、孙卿赋、杂赋、歌诗五种，前三家都是以人名作为赋类的名称，这个分类反映了汉人对于诗赋的某些看法和观念。兵书略又分权谋、形势、阴阳、技巧四种。数术略又分天文、历谱、五行、蓍龟、杂占、形法六种。方技略又分医经、经方、房中、神仙四种。

读《汉书·艺文志》，首先当然要明白它的体例，要知道其中某一段文字属于什么性质，只有这样才能读懂这些文字在说什么，是什么意思。如果连它的体例都不清楚，那就无法读懂。读不懂还怎么去用它呢？所以，必须先从体例上搞清楚它是怎么编排的。

《汉书·艺文志》的作者是班固。《艺文志》是怎么成书的？班固之前又是怎样的情况？这在《汉书·艺文志》的总序里面交代得非常清楚，所以总序很重要。先来读，读之后大家思考一下。这就涉及我们对古代文献的解读和利用问题。读这段文字，要思考从不同角度来理解和利用：

　　昔仲尼没而微言绝，七十子丧而大义乖。故《春秋》分为五，《诗》分
为四，《易》有数家之传。战国从衡，真伪分争，诸子之言纷然淆乱。至
秦患之，乃燔灭文章，以愚黔首。汉兴，改秦之败，大收篇籍，广开献书
之路。迄孝武世，书缺简脱，礼坏乐崩，圣上喟然而称曰："朕甚闵焉！"
于是建藏书之策，置写书之官，下及诸子传说，皆充秘府。至成帝时，以
书颇散亡，使谒者陈农求遗书于天下。诏光禄大夫刘向校经传诸子诗
赋，步兵校尉任宏校兵书，太史令尹咸校数术，侍医李柱国校方技。每
一书已，向辄条其篇目，撮其指意，录而奏之。

　　"昔仲尼没而微言绝，七十子丧而大义乖"，这是讲什么？刚才提到章学诚说
要"考镜源流"。这是讲中国古代学术的源流，源头在哪里？在孔夫子那里。
孔子去世以后，他的学说和言论就慢慢地消失了。"七十子"是谁？是孔子
的弟子。等到孔子的弟子也去世了，后人解说孔子的学说和言论，亦即这里
面讲的"大义"就与孔子的原意背离了。"乖"是背离的意思。为什么会这样
呢？孔子教学生，孔子的学生再教学生，学生的学生又教学生，一直教下去。
每个人都按照自己的理解，不断阐释和发挥孔子的学说，在这个过程中形成
自己的学说。因此，孔子的弟子及再传弟子等，越到后面就越与孔子的原意
隔得远，这就是"仲尼没而微言绝，七十子丧而大义乖"。这里面讲中国古代
学术思想的分化问题，后面的文字是用来举例说明学术分流这个现象。《春
秋》分为五家；《诗》四家，齐、鲁、韩、毛；"《易》有数家之传"，是说关于《易》这
部经典，有多家不同的口传和注本。这就是讲学术分化问题。所以，建议大
家在读这篇总序时，还要去读《庄子·天下篇》。结合《天下篇》来读《汉书·
艺文志》总序，就会明白春秋战国时期的学术是如何从一到多的，是怎么分
化、分裂的，也就是《庄子》所说的"道术将为天下裂"。

　　到秦始皇那个时期，大家一定要搞清楚，秦始皇焚书和坑儒是两个事
件、两个概念。关于这个问题，大家可以去读顾颉刚先生的《秦汉的方士与
儒生》。焚书是因为李斯的建议。史载秦始皇嬴政三十四年（前213），李斯
建议："臣请史官非秦记皆烧之。非博士官所职，天下敢有藏《诗》、《书》、百
家语者，悉诣守、尉杂烧之。"不仅焚书，而且禁言，"有敢偶语《诗》《书》者弃

市。以古非今者族"①。李斯建议秦始皇把与秦朝政治无关的书全都烧掉，特别是要烧掉各诸侯国的国史，只保留农书、医书、《易》这一类他们认为很重要的科技类书籍。但实际上，烧的主要是六国的国史，其他诸如《诗》《书》《礼》《易》《春秋》等都烧了吗？没有。秦朝设立了官学，官方还有一批学者在从事相关研究，比如《诗》博士、《书》博士之类。秦朝有它的官学，因而也有它的官方学术。所以，要纠正一个观念，并不是说"诗三百"到了秦朝就全被烧掉了，没人传授这个东西了，不是这样子的，主要是把跟六国历史记忆有关的那些史书烧掉了。

汉初，秦始皇禁私人藏书的制度被修改。汉代一开始并没有自己的律法，使用的还是秦朝的律法，后来修订律令，取消了秦代留下来的不符合当时需要的律令，其中就包括禁书方面的律令。汉代广开献书之路，鼓励大家向朝廷进献书籍。到汉武帝时，国家藏书就非常丰富了，以至于很多书都散开脱落。这里的"礼坏乐崩"不是说当时制度和秩序的混乱，而是专指记载礼乐制度的书籍散脱了。汉武帝为此感到可惜，"于是建藏书之策，置写书之官，下及诸子传说，皆充秘府"。这里的"策"有不同解释，可能是竹简，即用来抄书的物质载体；也可能指整理国家藏书的建议和方法。到汉成帝时，国家藏书就更多了，但由于长时间没有整理，很多书籍脱简了，散佚了，于是就派陈农到全国各地去搜求书籍。同时，下令让光禄大夫刘向负责整理经传、诸子、诗赋三大类书籍，步兵校尉任宏负责整理兵书，太史令尹咸负责整理数术类书籍，侍医李柱国负责整理方技类书籍。

从这里可以知道，当时的图书共分六大类：经传、诸子、诗赋、兵书、数术、方技。大家都知道，古籍分经史子集四大类。但若问你，经史子集这四分法是从何时产生的呢？经史子集之前，图书又是怎样分类的？再追问下去，为什么会从六分法变成四分法？什么时候变的？这里面涉及另一个很重要的问题，不仅仅是图书分类的问题。大家要搞清楚，书籍是知识的载体，书籍的分类其实是对知识的分类，这就涉及知识总结和管理的问题。人类的知识积累越来越多，怎么样去分类，实际上反映的是知识管理和知识秩

---

① 　司马迁《史记》卷六，中华书局 1982 年版，第 255 页。

序问题。所以，书籍分类是表面现象。那么，背后是什么东西在支配它？是人类对知识的分类，对知识的管理，蕴含着知识秩序。好的学术研究，要善于从表象看到其背后隐含的深意。比如东汉许慎的《说文解字》，很多人把它当作字典来用，这当然没有错。《说文解字》有 540 个部首，它以部首来分类，实际上也隐含着对知识的分类。例如，凡以"氵"为部首的字，形成一个与古人治水方法、河流名称、疏浚工具等相关的知识体系。凡是与"礻"这个部首有关的，大致可以推定跟古人祭祀活动相关。540 个部首分别指代日常生活中各类事物。所以，《说文解字》不仅是一部字典，更是以不同类别形成的一个知识大集成。分类是人类认识事物的一种非常重要的方法，另一种方法是比较，分类是比较的基础和前提。通过分类和比较，能够更好地把握事物的本质。

这里还要提醒大家，总序中所言刘向负责的三类，其中有一类称作"经传"，与班固所分六类中的"六艺略"是同一类，但名称不同，发生了变化。把"经传"改为"六艺略"，是一个值得注意的现象。把这个现象指出来，是想告诉大家，读书要细心。

回过头来，刚才讲《汉书·艺文志》把书籍分成六大类，它的本质意义在于知识分类、知识管理、知识秩序。那么，分成六大类的依据是什么？为什么要这样分？大家可以慢慢思考这个问题。接着往下讲总序。刘向不仅要负责三大类书籍的整理，同时还要负总责，每一种书校好之后，他要"条其篇目，撮其指意，录而奏之"。

"条其篇目，撮其指意"是什么意思？这是讲刘向编撰书籍目录的方法。现在还能看到刘向当时所撰《列子》的目录。姚振宗所编《快阁师石山房丛书》中的《列子》宋刻本中，保存了《七略别录佚文》：

《天瑞》第一

《黄帝》第二

《周穆王》第三

《仲尼》第四

《汤问》第五

《力命》第六

《杨朱》第七

《说符》第八

右新书定著八篇。护左都水使者光禄大夫臣向言：所校中书《列子》五篇，臣向谨与长社尉臣参校雠，太常书三篇，太史书四篇，臣向书六篇，臣参书二篇，内外书凡二十篇以校，除复重十二篇，定著八篇，中书多，外书少。章乱布在诸篇中，或字误以"尽"为"进"，以"贤"为"形"，如此者众。及在新书有栈，校雠从中书，已定，皆以杀青，书可缮写。列子者，郑人也，与郑缪公同时，盖有道者也。其学本于黄帝、老子，号曰道家。道家者，秉要执本，清虚无为，及其治身接物，务崇不竞，合于六经。而《穆王》《汤问》二篇，迂诞怪诡，非君子之言也。至于《力命》篇一推分命，《杨子》之篇唯贵放逸，二义乖背，不似一家之书。然各有所明，亦有可观者。孝景皇帝时贵黄老术，此书颇行于世。及后遗落，散在民间，未有传者，且多寓言，与庄周相类，故太史公司马迁不为列传。谨第录，臣向昧死上。护左都水使者光禄大夫臣向所校《列子书录》，永始三年八月壬寅上。①

我们分别解释一下。《天瑞》到《说符》是篇名，第一到第八是排序。《列子》这部书总共有八篇，刘向整理时就是按这个顺序来编排的。但是为什么一定要按照第一、第二这样来排呢？这跟当时的书籍形态是有关系的。前面跟大家讲过，当时的书籍载体是竹简，不像现代的书本形式，书的内容可以合在一本之中。《列子》这部书有八篇，当时是单篇流传的，注明次序的主要目的是，即便散乱了，根据篇题中所列次序，还可以知道所读的是哪一篇，也可以知道篇与篇之间的关系。此外，次序蕴含了作者对整部书篇章之间的结构安排，是作者整体思路的具体呈现，所以绝对不能错，否则逻辑关系就混乱了。

---

① 参看姚振宗《汉书艺文志条理》，王承略、刘心明主编《二十五史艺文经籍志考补萃编》（第三卷），清华大学出版社 2011 年版，第 219—220 页。

　　由此给书籍排定各篇次序,想到"序"的语义问题。序,现在一般理解为文体,如书序,多放在一部书的前面,当然也有后序,置于书后的。但"序"一开始并非指文体。"序"字的本义是指堂前东西两边的墙壁。在金文中,"序"的形状是主屋两边不同方向的回廊。《尔雅·释宫》:"东西墙谓之序。"注曰:"所以序别内外。"①所谓"别内外",意思是以墙壁将主屋与外面隔开。"序"的含义不断发生变化,朝两个方向引申。一是由墙壁到回廊再到房屋,如《礼记·王制》说:"夏后氏养国老于东序,养庶老于西序。"②东序指大学,在王宫之东。西序指小学,在西郊。这里的"序"指学校,学校是排列有序的,大学在东边,小学在西郊。由建筑的方位之别引申为次第,这是"序"字引申义的第二个发展方向。在先秦典籍中,"序"多用以表示先后、次第的意思。像《诗·大雅·行苇》中的"序宾以贤",笺曰:"以射中多少为次第。"③《周礼·春官·小宗伯》云"掌四时祭祀之序事与其礼",注曰:"序事,卜日、省牲、视涤濯饔爨之事,次序之时。"④也就是安排祭祀活动相关事项的先后次第。再如《易·艮卦》爻辞:"言有序,悔亡。"疏云:"言有伦序,能亡其悔。"⑤意思是,言语有节制,有次第,则能消除不利。《易·文言》:"与四时合其序。"疏云:"'与四时合其序'者,若赏以春夏,刑以秋冬之类也。"⑥意思是,君子之行为合乎春夏秋冬四时节奏和次序。《左传·宣公十二年》:"内官序当其夜。"疏云:"其内官,亲近王者,为次序以当其夜,若今宿直递持更也。"⑦意思是,按次序轮流值班。《左传·昭公二十九年》:"卿大夫以序守之。"注:"序,位次也。"⑧这里是指范宣子所著刑书铸鼎,宣告国人,希望卿大夫各守

　　① 郭璞注,邢昺疏《尔雅注疏》卷五《释宫第五》,十三经注疏本,中华书局1980年版,第2597页。

　　② 郑玄注,孔颖达等疏《礼记正义》卷十三《王制第五》,十三经注疏本,中华书局1980年版,第1346页。

　　③ 郑玄笺,孔颖达等疏《毛诗正义》卷十七之二,十三经注疏本,中华书局1980年版,第534页。

　　④ 郑玄注,贾公彦疏《周礼注疏》卷十九,十三经注疏本,中华书局1980年版,第767页。

　　⑤ 王弼、韩康伯注,孔颖达等疏《周易正义》卷五,十三经注疏本,中华书局1980年版,第63页。

　　⑥ 王弼、韩康伯注,孔颖达等疏《周易正义》卷五,十三经注疏本,第17页。

　　⑦ 杜预注,孔颖达等疏《春秋左传正义》卷二三,十三经注疏本,中华书局1980年版,第1880页。

　　⑧ 杜预注,孔颖达等疏《春秋左传正义》卷五三,十三经注疏本,第2124页。

其位。《荀子·君子》："长幼有序，则事业捷成而有所休。"①这是强调长幼各任其力，有所区分。这些用例中"序"字的含义，均指次第、次序。"序"与书籍发生关联，源于上古时期的图籍整理活动。被认为是书序之源的《序卦》，实际上是孔子整理《易》的活动记载，反映了当时书籍整理的方式。《序卦》排定六十四卦的次序，并对何以如此编排作了详细说明。因此，《序卦》之"序"是作动词用的，亦即排定次序。这与《易》在流传过程中卦序的不稳定有关。由此可知，《序卦》并非《易》一书的序文。孔子整理经典对后世具有重要的示范意义。后人在书籍整理活动中，也以"序"的形式将整理过程记录下来。例如，相传孔子门徒子夏整理《诗》而作《诗序》。大序交代了《诗》的产生过程及内容性质，而小序则是对具体诗篇的说明。从整体看，大序排定了《风》《雅》《颂》的次序，而小序则对分属于《风》《雅》《颂》之下的具体篇目进行了排序。因为《诗》在流传过程中各篇次序容易错乱。子夏之序《诗》，模仿孔子序《卦》。所以，《诗序》之"序"也含有排定次第的意思。"序"的含义从墙壁发展到房屋，再到学校，这是"序"字外形上的引申。"序"的含义从房屋排列引申为区分、次第等意思，是由其外形向内衍生而来的，它的词性由名词发展为形容词整齐、规则。"序"与书籍整理产生关联，是"序"字含义第三阶段的变化，由形容词发展为动词，亦即给书籍的篇章排定次序。"序"发展成为一种文体名称，与"序"作为书籍整理的方式方法是密切相关的。司马迁在《史记》的第一百三十卷，也就是最后一卷中自序，交代了编纂这部史书的缘由和过程，重点是叙述各卷之间的次序，以及如此排序的原因。通过司马迁的叙述，后人可据此了解这样编排的内在逻辑。班固《汉书》第一百卷，亦即最后一卷，与司马迁一样，也叙述了编纂缘由、过程以及各卷次第及其逻辑关系。司马迁和班固的自序行为，是"序"由书籍整理方法发展为文体的重要节点。后人多模仿司马迁和班固，进而使"序"成为一种稳定的文体。《诗经》的大序和小序合起来，相当于《史记》和《汉书》的自序。也就是说，《诗经》的大序和小序整体上构成了这部书的书序。但是《诗经》的小序又别生意义，因为这些小序都放在各篇的开头，由此形成篇序。

① 王先谦《荀子集解》卷十七《君子篇第二十四》，中华书局 1988 年版，第 453 页。

这对后世影响很大,例如汉赋多以单篇流传,赋序的由来显然与《诗经》的小序有内在关联。这样一来,我们就知道"序"是如何从原初意义逐渐发展到文体的,其关键是"序"曾经是作为书籍整理方法而存在的。这是由刘向整理书籍联想到的有关"序"的问题。

回到刘向整理《列子》中来。这里面还保存着一个重要信息,就是说当时《列子》这部书确实是以单篇流传的。刘向和杜参用以校雠的藏书来自不同地方,"中书《列子》五篇"的"中书",是指当时国家图书机构中的藏书。除"中书"外,还有"外书",即收藏在其他机构中的书籍,例如这里列举的太常书、太史书之类。这些都是国家藏书。刘向本人是藏书家,他收藏了六篇《列子》。杜参也收藏了两篇。这些属于私人藏书。把国家所藏和私人收藏的《列子》合在一起,总共有二十篇,去掉重复的,总共有八篇。

由于形近和音近等原因,同一篇各本文字存在差异。刘向的主要工作就是文字校勘。既然是校勘,那么,他们是以哪些为底本,哪些为参校本的呢?从"校雠从中书"可知,是以国家所藏,亦即"中书《列子》"为底本,以其他本子作为参照本来校的。

接下来是介绍《列子》一书作者和内容。先讲列子这个人的特征,再讲《列子》这部书的性质,同时叙述它的流传过程。

根据刘向所撰《列子》这部书的"目录",我们大致知道什么叫"条其篇目,撮其指意,录而奏之"了。

回到《汉书·艺文志》的总序。总序接着说:"会向卒,哀帝复使向子侍中奉车都尉歆卒父业。歆于是总群书而奏其七略,故有辑略,有六艺略,有诸子略,有诗赋略,有兵书略,有术数略,有方技略。今删其要,以备篇籍。"意思是,刘向去世后,汉哀帝下令让刘向之子刘歆继续完成父亲未竟之事业。由此知道,从刘向到班固,《汉书·艺文志》的形成有三个重要阶段。第一个阶段是刘向整理国家藏书,形成《别录》。刘歆在父亲的基础上继续整理,撰成《七略》。班固在刘氏父子的基础上,完成《汉书·艺文志》。从刘向到班固,中间将近百年。在这近百年中,书籍发生很多新变化。所以,班固《汉书·艺文志》与刘向《七略别录》以及刘歆《七略》还不大一样,其中有补充,也有删减。根据《汉书·艺文志》总序,我们可以了解它的编纂和形成过程。

二、《汉书·艺文志》学术史价值

我们接着往下看,刚才讲了大序,大序之下是六艺略,先按照《易》《书》《诗》《礼》《乐》《春秋》《论语》《孝经》《小学》的次序依次著录书目,之后是各小类的序。以下是对《易》的著录:

> 《易经》十二篇,施、孟、梁丘三家。
>
> 《易传周氏》二篇。(字王孙也。)
>
> 《服氏》二篇。
>
> 《杨氏》二篇。(名何,字叔元,菑川人。)
>
> 《蔡公》二篇。(卫人,事周王孙。)
>
> 《韩氏》二篇。(名婴。)
>
> 《王氏》二篇。(名同。)
>
> 《丁氏》八篇。(名宽,字子襄,梁人也。)
>
> 《古五子》十八篇。(自甲子至壬子,说《易》阴阳。)
>
> 《淮南道训》二篇。(淮南王安聘明《易》者九人,号九师说。)
>
> 《古杂》八十篇,《杂灾异》三十五篇,《神输》五篇,图一。
>
> 《孟氏京房》十一篇,《灾异孟氏京房》六十六篇,五鹿充宗《略说》三篇,《京氏段嘉》十二篇。
>
> 《章句》施、孟、梁丘氏各二篇。

接下来是对《易》类书籍的统计:"凡《易》十三家,二百九十四篇。"后面是《易》类的序文:

> 《易》曰:"宓戏氏仰观象于天,俯观法于地,观鸟兽之文,与地之宜,近取诸身,远取诸物,于是始作八卦,以通神明之德,以类万物之情。"至于殷、周之际,纣在上位,逆天暴物,文王以诸侯顺命而行道,天人之占

可得而效,于是重《易》六爻,作上下篇。孔氏为之彖、象、系辞、文言、序卦之属十篇。故曰《易》道深矣,人更三圣,世历三古。及秦燔书,而《易》为筮卜之事,传者不绝。汉兴,田何传之。讫于宣、元,有施、孟、梁丘、京氏列于学官,而民间有费、高二家之说。刘向以中《古文易经》校施、孟、梁丘经,或脱去"无咎""悔亡",唯费氏经与古文同。

这段文字很重要,是对《易》学史的梳理和叙述。首先讲《易》的形成。从八卦到六十四卦,《易》是怎么形成的?它是从自然界以及人类自身取象,形成卦象,然后用象,再回过头来解释生活当中遇到的问题以及化解之道,形成一种独特的理论体系。"故曰《易》道深矣,人更三圣,世历三古",说明《易》的发展经历了三个重要阶段,从夏的《连山》到商的《归藏》,再到周才叫《易》。所以,《易》不是某一个人写的,而是一个动态的发展过程,经历了三个重要时代,是先民智慧和历史经验的总结。汉代田何为它作注。到了汉宣帝、汉元帝的时候,有施氏、孟氏、梁丘氏、京氏四家被列为官学,这在当时的地位是非常高的。民间还有费氏、高氏两家流传。所以,从这里可以看到民间学术和官学的对立。那么,刘向是怎么校这部《易》的呢?"以中《古文易经》校施、孟、梁丘经","中"我们已经讲过,就是国家藏书的意思,刘向以国家所藏古文《易》作为底本,来校施氏、孟氏、梁丘氏三家所传的《易》经文字,发现文字有不同,有的脱去"无咎"两字,有的脱去"悔亡"两字,只有民间流传的费氏《易》经文字和国家藏书的古文经文字全同。要知道当时是抄本时代,它的载体不是纸张,是手写在竹简上的,再加上口传等因素,所以会产生各种文字不同的版本。

　　以上是关于《易》怎么形成、如何传承、怎样发展,以及当时人所能看见的不同版本的基本情况。这篇小序是一部关于《易》的简短的学术史。要研究《易》的学术史,一定要仔细研究这段文字。当然,只读这一段还是不够的,一定要到《史记》《汉书》《后汉书》中找到这段文字里面提到的学者,如田和、施氏、孟氏、梁丘氏、费氏、高氏、刘向等,找到他们的传记好好研读,看一看他们之间的学术传承。这段文字提供了研究《易》的学术史的线索,所以要好好利用起来。

下面是《尚书》类，也是先著录相关著作：

> 《尚书古文经》四十六卷。（为五十七篇。）
>
> 《经》二十九卷。（大、小夏侯二家。《欧阳经》三十二卷。）
>
> 《传》四十一篇。
>
> 《欧阳章句》三十一卷。
>
> 《大、小夏侯章句》各二十九卷。
>
> 《大、小夏侯解故》二十九篇。
>
> 《欧阳说义》二篇。
>
> 刘向《五行传记》十一卷。
>
> 许商《五行传记》一篇。
>
> 《周书》七十一篇。（周史记。）
>
> 《议奏》四十二篇。（宣帝时石渠论。）

接下来是对《书》类的统计："凡《书》九家，四百一十二篇。（入刘向《稽疑》一篇。）""入刘向《稽疑》一篇"是班固补充的。这正好说明《汉书·艺文志》对刘向刘歆父子的著作不是全部照搬，而是有增有删。下面是《书》类序：

> 《易》曰："河出图，洛出书，圣人则之。"故书之所起远矣，至孔子纂焉，上断于尧，下讫于秦，凡百篇，而为之序，言其作意。秦燔书禁学，济南伏生独壁藏之。汉兴亡失，求得二十九篇，以教齐鲁之间。讫孝宣世，有欧阳、大小夏侯氏，立于学官。《古文尚书》者，出孔子壁中。武帝末，鲁共王坏孔子宅，欲以广其宫，而得《古文尚书》及《礼记》《论语》《孝经》凡数十篇，皆古字也。共王往入其宅，闻鼓琴瑟钟磬之音，于是惧，乃止不坏。孔安国者，孔子后也，悉得其书，以考二十九篇，得多十六篇。安国献之。遭巫蛊事，未列于学官。刘向以中古文校欧阳、大小夏侯三家经文，《酒诰》脱简一，《召诰》脱简二。率简二十五字者，脱亦二十五字，简二十二字者，脱亦二十二字，文字异者七百有余，脱字数十。《书》者，古之号令，号令于众，其言不立具，则听受施行者弗晓。古文读

应尔雅,故解古今语而可知也。

这段是《书》类的序文。古人说话引经据典,目的是强调所说的权威性,所以首先引用《易》的"河出图,洛出书,圣人则之",然后再来讲《尚书》的起源。这里要特别注意,"经"和"史"到底怎样来区分,是"史"在前还是"经"在前?我们讲"经史子集",但真的是先有"经"后有"史"吗?这里面包含着什么意思呢?"经"本身就是"史",但为什么要称其为"经"而不是"史"?因为"经"是一种观念,把某一种史书当作"经",意味着它的重要性。"经天纬地","经"是永恒不变的意思。"经"的本义一开始是织布机上排列的纵线,因而"经"是基础、恒定的意思。所以,永恒不变的观念和法则用来作为总指导的思想就叫作"经"。所谓"六经皆史",是说所有的经一开始都是史书,记载了远古历史,所以说"书之所起远矣"。《尚书》到孔子那个年代重新编纂,一开始一百篇,孔子"为之序,言其作意"。这里"序"的意思是整理书籍,也就是把《尚书》一百篇进行排序,并对何以如此编排的原则和逻辑等加以说明,亦即"言其作意"。正如我们前面所说的,"序"一开始并非指文体,它的文体之义是后起的,这种文体之义渊源于书籍整理。"秦燔书禁学,济南伏生独壁藏之。"秦始皇焚书到底产生了多大的效力呢?后世可能把它的影响力扩大了,当时很多人并没有把书交出去烧掉,有人把书藏在房屋墙壁的夹层中,比如后来在孔子老宅里出土的古文经就是这样。鲁共王准备把孔子老宅推翻以重建宫殿,发现夹墙里有好多古书,这样古文经书就流传下来了。伏生也把古书藏在墙壁间,但是后来发现只剩二十九篇。孔子老宅藏书被发现,得到了《古文尚书》及《礼记》《论语》《孝经》凡数十篇。孔安国把《古文尚书》与之前伏生留下来的二十九篇相校,发现多出十六篇。孔安国把《古文尚书》献给国家,遭巫蛊之祸,所以《古文尚书》没有被列为官学。刘向用《古文尚书》来校欧阳、大小夏侯三家经文,发现《酒诰》脱简一片,《召诰》脱简两片。简是二十五个字就脱去二十五个字,简是二十二个字就脱去二十二个字。孔安国所献的《古文尚书》与欧阳、大小夏侯三家所传经文相异的字数有七百多个,脱字数十个。

这段文字同样非常重要,假如要研究《尚书》学史,必须去读《汉书·艺文志》中关于《尚书》的著录和小序,只有这样才能了解《尚书》学在汉代及汉之前是怎么发展的。这里面讲得很清楚,有《古文尚书》,有《今文尚书》,欧阳、大小夏侯三家被立为官学的是汉代今文经。所以,这里又涉及汉代的古文经和今文经问题。所谓古文经和今文经,表面上来看是说经文的文字书写方式不同,古文经使用古文字,多为小篆,今文经则用当时流行的汉隶书写。但其背后肯定不会这么简单,还涉及何者能够被立为官学这样一个利益问题,其中肯定有很多斗争。经和传,一个涉及版本问题,一个涉及解释传统问题。比如《左传》,有今文,有古文;《毛诗》有今文,有古文。今古文不只是文字、版本的区别,还有解释方法的差异。如《春秋》三家,《左氏传》是古文经,《穀梁传》《公羊传》属于今文经,它们所争的不仅是文字异同,还有解释传统。我们知道,《春秋左氏传》相传是左丘明用来解释《春秋》这部书的,是为《春秋》作的传。《春秋》是孔子编纂的鲁国国史,左丘明花了很多篇幅来为它注释。比如大家都很熟悉的"郑伯克段于鄢",在《春秋》原文中就一句话,六个字,但到了左丘明那里,为了把这个事情讲清楚,他用了好几百字来讲,把这个事情的来龙去脉讲得很清楚,包括郑庄公和他的弟弟、母亲之间的矛盾纠葛。这是古文经学的注释传统,主要是释事和考证,把具体事件详细记录下来,交代清楚。用考据学方法来阐释经典,是古文经学的重要特征。今文经学,比如《春秋》的另外两部著作,也是对经文做注释,但它们的解释方法跟《左传》不一样,它们重在释义,发掘背后的微言大义,譬如孔子到底是什么立场,是褒还是贬,是怎么褒怎么贬的,为什么要褒,为什么要贬,褒贬背后到底有何深意,等等。

所以,汉代的古文经学和今文经学的异同,不光是文字异同,更重要的是解释经典的方法不同,涉及学术思想和学术方法问题,一个重释事、重考据,另一个重义理。清代桐城派方苞说过,写文章要兼顾三个方面:一是义理,是说写文章要言之有物;二是考据,是说要言之有据;三是辞章,是说要讲究辞达等修辞方法。义理、考据、辞章三者合一才是好文章。这三点,其实是对中国古代学术和文章的一个总括。今天写文章也应如此,要注意这三个方面。汉人解经的两种基本方法,一种注重考据和释事,考证名物典故;一种注重义理,挖掘经文背后的深意。所以,我们讲汉代的古今文经学之争，背后其实是思想之争，是意识形态之争，是方法论之争。但是体现出来的好像是利益之争，好像是文字异同，实际上并非如此简单。

下面我们来看《诗》类的著录：

《诗经》二十八卷，鲁、齐、韩三家。

《鲁故》二十五卷。

《鲁说》二十八卷。

《齐后氏故》二十卷

《齐孙氏故》二十七卷。

《齐后氏传》三十九卷。

《齐孙氏传》二十八卷。

《齐杂记》十八卷。

《韩故》三十六卷。

《韩内传》四卷。

《韩外传》六卷。

《韩说》四十一卷。

《毛诗》二十九卷。

《毛诗故训传》三十卷。

接着是对《诗》类著述的统计："凡《诗》六家，四百一十六卷。"后面是《诗》类序：

《书》曰："诗言志，歌咏言。"故哀乐之心感，而歌咏之声发。诵其言谓之诗，咏其声谓之歌。故古有采诗之官，王者所以观风俗，知得失，自考正也。孔子纯取周诗，上采殷，下取鲁，凡三百五篇，遭秦而全者，以其讽诵，不独在竹帛故也。汉兴，鲁申公为《诗》训故，而齐辕固、燕韩生皆为之传。或取《春秋》，采杂说，咸非其本义。与不得已，鲁最为近之。三家皆列于学官。又有毛公之学，自谓子夏所传，而河间献王好之，未得立。

这段文字是关于《诗》在先秦两汉时期发展情况的记载。我们研究《诗经》，这一段是非常重要的学术史材料。这里面涉及"采诗"和"删诗"两个概念。采诗是指各地采诗官采诗的制度。删诗是指孔子整理那些杂乱无章的诗，形成三百一十一篇，其中六篇有目无辞。经过秦王朝的"燔灭文章"，为什么还有三百多篇留存下来呢？"遭秦而全者，以其讽诵，不独在竹帛故也"，这是什么意思？这是说汉代所看到的《诗》，它的形成包括两个重要来源：一个是简书、帛书这类文字记录；一个是人的记忆，也就是口传。大家可以看《史记》里面秦始皇三十四年（前213）发布的诏令，其中说："有敢偶语《诗》《书》者弃市"。弃市就是死刑。但是，为什么经过焚书之后，"诗三百"还能完整保存下来？一个是文字记录，比方说从夹墙中保存下来的；另一个就是靠人的记忆。但是记忆有时候是不准确的，还有人的发音不同，把口传的记录下来，因此有不同版本之间的差异。

到汉代，鲁国申培给《诗》作注，齐国辕固生、燕国韩婴也给《诗》作传。那么，这个注释是怎么来的呢？这是一个很重要的方法问题。我们今天讲"以诗证史""以史证诗"，其实这些方法早在汉代就有了。怎么做？"或取《春秋》，采杂说"，也就是从《春秋》或其他相关记载中寻找材料来解《诗》。但是刘向或者说班固等人并不认同这种方法，他们认为这种方法并没有把《诗》的本意解释清楚。为什么呢？大家知道，《春秋》中记载了不少"赋诗言志"的材料，但是这个"赋诗言志"的过程，是对《诗》的文本的运用，或者说是对《诗》的文本的一种比较特殊的理解。所以，从诗歌发生学的角度来看，这属于用《诗》的例子，而非对诗歌本义的阐发。在一些特殊的外交场合，甚至对《诗》的本义作了歪曲的理解，因而背离了《诗》的本义。用这样的例子来解释《诗》的发生，并不合理。所以，《汉书·艺文志》说"不得已，鲁最为近之"，也就是他们比较下来，认为鲁国申培的注释较为接近《诗》的本义。这是《诗》的今文之学。毛亨毛苌的古文经没有被列为官学。我们可以看到，在西汉时被列为官学的大都是今文经，古文经是不太被认可的。这是研究《诗》的重要材料，要好好去想，仔细琢磨。"以诗证史"这个观念早就有了，并非在陈寅恪先生提出后才有的。中国古代学术特别发达，只是这个传统没被发掘出来而已。从孔子开始，中国的学术理论、学术方法就很发达。前面讲文献学概念,曾引用孔子的话:"夏礼,吾能言之,杞不足征也;殷礼,吾能言之,宋不足征也。文献不足故也。足,则吾能征之矣。"这里用的是什么方法? 大概等于现在的田野调查法。

接下来是关于《礼》这一类的记载,也是先著录《礼》的相关书目:

> 《礼古经》五十六卷,《经》十七篇。(后氏、戴氏。)
>
> 《记》百三十一篇。(七十子后学者所记也。)
>
> 《明堂阴阳》三十三篇。(古明堂之遗事。)
>
> 《王史氏》二十一篇。(七十子后学者。)
>
> 《曲台后仓》九篇。
>
> 《中庸说》二篇。
>
> 《明堂阴阳说》五篇。
>
> 《周官经》六篇。(王莽时刘歆置博士。)
>
> 《周官传》四篇。
>
> 《军礼司马法》百五十五篇。
>
> 《古封禅群祀》二十二篇。
>
> 《封禅议对》十九篇。(武帝时也。)
>
> 《汉封禅群祀》三十六篇。
>
> 《议奏》三十八篇。(石渠。)

"《礼古经》五十六卷,《经》十七篇。(后氏、戴氏。)"意思是,后氏、戴氏所藏《礼》的经文本子分别为《礼古经》五十六卷和《经》十七篇。"《记》百三十一篇。(七十子后学者所记。)"这是说《记》这部书共计一百三十一篇,是孔子的弟子及再传弟子对于礼的相关记录。由此,可见《记》的成书过程。"《明堂阴阳》三十三篇"讲"古明堂之遗事"。所谓"明堂",即古代君王举行重大活动,如祭祀、朝会等所在的公共场所。从书目记载,如《曲台后仓》《周官经》《军礼司马法》《古封禅群祀》等,可知《礼》是各种不同场合礼仪规范的记录。

再来看总结部分:"凡《礼》十三家,五百五十五篇。(入《司马法》一家,百五十五篇。)"这句话是班固所言。我们之前讲过,《汉书·艺文志》是在刘向《别录》、刘歆《七略》的基础上删补而成的。"入《司马法》一家,百五十五篇",就是新增了《司马法》一百五十五篇。假如要考察自刘向、刘歆到班固这一段时间内发生的书籍变动情况,就必须细读《汉书·艺文志》,根据相关提示统计,就可以了解班固对《七略》所做的修订工作。

接下来这段话是《礼》这一类的序:

> 《易》曰:"有夫妇父子君臣上下,礼义有所错。"而帝王质文世有损益,至周曲为之防,事为之制,故曰:"礼经三百,威仪三千。"及周之衰,诸侯将逾法度,恶其害己,皆灭去其籍,自孔子时而不具,至秦大坏。汉兴,鲁高堂生传《士礼》十七篇。讫孝宣世,后仓最明。戴德、戴圣、庆普皆其弟子,三家立于学官。《礼古经》者,出于鲁淹中及孔氏,与十七篇文相似,多三十九篇。及《明堂阴阳》《王史氏记》所见,多天子诸侯卿大夫之制,虽不能备,犹瘉仓等推《士礼》而致于天子之说。

如果要研究礼的学术史,或者说中国古代礼学史,一定要细读此段小序。开头引用了《周易》中的一句话:"有夫妇父子君臣上下,礼义有所错。""礼""义"谓何意?"礼"的繁体字右边下面是一个"豆",即器皿,里面装有各种祭祀用品,所以"礼"字的本义是指祭祀仪式。"义者,宜也","宜"即适合,就是在适当的时候说合适的话,做合适的事。古人说"执两用中","中"也就是"宜",也就是"义"。"中"不是绳子的最中间,而是最恰当、最合适的意思。"错"同"措",指举措。"帝王质文世有损益,至周曲为之防,事为之制,故曰:'礼经三百,威仪三千。'"这句话是说有礼义,才有威仪,仪式感非常重要。比如大家读书求学,开学典礼和毕业典礼都是十分有意义的活动,这种仪式能够带来归属感。开学典礼后,你会意识到自己终于进入学校,成为学校大家庭的一员,这一辈子与之有了割扯不断的联系。毕业典礼后,你会感受到完成学业是一件庄严的事情,明白自己身上担负着为学校争取荣誉的使命。再举一例,刘邦建立汉王朝后,一开始并未感到做皇帝多有意思。和他在战场上出生入死的兄弟在朝堂上不懂规矩,喧哗打闹、喝酒猜拳。刘邦自己也一样,觉得一同打天下不易,和大家仍是有说有笑,甚至还把尿撒在别人的帽子里面。正当刘邦为做皇帝感到无聊时,叔孙通给他出了个主意。叔孙通在秦任过博士,懂得礼法,他跟刘邦承诺说,你给我三个月时间,我可以让你体会到当皇帝的快乐。叔孙通为此找来三十个儒生,先训练儒生,再让他们分别训练官员。三个月后,刘邦看到文武百官井然有序地排列于朝廷,毕恭毕敬地对他三叩九拜,果真感觉到了做皇帝的乐趣。讲这个事例,是为了让大家明白"礼经三百,威仪三千"的含义。

接下来继续看原文。"及周之衰,诸侯将逾法度,恶其害己,皆灭去其籍,自孔子时而不具,至秦大坏。"意思是说,周王朝制定了许多典章制度,一方面用以管理百姓,另一方面用来制约君主、诸侯。但是,到了春秋时期,诸侯觉得这些制度是一种难受的束缚,感到不适,随之加以破坏,于是"皆灭去其籍",可见在孔子那个时代,有关礼制的典籍已经难见全帙。秦始皇焚书,这些书籍也多遭破坏。我想问问各位,从这段话中有没有读出什么信息?我们常说中华五千年文明,汉字的历史与之同样悠久,但我要提醒大家的是,有文字记载的文明已经是高度发达的文明了,所以中国古代文明史实际上要比五千年长得多,在文字出现之前已有口耳相传的各种礼仪制度,只不过当时没有被记录下来。此段记述提醒我们去追忆更古老的历史。周公制礼,是对前人经验智慧进行总结的集大成。文明是亘古的积累,不会乍现于某时某地。因此,不能简单地将《周礼》仅仅视作一部静态的礼仪书籍,而要把它看成一份动态的人类学、社会学史料。研究古代文学和文化,例如研究屈原《离骚》,只从文字到文字显然是不够的,应当尽量搜求和利用相关民俗的记载和遗存。另外,我想告诉大家,要学会用新视角考察事物。为什么闻一多先生的学问做得好?我之前讲过,民国时期的学术竞争也非常激烈。闻一多先生在国外留学时并非专攻古代文学,但他归国后却能在神话、《诗经》、唐诗等研究领域做出卓越贡献,从众多学者中脱颖而出成为名家,其原因正在于他使用了西方人类学、社会学等方法,他的见解与传统研究有别,故能超越时代,引领风气。回归主题,我们刚才讲"礼"的本义是指祭祀仪式,由此引申为秩序和制度。这两个概念是有区别的。秩序可以说是一种现象,是要达到的目标。制度则是用以达到某种秩序的方法和工具。对于人类思想和行为而言,制度的重要功能有两个,一是制约,一是引导。例如,唐代科举制度对士子有什么作用呢？就制约方面来说，大家必须遵守相关规则考试，如考试科目、使用教材等。就其引导方面来说，以诗赋取士制度带动了唐诗写作的繁荣，也引致了诗学著作的发展。

接下来继续看原文。"汉兴，鲁高堂生传《士礼》十七篇"，这里的"传"，意为注释。到汉宣帝时，后仓氏于《礼》造诣最高，戴德、戴圣、庆普皆为其弟子，"三家立于学官"。立于学官，就是指这门学问得到官方认可。后仓氏及其门人的《礼》学，都属于今文经学。《礼古经》者，出于鲁淹中及孔氏"，淹中是地名，在今山东省曲阜市。"出于孔氏"是说鲁恭王坏孔子宅，得古书一事。这里说的是当时的出土文献，要明白出土文献并非现在才有，汉代也有。汉代出土的《礼》经，与《士礼》十七篇文相似，但多三十九篇。"及《明堂阴阳》《王史氏记》所见，多天子诸侯卿大夫之制，虽不能备，犹瘉仓等推《士礼》而致于天子之说"，这是讲古文经的发展过程。意思是，《明堂阴阳》《王史氏记》这些礼书，所载多帝王和臣子的礼仪制度，要优于后仓氏用《士礼》来推测解释大子制度。

总而言之，《汉书·艺文志》记载的关于《礼》经的书目及其小序，是研究中国礼仪制度和礼制史的重要材料。据此可按图索骥，根据这些记载提供的线索，进一步细化到《史记》《汉书》《后汉书》中，从而形成一个有关汉代《礼》学的知识图谱。

下面来讲《乐》。先著录《乐》这一类的著作：

> 《乐记》二十三篇。
> 《王禹记》二十四篇。
> 《雅歌诗》四篇。
> 《雅琴赵氏》七篇。（名定，勃海人，宣帝时丞相魏相所奏。）
> 《雅琴师氏》八篇。（名中，东海人，传言师旷后。）
> 《雅琴龙氏》九十九篇。（名德，梁人。）

接下来是对此类书籍的小计："凡《乐》六家，百六十五篇。（出淮南刘向等《琴颂》七篇。）"前面的"入"即增补，此处的"出"即删减。据此可知，刘向《别录》、刘歆《七略》中原本记有刘向等《琴颂》七篇,班固则将其删除。

以下一段小序主要叙述《乐》的学术史:

> 《易》曰:"先王作乐崇德,殷荐之上帝,以享祖考。"故自黄帝下至三代,乐各有名。孔子曰:"安上治民,莫善于礼;移风易俗,莫善于乐。"二者相与并行。周衰俱坏,乐尤微眇,以音律为节,又为郑卫所乱故无遗法。汉兴,制氏以雅乐声律,世在乐官,颇能纪其铿锵鼓舞,而不能言其义。六国之君,魏文侯最为好古,孝文时得其乐人窦公,献其书,乃《周官·大宗伯》之《大司乐》章也。武帝时,河间献王好儒,与毛生等共采《周官》及诸子言乐事者,以作《乐记》,献八佾之舞,与制氏不相远。其内史丞王定传之,以授常山王禹。禹,成帝时为谒者,数言其义,献二十四卷记。刘向校书,得《乐记》二十三篇,与禹不同,其道浸以益微。

起首也是引据经典:"《易》曰:'先王作乐崇德,殷荐之上帝,以享祖考。'"这里讲音乐的原始功能是娱神,从娱神到娱人,有一个逐渐演变的过程。为什么音乐能够实现娱神的效果呢? 其中涉及"气"的问题。在文字发明和使用之前,人类与自然界及鬼神是如何沟通的呢? 他们多通过听觉来实现沟通。因此,古代有一个非常发达的听风或者说候气的群体。他们可以在两军交战时通过候气来感知敌军士气,打探消息。先秦典籍中记载了许多人为提高听气能力而自毁双目的事情,于是有大量形容目盲者的词语,如《战国策》中就有"蒙、瞽、瞍"等等。古代著名的音乐家为何多为目盲者? 有些人是天生如此,有些人则是后天有意毁伤。听(候)气的观念普遍地存在于古人的思维模式中,由气而形成节律。每个季节的自然之气是不同的,气吹拂万物所发出的声响也是各异的,有它的内在规律。古代有听(候)气者,亦有候律者。二十四节气的由来即与之相关,节本指竹节,引申为节点,划分节点的依据正是气,故曰"节气"。候律者借助一种叫作律管的竹制工具,通过听觉以感知自然气候变化。既然人类借助气可与自然界实现沟通,那么同理也可与鬼神沟通,于是由节律形成乐律。而在与自然沟通的过程中,人类的器官运用发生了从用耳到用眼的转变:在书写之前的时代,主要依赖听觉;文字与图像产生后,主要依赖视觉。气、律便是以乐娱神的媒介。音乐的诞生,不是缘于其美学价值,而是缘于其实用价值。以气感知自然变化,可指导农业生产;以气感知人事变化,可指导军事斗争。[①] 我们明白了乐的起源和原始功能后,自然就能理解为什么祭祀时需要奏乐。面对不同的祭祀对象,所用的音乐也各不相同,"故自黄帝下至三代,乐各有名"。"孔子曰:'安上治民,莫善于礼;移风易俗,莫善于乐。'"礼有安上治民之用,这是刚才已经讲过的内容,我们需要思考的是:为什么说"移风易俗,莫善于乐"呢?礼、乐"二者相与并行。周衰俱坏,乐尤微眇,以音律为节,又为郑卫所乱故无遗法",此处讲"乐"的衰颓以及以娱人为主的俗乐和以祭祀为主的雅乐两者之间的关系。"郑卫之风淫","淫"是过度的意思,指与雅乐偏离较远。"汉兴,制氏以雅乐声律,世在乐官,颇能纪其铿锵鼓舞,而不能言其义",这里是说人们仅能记住乐律,而不能通晓其意。"六国之君,魏文侯最为好古,孝文时得其乐人窦公,献其书,乃《周官·大宗伯》之《大司乐》章也。武帝时,河间献王好儒,与毛生等共采《周官》及诸子言乐事者,以作《乐记》,献八佾之舞,与制氏不相远。其内史丞王定传之,以授常山王禹。禹,成帝时为谒者,数言其义,献二十四卷记。刘向校书,得《乐记》二十三篇,与禹不同,其道浸以益微",此处讲的是《乐记》的成书与流传过程。从魏文侯到汉文帝,再到汉武帝,虽然变化比较复杂,但据此可知《乐记》的源头在《周官》,也就是《周礼》。刘向所校的《乐记》二十三篇,与王禹的传本不同。这就意味着,我们今天所看到的《乐记》一书,与汉人所见不一样。这是我们应该注意的。

接下来是《春秋》类:

> 《春秋古经》十二篇,《经》十一卷。(公羊、穀梁二家。)
>
> 《左氏传》三十卷。(左丘明,鲁太史。)
>
> 《公羊传》十一卷。(公羊子,齐人。)

---

① 参看王小盾《上古中国人的用耳之道——兼论若干音乐学概念和哲学概念的起源》,《中国社会科学》2017 年第 4 期。

《穀梁传》十一卷。(穀梁子,鲁人。)

《邹氏传》十一卷。

《夹氏传》十一卷。(有录无书。)

《左氏微》二篇。

《铎氏微》三篇。(楚太傅铎椒也。)

《张氏微》十篇。

《虞氏微传》二篇。(赵相虞卿。)

《公羊外传》五十篇。

《穀梁外传》二十篇。

《公羊章句》三十八篇。

《穀梁章句》三十三篇。

《公羊杂记》八十三篇。

《公羊颜氏记》十一篇。

《公羊董仲舒治狱》十六篇。

《议奏》三十九篇。(石渠论。)

《国语》二十一篇。(左丘明著。)

《新国语》五十四篇。(刘向分《国语》。)

《世本》十五篇。(古史官记黄帝以来讫春秋时诸侯大夫。)

《战国策》三十三篇。(记春秋后。)

《奏事》二十篇。(秦时大臣奏事,及刻石名山文也。)

《楚汉春秋》九篇。(陆贾所记。)

《太史公》百三十篇。(十篇有录无书。)

冯商所续《太史公》七篇。

《太古以来年纪》二篇。

《汉著记》百九十卷。

《汉大年纪》五篇。

凡《春秋》二十三家,九百四十八篇。(省《太史公》四篇。)

通过《春秋》类书目的记载,可知两汉时期有哪些人在研究《春秋》。大家熟知《春秋》三传，《汉书·艺文志》总序则称"春秋分为五"。究竟分为哪五家呢？《春秋古经》十二篇，《经》十一卷。（公羊、穀梁二家。）意为有十二篇白文经的简书、十一卷白文经的帛书。这是《公羊传》和《穀梁传》的经文。"《左氏传》三十卷。（左丘明，鲁太史。）"即谓左丘明所著用以解释《春秋》的注文有三十卷。此外，还有《邹氏传》和《夹氏传》，《夹氏传》有录无书。由此可知，"春秋分为五"，是指公羊、穀梁、左氏、邹氏、夹氏五家。下面所载《左氏微》《铎氏微》《张氏微》等书的中"微"，也是注释的意思，表示阐发微言大义。相对于五家而言，他们属于小家，不占据主要地位。"《议奏》三十九篇"，是石渠阁会议纪要。"《太史公》百三十篇。（十篇有录无书。）"这个值得注意，因为这是班固当时所见实际情况。

《汉书·艺文志》没有单独设置史部，连《太史公》都只是附录于"春秋"这一大类之下，由此可见汉代经学发达，而史学衰微。然而，细究经与史产生的时间，本当是先史而后经。在春秋时代的一百多个诸侯国中，每个国家都有自己的史官，都有自己的国史，只不过名称有所不同，如晋国称为《乘》，楚国叫作《梼杌》。《春秋》是鲁国国史专名，后来才成为史书的通称。大家有没有想过，为何要叫"春秋"？对这个问题，唐人曾有思考。陆淳《春秋集传纂例》开宗明义，解释《春秋》书名来历："此经所以称《春秋》者，先儒说云鲁史记之名也。记事者以事系日，以日系月，以月系时，以时系年，所以记远近，别同异也。故史之记，必表年以首事，年有四时，故错举以为所记之名也。"①也就是说，取春夏秋冬四季中的春和秋，以表示史书采用年月日的时序来记事。当然，这只是一种解释而已。如要进一步追问，何以楚国称其史书为《楚梼杌》，晋国称其史书为《晋乘》？恐怕陆淳所载的说法也很难解释得通。

说完了史，再来谈经。至汉代，人们将此前重要典籍尊称为"经"。当然，"经"的观念在战国晚期已经产生了，如《庄子·天运篇》提到"六经"，但是将这些经典推尊到至高无上的地位，还是发生于汉代。经是作为一种观念存在的，汉人认为"天不变，道亦不变"，把"经"作为一切行为的最高指导

---

① 陆淳《春秋集传纂例》，《文渊阁四库全书》第146册，第379页。

原则。在遇到疑惑和困难时，从经书中借鉴古人的智慧经验来解决问题。皮锡瑞《经学历史》说："武、宣之间，经学大昌，……以《禹贡》治河，以《洪范》察变，以《春秋》决狱，以三百五篇当谏书，治一经得一经之益也。"[①]这些都是汉人以经书指导生产和生活实践的明证。反观《艺文志》对史书的记载，其总量不足以单独构成一类，故刘向选择将史书附录于"春秋"这一类之后。而随着时间的推移，史学著作的数量逐渐增多，史部开始单独成为一个重要类别。

接下来是《春秋》类的序文：

> 古之王者世有史官，君举必书，所以慎言行，昭法式也。左史记言，右史记事，事为《春秋》，言为《尚书》，帝王靡不同之。周室既微，载籍残缺，仲尼思存前圣之业，乃称曰："夏礼吾能言之，杞不足征也；殷礼吾能言之，宋不足征也。文献不足故也，足则吾能征之矣。"以鲁周公之国，礼文备物，史官有法，故与左丘明观其史记，据行事，仍人道，因兴以立功，就败以成罚，假日月以定历数，借朝聘以正礼乐。有所褒讳贬损，不可书见，口授弟子，弟子退而异言。丘明恐弟子各安其意，以失其真，故论本事而作传，明夫子不以空言说经也。《春秋》所贬损大人当世君臣，有威权势力，其事实皆形于传，是以隐其书而不宣，所以免时难也。及末世口说流行，故有《公羊》《穀梁》《邹》《夹》之传。四家之中，《公羊》《穀梁》立于学官，邹氏无师，夹氏未有书。

这篇序文是《春秋》在两汉时期的学术史。"古之王者世有史官，君举必书，所以慎言行，昭法式也"，是说皇权与史权的关系。古代的史书是一种十分重要的社会舆论，它把君王的一言一行都记载下来，人们据此可评判君王是否合格，这关乎君王的统治地位的合法性。君权在史权的监督下，受到一定程度的制约。除了史权的监督之外，中国古代的皇权还受到宰相分权和相关制度的制约。例如，杜甫《北征》题下自注："归至凤翔，墨制放往鄜州作。"

---

① 皮锡瑞著，周予同注释《经学历史》，中华书局 1959 年版，第 90 页。

墨制是皇帝的私人行为,因无中书、门下两省印,故而非法。杜甫因疏救房琯而触怒唐肃宗,皇帝没有依照常规的流程处置,而是私自下令遣杜返乡,由此可见"安史之乱"中皇权的膨胀。"左史记言,右史记事,事为《春秋》,言为《尚书》,帝王靡不同之",这里是讲史官的职责与分工。关于《春秋》记事,我们前面已略有述及。《尚书》为记言体史书,故其篇目名称多与言语有关,如谟、训、诰、誓之类。《尚书》之所以难懂,原因有二:一是发言者使用口语和方言,二是记录者对其内容重新整理雅化。"周室既微,载籍残缺,仲尼思存前圣之业,乃称曰:'夏礼吾能言之,杞不足征也;殷礼吾能言之,宋不足征也。文献不足故也,足则吾能征之矣。'"这几句话,大家是不是感觉很熟悉呢?没错。前面总论文献与文献学,专门提到过这段话。古人著述,特别是撰写史书,必须有相关的文献作为依据,所以史书多抄他书。举个例子,司马光编纂《资治通鉴》耗时十九年,大致经历了三个阶段:第一阶段,收集史料;第二阶段,通过考证等方法,将史料整理为长编;第三阶段,汇总长编,考同异,删烦冗,修改润色,最后定稿。由此可见,史书的编纂非常严谨,需要有可靠的材料作为基础。

孔子虽因杞国和宋国遗存的文献不足而未能言夏殷之礼,但他整理了鲁国的国史。"以鲁周公之国,礼文备物,史官有法,故与左丘明观其史记,据行事,仍人道,因兴以立功,就败以成罚,假日月以定历数,借朝聘以正礼乐。有所褒讳贬损,不可书见,口授弟子",这里讲的是孔子整理鲁国国史的过程和方法。鲁国的"史记"是其主要史料来源,此外或补充参考了其他诸侯国的国史,可能里面还有孔子本人的一些经历和见闻。对历史事件的是非褒贬,孔子没有直录于书,而是口授于弟子,这样做的结果便是"弟子退而异言",也就是弟子们对孔子意思的领会各有不同。"丘明恐弟子各安其意,以失其真,故论本事而作传,明夫子不以空言说经也。"左丘明担心孔子的弟子在复述老师之意时失其本真,于是为《春秋》作传,以阐明孔子的微言大义。"《春秋》所贬损大人当世君臣,有威权势力,其事实皆形于传,是以隐其书而不宣,所以免时难也。"这是讲孔子不直言贬损的缘由,主要目的是避祸。"及末世口说流行,故有《公羊》《穀梁》《邹》《夹》之传。"这里提到《春秋》也有口述的传播方式,由此形成公羊、穀梁、邹氏、夹氏四家。这四家都在

《春秋左氏传》之后。四家之中，《公羊》《穀梁》是今文经，被立于学官。"邹氏无师，夹氏未有书"，因此地位较低。总之，这段小序为研究中国古代早期经史关系，以及文学史、史学史、思想史、书籍史提供了丰富信息，其重要性不言而喻。

接下来讲《论语》类。文学史中提及《论语》，常说《论语》是孔子弟子及再传弟子记录孔子言行的一部书。事实上，此语正源于《汉书·艺文志》的记载："《论语》者，孔子应答弟子时人及弟子相与言而接闻于夫子之语也。当时弟子各有所记。夫子既卒，门人相与辑而论纂，故谓之《论语》。"再下面是《孝经》。"《孝经》者，孔子为曾子陈孝道也。"意思是，《孝经》是孔子为曾子陈述孝道的一部书。"孝"上面是"老"，下面是"子"，是指长辈与晚辈的关系。中国古代重视伦理秩序，将君臣、父子、夫妇、兄弟、朋友五种人伦关系称为五伦。"夫孝，天之经，地之义"，"经"是永恒不变的准则，"义"的意思是宜，也就是恰当合适。长辈抚养子女，子女赡养老人，这是理所当然的事情，是人类社会发展的常道。"小学"是阅读和理解各类经书的基础。这些内容与我们现在的文字学、音韵学、训诂学多有关联，此处不展开讨论。

最后是六艺略的总序。"六艺之文：《乐》以和神，仁之表也"，这里从"乐"讲起，点出了娱神的作用，并指出"仁"的重要特征是"和"。"《诗》以正言，义之用也"，是说《诗》在社交场合的使用，并指出使用的基本原则是"义"，也就是要恰当合适。孔子曾教其子孔鲤："不学《诗》，无以言。"这句话的意思是，不学习《诗》，就没有办法在外交场合说出合适的话。大家要知道，先秦时期赋诗言志是一项重要的交往技能。古人说话不喜直来直去，而是委婉含蓄地表达意思，让对方体会话外之音和言下之意。学习《诗》，正是为了能在特定场合说出合适的话。"《礼》以明体，明者著见，故无训也"，礼是各种规矩和制度，日常都在使用，因此无须解释。"《书》以广听，知之术也"，"知"通"智"，是说《尚书》凝聚着治理国家的历史经验和集体智慧。"《春秋》以断事，信之符也"，即之前所讲的汉人"以《春秋》决狱"之意，也就是遇到疑难困惑，可以在《春秋》中找到相关事例，加以参考，解决问题。"五者，盖五常之道，相须而备，而《易》为之原"，是说《易》为《诗》《书》《礼》《乐》《春秋》的本原，也就是《易》为群经之首的意思。"故曰'《易》不可见，则乾坤或几乎息矣',言与天地为终始也",意谓《易》之道亘古不变,与天地齐等。我们之前讲过,《易》的历史渊源悠久,在夏称《连山》,在商叫《归藏》,至周始名《易》。它由原始八卦演变为六十四卦,中间经历了相当漫长的过程。"至于五学,世有变改,犹五行之更用事焉。古之学者耕且养,三年而通一艺,存其大体,玩经文而已,是故用日少而畜德多,三十而五经立也。"这里将《诗》《书》《礼》《乐》《春秋》"五学"比作金木水火土五行,交相为用,是说这些经典之间是互联互动的,不是孤立存在的。古人读经,理论与实践并重,三年通一经。《论语》中,孔子说自己十有五而志于学,三年通一经,等到三十岁才读完五经。由此可知,"三十而立"恐怕说的是古人读经的事,与今日所谓成家立业之意不同。"后世经传既已乖离,博学者又不思多闻阙疑之义,而务碎义逃难,便辞巧说,破坏形体;说五字之文,至于二三万言。"这里谈到两种不良学术倾向:一是强为注解,缺乏"多闻阙疑"精神;一是过度阐释,解五字之文,用二三万言,如注"粤若稽古"、解"春,王正月"之类皆是。这样一来,反而使那些疑难问题没有得到真正解决,经文的微言大义也不能得到很好揭示。"后进弥以驰逐,故幼童而守一艺,白首而后能言",是说汉代经学注重家法与师承。其好处是可以对某一门学问做到精深精通。其弊端也显而易见,就是大序所说的"安其所习,毁所不见,终以自蔽",过于讲求家法和师承,对其他学问充耳不闻,以至于出现知识遮蔽的现象。《艺文志》批评这些不良现象,可见汉代已经具有学术批判反思的自觉意识。

第五讲 《汉书·艺文志》思想史及文学史价值

一、诸子略与思想史

六艺略之后是诸子略。诸子略之下共十小类,首先著录的是儒家类。儒家类书目有《晏子》《子思》《曾子》《漆雕子》《宓子》等等,记录篇名、篇数、作者。《艺文志》还将桓宽、刘向、扬雄的著作也增入儒家类,包括桓宽的《盐铁论》,刘向的《新序》《说苑》《世说》《列女传》,扬雄的《法言》《太玄》《乐》《箴》,把这些都放到诸子略儒家类来讲。儒家类总计53家、836篇,其中"入扬雄一家三十八篇"。这个"入"字,表明这是班固后来增加的,也就是刘向、刘歆并没有著录扬雄一家。书目著录之后,对儒家学术渊源流变作了总结,这就是儒家类的小序:

> 儒家者流,盖出于司徒之官,助人君顺阴阳明教化者也。游文于六经之中,留意于仁义之际,祖述尧舜,宪章文武,宗师仲尼,以重其言,于道最为高。孔子曰:"如有所誉,其有所试。"唐虞之隆,殷周之盛,仲尼之业,已试之效者也。然惑者既失精微,而辟者又随时抑扬,违离道本,苟以哗众取宠。后进循之,是以《五经》乖析,儒学浸衰,此辟儒之患。

这是讲儒家的源流,讲儒家是怎么产生、怎样分流的。追溯儒家渊源,《汉书·艺文志》认为儒家的源头在司徒之官。大家一定要注意,我们在阅读

《汉书·艺文志》时不能只看到其中某一点,比如儒家类讲儒家"出于司徒之官",下面讲道家"盖出于史官",再往下看,阴阳家"盖出于羲和之官",再往下都是出于某某之官。通过这个现象,就可以总结,汉人在追溯先秦诸子渊源时,把他们都归为出于官守。这意味着,追溯先秦诸子学术渊源时,一定要联系先秦时期官师一体向官师分离的现象。这里所讲诸子百家都是从周官系统中产生的。为什么会这样?一开始,官和师是融为一体的,意思是在夏商周时期,知识的掌握者和垄断者是官。知识不是所有人都可以学的,除了天子和他分封的有血缘关系的人有资格接触文化知识之外,其他人是没有资格学习的。《周官》分天、地、春、夏、秋、冬六个大类,六大类下再细分,由此产生周官系统,反映了当时设官分职的大体情况。这些官既是国家的管理者,同时又是知识的拥有者和传授者,形成官师一体现象。春秋战国时期,由于战争和动乱等原因,那些原本拥有知识、掌握知识的"官",他们的身份和地位开始发生变化,有些人从贵族慢慢变成了社会底层,整个社会阶层都在发生变化。以庄子为例,他是一个很有学问的学者,这是毫无疑问的。但是,他的学问是怎么来的?源头在哪里?一条解决问题的线索是从"庄"字作为姓氏入手的。"庄"本是楚庄王的谥号,后来以其谥号为氏。以谥为氏,在古代是一种较常见的命氏现象。以楚庄王的谥号作为姓氏,往前推就可以知道庄子的祖先是楚国人,而且是楚国王室的分支,不是普通百姓。庄子为什么有那么高的文化水平,他的文化和知识是从哪里来的?庄子有老师,在老师传授的知识之外,很可能还有他的家学渊源。庄子是宋国蒙人,据此可以推想,当时或许因为战争,楚国庄氏这支贵族逃到宋国,在宋国安居下来,他们实际上都是楚庄王的后代。庄子是一个很幽默风趣的人。大家看《逍遥游》,他总是嘲笑宋国人,拿宋国人开玩笑。他虽然身处宋国,却将宋国人作为取笑的对象,很是瞧不起宋国人。《逍遥游》说"宋人资章甫而适诸越",说宋国有个人,把帽子贩到越国去卖,结果一顶都没有卖出去,为什么?因为越国人断发文身,不戴帽子。庄子嘲笑这个宋国人是个傻子。庄子嘲笑宋国本地人这个现象,当然也给我们启发,就是庄子的家族很可能是从外地迁徙到宋国的。我们追溯庄子学问和知识源头,就会发现他的祖上原本是楚国贵族,后来经过战争动乱,他们就由贵族变为普通人了。由这个过程,就产生了"官师分离"。为什么呢? 他们现在不是"官"了,他们的贵族地位没有了,但是他们原本所掌握的那些传下来的知识并没有因为社会地位改变而丢失,所以他们变成了有学问的普通人,由此形成先秦时期诸子百家之说的各种专门学问。大致可以说,先秦诸子的形成都是从官师一体到官师分离的结果。诸子学说的产生隐含着从官师一体到官师分离的事实。《汉书·艺文志》中讲儒家是怎么来的,言"盖出于司徒之官",而道家则"出于史官"。这里要提醒大家,很多同学说论文题目难找,假如能够把《汉书·艺文志》所说"道家者流,盖出于史官"解释清楚,就是一篇很好的论文。

接着来看"儒家者流,盖出于司徒之官",到底是什么意思? 胡适先生曾经写过一篇文章,题目是《说儒》。他从"儒"字的本义说起,"儒"字左边是人,右边上部是所求之雨,下部是求雨的台子。据此,胡适先生认为儒是当时的求雨官。大家可以把他的文章找来读一读。"司徒之官"是干什么的? 是帮助国君"顺阴阳明教化者",亦即他的职守主要是两件事,其一是帮助国君"顺阴阳"。胡适先生认为儒是求雨之官,那么,什么时候需要求雨? 天旱的时候。什么时候能求到雨? 需要观测天象,这就是"顺阴阳"的本义。当然,"顺阴阳"的含义很丰富。辅佐君王治理国家,协调人事,也是"顺阴阳"的重要内容。儒的另一个职守是"明教化",就是要帮助国君教化民众,这里面显然包括知识的传授。以上是对儒家的渊源的追溯。一个人要能够"顺阴阳明教化",首先自己要有知识,否则怎么去教别人?"游文于六经之中,留意于仁义之际",这些都是讲儒家学术的源头。"祖述尧舜,宪章文武,宗师仲尼",是说以尧舜作为典范,以周文王和周武王作为师法对象,以孔子为师。"以重其言,于道最为高",是说尧、舜、文、武、孔子这些人都是得道之人,所以要向他们学习。但是,在孔子之后,儒家开始分化,情况发生了新变化,出现了各种儒,所以儒家的地位也开始下降。儒家类小序主要讲儒家的渊源流变。这就告诉我们,读《汉书·艺文志》一定要像章学诚在《文史通义》中提出来的,要注意"辨章学术,考镜源流",这一点很重要。

接下来是道家类。也是先著录书目,如《伊尹》五十一篇,作者伊尹是商汤的相。《太公》二百三七十篇,太公就是吕望。《辛甲》《鬻子》《管子》《老子》等等。由此可知,道家是以老庄为代表的学派,但不只是老庄。道家共著录 37 家、993 篇。以下是道家类的小序：

> 道家者流，盖出于史官，历记成败存亡祸福古今之道，然后知秉要执本，清虚以自守，卑弱以自持，此君人南面之术也。合于尧之克攘，《易》之嗛嗛，一谦而四益，此其所长也。及放者为之，则欲绝去礼学，兼弃仁义，曰独任清虚可以为治。

道家是怎么来的？"道家者流，盖出于史官。"为什么《汉书·艺文志》将道家追溯至周官系统中的史官呢？史官是干什么的？现在很多人将道家和道教混在一起，误以为"顺阴阳"是道士的事。汉代学者将道家源头追溯到史官，是因为他们认为道家的本职工作原本是"历记成败存亡祸福古今之道"，也就是通过史书记载，掌握古今的成败、存亡、祸福相互转化的内在规律，而这些历史经验教训都是史官记录在史书中的。这样一来，道家就与史官产生了关联。"然后知秉要执本，清虚以自守，卑弱以自持，此君人南面之术也。"所谓"君人南面之术"，是指君王治理天下的方法。为什么道家能与国家治理联系在一起？原因是当时人认为道家懂得"秉要执本，清虚以自守，卑弱以自持"的道理。这里的"要"和"本"，指的都是"道"，也就是事物发展的内在规律和基本逻辑，只有掌握了事物发展规律，才能够驾驭事物。自守和自持都是对个体而言的，个体以外在的清虚、卑弱来保持内在的充实、刚强，此即个体的自存自持之道。

为什么一些现代人总是很焦虑，焦虑的根源在哪里？为什么一些人相信算命，求神拜佛呢？求的是什么？一些人带着不同的目的去求神拜佛，但是不同的目的总结为一点，就是对未来不确定性的恐慌。如果对未来发展过程和结果都能很好地把握，就不会恐慌了。对于未来的不可预期，也就是不确定性。古人也是如此，例如帝王希望他们的统治能够一直持续下去，但又担心不能维持，所以他们要得一个"道"，要总结历史经验教训，掌握长治久安的秘诀。但是我们知道，要把握未来的东西，就必须首先知道过去的东西。为什么？因为从过去才能够总结出事物发展规律，根据这些规律预判未来，这就是"道"。道家跟史官发生关联，原因就在这里。常言说，"学史明理",理就是道,学史之所以能明理,就是因为史中含道。

接下来是对道家的评价:"合于尧之克攘,《易》之嗛嗛,一谦而四益,此其所长也。""攘"就是让,《虞书·尧典》说尧"允恭克让","让"是让贤的意思。疏云:"让则人莫与争。"[①]"嗛嗛"就是谦逊。以谦虚为本,则多受益。"及放者为之,则欲绝去礼学,兼弃仁义,曰独任清虚可以为治",是说道家原本不是独任清虚的,不是这个样子。道家的源头在史官,是要依据历史总结成败经验的。只不过后来模仿道家的人学走了样。"放"就是"仿"的意思,模仿道家者摒弃礼学仁义,专事清虚,与道家的本来面目不同。模仿者只学到了道家的"末",未得其"本"。道家的本质是要深究事物根源,掌握其中规律,预判未来,而不是"绝去礼学,兼弃仁义",更不是以为"独任清虚可以为治"的。这里要把"清虚"的含义弄清楚。"清"本来指水的清澈透亮,道家以水为喻,意思是个体像水一样澄净明亮,不混杂,不滞碍。"虚"的本义指大土丘,是古人聚居之所。废弃的"虚"变成"墟"。由废墟的荒无人烟引申为空虚。所以,"虚"不是没有,而是指事物存在的一种状态,事物与事物之间有间隙。"清""虚"合在一起表示个体澄明通透、谦虚谨慎。要达到清虚境界,需要长时间修为。道家所言清虚,主要是就个体而言的。事实上,只有在这样一种清虚的状态下,才能通察历史,把握未来。道家认为清虚自守、卑弱自持是"君人南面之术",是将清虚作为君王个人自存之道的,所言说的对象是君王。也就是说,道家认为清虚是君王必备的道德品质和个人修养,并非说君王以"清虚"作为治国理政的基本方法。总体而言,清虚是对个体而言的,不是对全社会来说的,谈论的并非人与人的关系。就社会整体来说,涉及如何处理人与人的各种关系,因此必须有各种制度和规则。前面说过,"礼"就是社会制度和秩序。而仁义是维护人伦关系的基本原则。关于这个问题,可以参考法国思想家卢梭的表述。他说:"我设想,人类曾达到过这样一种境地,当时自然状态中不利于人类生存的种种障碍,在阻力上已超过了每个个人在那种状态中为了自存所能运用的力量。于是,那种原始状

---

① 旧题孔安国传,孔颖达等疏《尚书正义》卷二,十三经注疏本,中华书局 1980 年版,第119 页。

态便不能继续维持；并且人类如果不改变其生存方式，就会消灭。然而，人类既不能产生新的力量，而只能是结合并运用已有的力量；所以人类便没有别的办法可以自存，除非是集合起来形成一种力量的总和才能够克服这种阻力，由一个唯一的动力把它们发动起来，并使它们共同协作。这种力量的总和，只有由许多人的汇合才能产生；但是，既然每个人的力量和自由是他生存的主要手段，他又如何能致身于力量的总和，而同时既不至于妨害自己，又不至于忽略对自己所应有的关怀呢？这一困难，就我的主题而言，可以表述为下列的词句：'要寻找出一种结合的形式，使它能以全部共同的力量来卫护和保障每个结合者的人身和财富，并且由于这一结合而使得每一个与全体相联合的个人又只不过是在服从其本人，并且仍然像以往一样地自由。'这就是社会契约所要解决的根本问题。"① 换言之，人类为了生存需要，必须团结互助、分工合作，为避免分工所产生的各种不利因素，而不得不有所约定，这种约定便是制度的雏形。所以，当道家的模仿者把"独任清虚"当作治国方法，就走向了道家本义的对立面。这是汉代学者之所以批评他们的原因。

关于道家的分化，或者说先秦学术的分流现象，我觉得很有必要阅读《庄子·天下篇》②。《天下篇》把学术分化讲得很清楚。《天下篇》说："天下之治方术者多矣，皆以其有为不可加矣！"这是说天下有很多学派，各家各派都认为自己的思想登峰造极，无人可比。"古之所谓道术者，果恶乎在？"但是，向来所说的"道术"，真的存在于这些学派的思想中吗？"曰：'神何由降？明何由出？''圣有所生，王有所成，皆原于一。'"《天下篇》认为一切学问最早都是从"一"，也就是"道"中分化出来的。为什么会从"一"中分化出来呢？这是因为"不离于宗，谓之天人。不离于精，谓之神人。不离于真，谓之至人。以天为宗，以德为本，以道为门，兆于变化，谓之圣人。以仁为恩，以义为理，以礼为行，以乐为和，薰然慈仁，谓之君子。"这里讲得很清楚，天人、神人、至人、圣人、君子，划分不同的人，其依据是他们对道的掌握程度的不同。

---

① ［法］卢梭《社会契约论》，何兆武译，商务印书馆 2003 年版，第 18—19 页。
② 郭庆藩《庄子集释》杂篇卷十下《天下篇第三十三》，中华书局 1961 年版，第 1065—1115 页。

从天人到君子,是道术分离、学术分化的结果。如果要回归"一",则需采用逆序,从君子重新回到天人的状态。回归的方法,主要依靠修为。所以,有学者认为天人、神人、至人、圣人,实际上就是一人而已。意思是,四种人分别代表了个体修为的四个不同阶段。个体的发展变化实际上是社会分化的缩影。从纯粹到杂乱,再从杂乱回归纯粹,于个体而言是可以实现的。"古之人其备乎!配神明,醇天地,育万物,和天下,泽及百姓,明于本数,系于末度,六通四辟,小大精粗,其运无乎不在。其明而在数度者,旧法世传之史尚多有之。其在于《诗》《书》《礼》《乐》者,邹鲁之士搢绅先生多能明之。《诗》以道志,《书》以道事,《礼》以道行,《乐》以道和,《易》以道阴阳,《春秋》以道名分。"一开始是"一",后来慢慢分化成《诗》《书》《礼》《乐》《易》《春秋》。从"一"是怎么分化出来的呢?"天下大乱,贤圣不明,道德不一,天下多得一察焉以自好。"意思是说,后来天下大乱,每个人只得到了"道"的一小点。就像盲人摸象,摸到大象耳朵,就说大象是蒲扇;摸到象腿,就说大象是柱子;摸到尾巴,就说大象是绳子。只知其一而不知其二,还沾沾自喜,以为得到了"道"的全部,"道"就在他那里。《天下篇》说,这就"譬如耳目鼻口,皆有所明,不能相通"。耳目鼻口各有所长,但各自独立,不能互通,仅仅有所长而已。也就是知识分化后,各家各派都仅仅知道自己那个领域的一小点知识。就像研究古代文学的不懂现代文学,研究现代文学的不懂文艺理论,研究文艺理论的不懂古代文学,只守着自己的一孔之见,这当然很危险。"犹百家众技也,皆有所长,时有所用。"诸子百家皆有各自一技之长,也能够偶尔发挥作用。"虽然,不该不遍,一曲之士也。判天地之美,析万物之理,察古人之全,寡能备于天地之美,称神明之容。"那种思想见解偏于一端的人,可谓"一曲之士"。他们不能够剖判天地之美,不能够辨析事物的内在逻辑,也无法洞察古代历史的全部。因为他们总是从自己看到的那一小点出发来理解事物,就好像苏轼所说的"横看成岭侧成峰"。事实上,岭和峰只是庐山的不同面相,不能代表庐山的整体。《天下篇》的意思是,"道"的源头是"一",从"一"到"万",是因为天下大乱之后知识分化,每个人所掌握的只是"一"中的一小部分。用一小部分知识反过来理解"道",显然是行不通的。当用一孔之见去"判天地之美,析万物之理,察古人之全"时,就无法"备于天地之美",

也做不到"称神明之容",达不到这样的境界。为什么？因为他们所能做的只是拿着显微镜把自己的思想观念不断放大，所能看到的仅仅是冰山一角。"是故内圣外王之道，暗而不明，郁而不发，天下之人各为其所欲焉以自为方。""内圣外王"之道被遮蔽，这里的"圣"是指耳聪目明。"圣"的繁体字是"聖"，上面是"耳"和"口"，下面的"王"表示大。耳聪目明，善于辨析的人才能称为"圣"。"外王"是指像君王那样清虚自守、卑弱自持的个体修为。也就是说，于外清虚卑弱，于内聪明善辨，这是"内圣外王"的内涵。"内圣外王"之道被遮蔽，天下之人都按照自己的欲望和欲求，以自我为中心去理解万事万物，按照自己的理解去做事情，《天下篇》认为这是道术分化的根源所在。

所以，接下来，《天下篇》说："悲夫，百家往而不反，必不合矣！后世之学者，不幸不见天地之纯，古人之大体，道术将为天下裂。"道术分裂，学术分流，诸子百家往而不返，再也回不到"一"和"道"的原始状态，无法看到天地的本真，也不能体察古人思想的整体。这段话，我们是不是觉得很熟悉？《汉书·艺文志》总序说："昔仲尼没而微言绝，七十子丧而大义乖。"可见，《汉书·艺文志》总序深受《庄子·天下篇》的影响。《汉书·艺文志》叙述学术渊源流变，说孔子去世之后，他的弟子继承和发扬老师的学问时，每个人都只得到孔子思想的一部分、一个片段，而不是整体。等到孔子的弟子们都不在了，再传弟子阐发孔子思想，几乎与孔子的本意相背离，因此"《春秋》分为五，《诗》分为四，《易》有数家之传"。他们的思想根源虽然都在孔子那里，但他们对于经典的理解和阐释，已经与孔子的本意相去甚远。《汉书·艺文志》关于学术分化的思想，与《庄子·天下篇》所言"百家往而不反，必不合矣"是相通的。"不合"就是"乖"，就是背离的意思。

读《汉书·艺文志》，要明白诸子百家是怎么来的。诸子出于周官系统，每家都有他们的最早源头。最初是官师一体，经过春秋战国时期的动乱，一部分原本掌握知识和文化的贵族阶层变成了平民，而他们的知识和文化并没有因为身份变化而改变。身份发生了变化，知识没有改变，所以由官师一体向官师分离变化，由此形成了不同的知识体系，造就了各家各派，这就是知识分化过程。孔子的祖先往上追溯也是贵族，只是到他这里家道中衰，但他"十有五而志于学",通过自己的努力,学习和掌握了文化知识。这个过程反映了官学垄断被打破,官学知识向民间下移。官学知识下移和扩散,造就了诸子百家。所以,我们读《汉书·艺文志》诸子略,要抓住一个核心,从知识体系的角度去看,即知识是如何形成、分化、流变的,这一点很重要。

以上说道家出于史官,接下来看阴阳家。《汉书·艺文志》认为阴阳家出于"羲和之官"。"羲和之官"是干什么的呢?"敬顺昊天,历象日月星辰,敬授民时,此其所长也",是说羲和之官的职守,就是他们这一类人所做的事,做了某一类事情才产生这一类的学问和知识。因为要去"敬顺昊天",要去观察日月星辰,要去把观察到的东西总结成规律告诉百姓,什么时候该播种,什么时候该收获,即"敬授民时"。我们现在认为这些东西很简单,但是古代要授时,要颁朔。大家有没有种过田?以前我在老家种田的时候,各种农事都要看日历。哪天浸种,哪天插秧,哪天开镰,都是按照日历来的。我老家在江西,种水稻,错过一天都不行。错过一天,稻子的收成就不一样。以前做农活,最累的是暑假"双抢"。一边要收割,一边要播种,抢收抢种,所以叫"双抢"。这个过程只有半个月,超过半个月,种下去的水稻收成会差很多。做过农活,就知道古人为什么要"敬天授时"。但是,普通老百姓哪里知道这些知识。这就需要统一授时、颁朔,告诉大家什么时候播种,什么时候收获。这就是阴阳家要做的事情,也就是他们的职守。在古代农业社会,如果不晓得这些知识,农业收成是不会好的。《汉书·艺文志》对阴阳家作了评价,主要说此类人的变化:"及拘者为之",等到拘泥固执的人来担任此职,"则牵于禁忌,泥于小数,舍人事而任鬼神",他们为禁忌所牵制,拘泥于占卜问卦的小技,舍弃人事而迷信鬼神。这是说后世阴阳家的流变,变成迷信鬼神一类,背离了阴阳家原初的"敬授民时"的本义。

下面讲法家。先著录法家类书目:

《李子》三十二篇。(名悝,相魏文侯,富国强兵。)

《商君》二十九篇。(名鞅,姬姓,卫后也,相秦孝公,有《列传》。)

《申子》六篇。(名不害,京人,相韩昭侯,终其身诸侯不敢侵韩。)

《处子》九篇。

《慎子》四十二篇。（名到，先申韩，申韩称之。）

《韩子》五十五篇。（名非，韩诸公子，使秦，李斯害而杀之。）

《游棣子》一篇。

《晁错》三十一篇。

《燕十事》十篇。（不知作者。）

《法家言》二篇。（不知作者。）

由此可知，李悝、商鞅、申不害、慎到、韩非等都属于法家。法家类著述共计10家、217篇。以下是此类小序：

> 法家者流，盖出于理官，信赏必罚，以辅礼制。《易》曰"先王以明罚饬法"，此其所长也。及刻者为之，则无教化，去仁爱，专任刑法而欲以致治，至于残害至亲，伤恩薄厚。

这里讲法家的源头出于理官。在周官系统中，理官是负责刑狱、诉讼的官员。所以，接下来说"信赏必罚，以辅礼制"，意思是赏必行、罚必当。刑法与礼制的关系是，二者交相为用。按照现代学者对制度的理解，法律制度属于明文记载的制度，而各种礼仪风俗则属于非明文记载的制度。前者严格，后者相对宽泛。法与礼二者相互为用。所引《易》中的话，出自《周易·噬嗑》，是说先王以法治国。后来发展至极致，"无教化，去仁爱，专任刑法而欲以致治"，走向了反面。本来刑法制度是用以辅助礼制的，现在把"礼"的这一方面全部去除，只讲刑罚，背离了法家的原初本义，以至于出现各种不可理喻的现象。可见，关于情与理、礼与法的关系问题，一直是一个复杂而难以解决的问题。

接下来著录的是名家类。《邓析》《尹文子》《公孙龙子》《成公生》《惠子》《黄公》《毛公》等属于名家。名家实际上类似于现代的逻辑学家，主要分析和研究事物的名与实的关系。"名家者流，盖出于礼官。"礼官是周官系统中的一种，所谓大宗伯和小宗伯等，都属于礼官。其职掌是负责邦国祭祀、典礼等事。后来礼部尚书也称大宗伯，礼部侍郎也称小宗伯，源头在此。礼官怎么会与逻辑学的名家发生关联呢？接下来说"古者名位不同，礼亦异数"，意思是名位不同的群体，所用的礼仪也不一样。接下来再引用孔子的话进一步解释："孔子曰：'必也正名乎！名不正则言不顺，言不顺则事不成。'此其所长也。"孔子的话，正好说明名家以辨析事物名实关系为要务。"正名"就是要辨析名与实的关系，"言"是表达。如果事物的名实关系不当，那么就会影响表达的逻辑性，这就是"名不正则言不顺"。如果"言不顺"，那么要办理的事情也不能成功。例如，古代战争讲师出有名，出师要有恰当的、充分的理由，否则就是不义之战。师出有名能得到支持，师出无名则反过来会遭到攻击。所以，这里面涉及合法和合理的问题。名家对事物名实关系的辨析，源头在礼官对名位与礼数的辨别。什么样的人，采用什么样的礼仪，是有相应规定的，如果发生错乱，就违反了礼仪制度，名和实就对应不上，因而就是"名不正"。不过，后来名家也走向了极致，出现了各种诡辩术，如大家比较熟悉的"离坚白""白马非马"等等。公孙龙认为，一块坚硬的白石，用眼看不会看出它是否坚硬，只能看到它是白色的；用手摸不能感觉到它的白色，只能感觉到它的坚硬。所以，世界上只有白石和坚石，没有坚白石。这个辩论的优点是将事物的属性分开来看，例如硬度和色彩是石的两种不同属性，互不关联。这就提醒人们，白色不代表石头，坚硬也不代表石头，认识事物不能以偏概全。他的局限性是完全不顾事物属性之间的关联。事实上，石头的白色与石头的坚硬之间也不是完全无关的，因为构成石头坚硬的主要成分也是白色的。公孙龙还有一个著名的诡辩命题是"白马非马"。他的合理之处是看到了"白马"与"马"是有区别的。但是他混淆了"马"与"白马"之间的种属关系，将"是"理解为等同。事实上，"是"作为一个判断词，所指事物关系，除了等同之外，还有种属、包含等各种逻辑关系。另外，他还混淆了事物的个性与共性、个别与一般的关系。"白马"与"马"是相互联系的，一般的"马"只能通过具体个别的马而存在，离开了具体个别的马是找不到抽象的"马"的；具体个别的马又都属于一类，有其共有的一般性质，不存在不表现共性的具体颜色的马。

下面是讲墨家。墨家类书籍不多，只有《尹佚》《田俅子》《我子》《随巢子》《胡非子》《墨子》，共6家、86篇。墨家是怎么来的呢？墨家类序文说：

> 墨家者流,盖出于清庙之守。茅屋采椽,是以贵俭;养三老五更,是
> 以兼爱;选士大射,是以上贤;宗祀严父,是以右鬼;顺四时而行,是以非
> 命;以孝视天下,是以上同:此其所长也。及蔽者为之,见俭之利,因以
> 非礼,推兼爱之意,而不知别亲疏。

墨家出于"清庙之守",何为"清庙之守"? 清庙就是太庙,这句话可以理解为遵守清庙之制。颜师古解释"茅屋采椽",说清庙以茅草覆顶,以采为椽,言其素朴。"采"即柞木,写作"棌",是名词,而非动词采摘之意。有学者认为,墨家贵俭源于清庙节俭体制,兼爱源于"养三老五更"制度,尚贤源于"选士大射"制度,右鬼源于"宗祀严父"制度,"非命"之说源于"顺四时而行"思想,尚同的思想源于"以孝视天下"的古老理念。[①] 大家可以参考。此外,需要提醒大家注意的是,苏林认为墨家"非命"之说是讥讽嘲笑儒家,因为儒家推崇"有命",同时又劝人积德行善,言行不一。墨家在当时是显学,后来也发展到对立面。有人看到节俭之利,因而过于节俭,以至于完全不顾礼仪;有人推扬兼爱而泛滥无归,不知亲疏有别。这是《艺文志》对墨家后来发展的批评。可见,凡事都应该有一个度,过度、过头了,未必是好事。

下面是讲纵横家,也是先著录此类书目:

《苏子》三十一篇。(名秦,有《列传》。)

《张子》十篇。(名仪,有《列传》。)

《庞煖》二篇。(为燕将。)

《阙子》一篇。

《国筮子》十七篇。

《秦零陵令信》一篇。(难秦相李斯。)

《蒯子》五篇。(名通。)

《邹阳》七篇。

《主父偃》二十八篇。

---

① 郑杰文《"墨家出于清庙之守"说考析》,《中国文化研究》2013 年秋之卷。

《徐乐》一篇。

《庄安》一篇。

《待诏金马聊苍》三篇。（赵人,武帝时。）

纵横家共著录 12 家、107 篇。纵横家的源头在哪里?《艺文志》说:

> 纵横家者流,盖出于行人之官。孔子曰:"诵《诗》三百,使于四方,
> 不能专对,虽多亦奚以为?"又曰:"使乎,使乎!"言其当权事制宜,受命
> 而不受辞,此其所长也。及邪人为之,则上诈谖而弃其信。

"行人"是指外交使者,"行人之官"是说外交使者这个官职系统。大家知道,春秋战国时期各诸侯国之间的交流交往是非常频繁的,这在《左传》中有详细记载。这些外交家都擅长口辩,纵横捭阖。这里所引孔子的话,是说当时在外交特定场合使者对话交流的特点,他们多"赋诗言志"。我们前面讲过,"赋诗言志"是春秋战国时期各诸侯国之间交流对话的特有方式,也就是委婉含蓄地、间接地表达各自的意思,因而听众必须能够准确把握说话者的真实意思,也就是他们的言下之意、弦外之音。孔子曾对他儿子孔鲤说:"不学《诗》,无以言。"不通《诗》三百",就不能很好地应付各种外交场合,无法跟对方交流。这里讲的都是当时用《诗》的情况。提醒大家,《论语》所载孔子有关《诗》的言语都指用《诗》,包括他说的《诗》可以兴、观、群、怨,都是用《诗》的例子,而不是有关诗歌创作的方法。这点大家一定要注意。孔子说,如果不能很好地用《诗》,那么记诵《诗》有什么意义呢? 我记得小时候,邻村有几位老人,他们能背诵《诗经》中的不少作品,摇头晃脑,像唱歌一样。但问他们是什么意思,就回答不上来。这跟孔子讲的有些类似。孔子说"使乎,使乎",是说外交是一种特殊职业,有其专门特点。要完成国君交代的任务,当然是很艰难的,因而要善于"权事制宜,受命而不受辞",也就是要根据形势变化调整话语策略。这是"行人"最擅长的。不过,当事情发展到另一面时,情况又有新变化。有些人,也就是那些"邪人",只求结果,不管过程,为了取胜,采用各种诈伪手段,背信弃义。这是《艺文志》要批评的现象。先

秦著名的纵横家,大家比较熟悉的应该是张仪和苏秦,教材曾选编过《战国策》中记载张仪和苏秦的文章。《艺文志》把苏秦的《苏子》和张仪的《张子》放在前面,可见二人是纵横家的老祖宗。

下面讲杂家。杂家类书目共著录 20 家、403 篇。大家比较熟悉的《伍子胥》《吕氏春秋》《淮南子》《东方朔》《公孙尼》等,都属于杂家。其序文说:

> 杂家者流,盖出于议官。兼儒、墨,合名、法,知国体之有此,见王治之无不贯,此其所长也。及荡者为之,则漫羡而无所归心。

"议官"可以理解为谏官。这个职官系统的人,见多识广,"兼儒、墨,合名、法",什么都懂一点,但不是专门的某一家。这一类人在国家治理方面起到很重要的作用,所以说"知国体之有此,见王治之无不贯,此其所长也"。颜师古说:"治国之体,亦当有此杂家之说。"①肯定了杂家在治国中的作用。不过,"及荡者为之,则漫羡而无所归心",后来有些人做得过了头,背离了作为谏官的角色和身份,过犹不及。

下面是农家。农家类书目共著录 9 家、114 篇。农家类小序说:

> 农家者流,盖出于农稷之官。播百谷,劝耕桑,以足衣食,故八政一曰食,二曰货。孔子曰"所重民食",此其所长也。及鄙者为之,以为无所事圣王,欲使君臣并耕,悖上下之序。

农家源头是"农稷之官"。中国古代是农业社会,不尚农就吃不饱饭。《尚书·洪范》所载八政,第一是食,负责农业生产;第二是货,负责财货流通。《史记·平准书》开创了后世史书食货志的先例,《汉书》改为《食货志》。《食货志》保存了大量有关古代生产和经济活动的史料。常言说"民以食为天",不生产劳动,就没有饭吃。这就是孔子说的"所重民食",抓住了治国根本。"所重民食"这句话,也不是孔子的发明,而是他转引殷商伐桀告天之辞中的

---

① 班固《汉书》卷三十《艺文志》,颜师古注"见王治之无不贯",第 1742 页。

话。大家知道,历代战争和动乱,根本原因都与粮食和吃饭有关。后世有农家,例如《孟子》中提到的许行,希望君王与臣子一样,都亲自参加农业生产。这种观念过于滞碍,所以《艺文志》批评他们"悖上下之序"。悖,就是乱。意思是那些人破坏了上下秩序。因为社会分工不同,君王的主要工作不是农业生产,而应思考如何治理国家。早在《艺文志》之前,孟子就批评过许行那些人。许行主张"贤者与民并耕而食,饔飧而治"①,这种观念过于理想化,在现实中行不通。其原因,正如前面引述法国思想家卢梭《社会契约论》中所说,人类社会进步依靠的是分工合作,通过制定合理的制度来激发所有人的力量,而不是绝对的平均主义。

我曾写过一篇文章,讨论晋宋劝农制度与陶渊明的《劝农》诗。通过梳理两汉至东晋的劝农制度,发现陶渊明《劝农》诗当与此制度有关。陶渊明一生五次入仕,先后担任江州祭酒、桓玄幕僚、镇军参军、建威参军、彭泽县令。很显然,幕僚和参军都与劝农之事无关。劝农应与陶氏担任的地方官职有关。逯钦立先生曾将此诗系于元兴二年(403),主要根据是此年诗人所作《癸卯岁始春怀古田舍》第二首中的"秉耒欢时务,解颜劝农人",与《劝农》内容切近。袁行霈先生则认为此诗是陶初仕江州祭酒时所作。从对劝农制度的历时性考察来看,袁先生的判断是符合事实的。袁先生又进一步指出,此诗不会作于诗人担任彭泽县令期间,因为《劝农》写的是春景,而陶氏担任彭泽县令时当仲秋。据此,可以确定《劝农》作于陶渊明任江州祭酒时。《劝农》既为陶渊明初仕江州祭酒时所作,依据"诗史互证"之法,可解决以下几个问题。其一,江州祭酒的具体职掌及其与劝农的关系。祭酒的具体职掌是"分掌诸曹兵、贼、仓、户、水、铠之属",也就是一州之内各种琐碎的繁杂事务,涉及军事、治安、租税、户籍、水利等各个方面。很显然,春令之时劝农正属于祭酒所承担事务中的重要一项。关于晋宋劝农制度具体如何展开,从正史和诗赋等文献的有限记载很难得知详情。不过,据长沙走马楼出土吴简所载大量有关劝农掾的信息,可推论晋宋劝农制度。长沙走马楼吴简中的劝农掾具有以下几个特点:一是西汉以降,郡县皆置劝农,吴简中劝农掾

---

① 赵岐注,孙奭疏《孟子注疏》卷五下,十三经注疏本,中华书局1980年版,第2705页。

属于县吏，但在简中有时又称"某乡县吏"或"廷掾"。二是综合已统计到的劝农掾的信息，可知：（1）一人可同时担任数乡劝农掾；（2）孙吴所置劝农掾非因时而设，与东汉相较，已常规化和制度化；（3）劝农掾有时因事而设，体现灵活性。三是吴简中所见劝农掾担任的具体事务并非"勉劝农桑"一条，而包括审实和发遣私学，核查流动户口和人员，核查和条列州、军吏父兄子弟，核查并条列田簿等事务。可见，作为县吏的劝农掾和劝农史，所承担的工作是多方面的，包括户口、土地、租赋以及举送"私学"等各种细务。其二，诗中末章旨意。《劝农》共六章，袁行霈先生认为末章是劝农，从反面来说。但此诗末章的言说对象似乎并非普通农人，其内容是："孔耽道德，樊须是鄙。董乐琴书，田园弗履。若能超然，投迹高轨。敢不敛衽，敬赞德美。"细绎此章，似乎并非与普通农人对话，而实蕴劝学之意。何以陶渊明劝农之时，又来劝学呢？联系吴简所载，或可理解。吴简中所见劝农掾所担任多种事务中，讨论最激烈的是"举私学"。简言之，孙吴时期郡县劝农掾承担的发遣私学的任务包含两种：一种是"给私学"，也就是选人服役；另一种是"举私学"，亦即举送乡里"私学"，属于人才选拔范围。从上述简牍中，可以看到当时"举私学"公文的实际情形。其具体程序大致是，中央发布举私学的命令，然后由州郡县逐层落实，最后承担具体事务的是各县的劝农掾。从这个角度来讲，陶渊明《劝农》诗，正是汉末三国劝农制度在晋宋延续的明证。也正是在这层意义上，《劝农》末章何以变成劝学，才能获得合理解释。其三，陶渊明任祭酒不久，即"不堪吏职，少日自解归"，也能从劝农制度中获得相应解释。这是因为，陶氏原本带着一种政治期待出仕江州祭酒，但事实上，别驾祭酒却要去做很多具体的庶务和俗事，与其初衷相去甚远。① 举陶渊明《劝农》诗为例，是想提醒大家，研究中国古代农业与文学，比如《诗经》中的农事诗之类，要在诗歌本身之外联系当时的农事制度，或许能够发现更多新问题。

接下来是小说家。这一类打算放到讨论《艺文志》的文学史价值中来讲，这里先不展开。

---

① 参考拙文《晋宋劝农制度与陶渊明〈劝农〉诗》，《古典文学知识》2020 年第 2 期。

下面来看诸子略的总序：

> 诸子十家，其可观者九家而已。皆起于王道既微，诸侯力政，时君世主，好恶殊方，是以九家之术蜂出并作，各引一端，崇其所善，以此驰说，取合诸侯。其言虽殊，辟犹水火，相灭亦相生也。仁之与义，敬之与和，相反而皆相成也。《易》曰："天下同归而殊途，一致而百虑。"今异家者各推所长，穷知究虑，以明其指，虽有蔽短，合其要归，亦《六经》之支与流裔。使其人遭明王圣主，得其所折中，皆股肱之材已。仲尼有言："礼失而求诸野。"方今去圣久远，道术缺废，无所更索，彼九家者，不犹愈于野乎？若能修六艺之术，而观此九家之言，舍短取长，则可以通万方之略矣。

这篇序文的主要意思有两个：一是诸子的学术渊源，也就是诸子起于王官之说；二是诸子学说之用，去其所短，合其所长，加之以对"六艺"经学的研习，则可以对古人思想体系有较完整系统的把握。其实，对于先秦诸子的形成及其思想价值，在《汉书·艺文志》之外，还有几篇重要的文献：一是上面提到的《庄子·天下篇》，二是《荀子·非十二子》，三是司马谈《论六家要指》。把这些文献按时间排序，再串联起来，大致可以了解战国晚期到东汉时期对于先秦诸子评价的变化。《庄子》和《荀子》都有专书，司马谈《论六家要指》保存在《史记》卷一百三十《太史公自序》中，对阴阳、儒、墨、法、名、道各家作了评述，大家感兴趣的话，可以找来看一下。

二、诗赋略与文学史

《汉书·艺文志》的思想史价值与文学史价值，是相对而言的。前面讲诸子略的思想史价值，其中也有很重要的文学史材料，比如道家类关于"清"的观念，对后世以"清"论文的文论思想具有重要启发意义。

诸子略中的小说家，是研究中国古代小说的重要材料。这是因为古代小说和文学史教材中所说的小说不是一回事,也不是一个概念。现代文学史教材中的小说观念是从西方传过来的,文学史把文学分为诗歌、散文、戏曲、小说四大类,这种四分法是西方人的观念。《汉书·艺文志》著录的"小说"有15家、1 380篇:

> 《伊尹说》二十七篇。(其语浅薄,似依托也。)
>
> 《鬻子说》十九篇。(后世所加。)
>
> 《周考》七十六篇。(考周事也。)
>
> 《青史子》五十七篇。(古史官记事也。)
>
> 《师旷》六篇。(见《春秋》,其言浅薄,本与此同,似因托之。)
>
> 《务成子》十一篇。(称尧问,非古语。)
>
> 《宋子》十八篇。(孙卿道宋子,其言黄老意。)
>
> 《天乙》三篇。(天乙谓汤,其言非殷时,皆依托也。)
>
> 《黄帝说》四十篇。(迂诞依托。)
>
> 《封禅方说》十八篇。(武帝时。)
>
> 《待诏臣饶心术》二十五篇。(武帝时。)
>
> 《待诏臣安成未央术》一篇。
>
> 《臣寿周纪》七篇。(项国圉人,宣帝时。)
>
> 《虞初周说》九百四十三篇。(河南人,武帝时以方士侍郎号黄车使者。)
>
> 《百家》百三十九卷。

这是汉代人观念中的小说。小说家类的序文说:

> 小说家者流,盖出于稗官。街谈巷语,道听途说者之所造也。孔子曰:"虽小道,必有可观者焉,致远恐泥,是以君子弗为也。"然亦弗灭也。闾里小知者之所及,亦使缀而不忘。如或一言可采,此亦刍荛狂夫之议也。

他们认为小说家"出于稗官",稗官是什么官?"稗"的本义是稗草,引申为野,与正相对。稗官是与正式的史官相对而言的野史的记录者。稗官记录的是从各地收集来的小道消息、街谈巷语,史官记录的是国家大事,所以有正、野之分,当然也有大小轻重之别。稗官也是周官系统中的一种,是当时设官分职制度的产物。街谈巷语、道听途说代表了民意,属于民间舆论,通过收集这些信息,能够知道当时的民情。所以,孔子说这些信息虽然属于"小道",但也不是没有作用,也有一定的"可观"之处,不过"致远恐泥",就是说拿这些"小道"来治国,恐怕是不行的。"是以君子弗为也","君子"不会去做这样的事情,因为"君子"思考的问题、所做的事情都是"大道"。"君子弗为"这句话太重要了,影响了小说在后世的发展。后世很多文人不写小说,可能与此观念有关。因为在他们看来,诗文是正道,是雅道,而小说是"小道",没有社会地位。写了小说,生怕被人知道,要署笔名,不敢用真名。比如《金瓶梅》,作者署名"兰陵笑笑生"。这种行为显然和当时的社会环境有关系,但是往前追溯,这种小说观念来自孔子所说的"君子弗为"。"然亦弗灭也。闾里小知者之所及,亦使缀而不忘。如或一言可采,此亦刍荛狂夫之议也。"意思是,即便这些"小道"的东西得不到重视,但是这种收集街谈巷语、道听途说的现象也未因此而消失。"小知者"的"知",就是"智",指的是"小说"作者从官方的稗官转向民间的有识之士。他们编写和记录街谈巷语、道听途说的目的是"缀而不忘",希望通过记录民间舆论保存历史和社会记忆。接下来又是一个转折,这些街谈巷语、道听途说的"小道"消息,即便可用可采,也只不过是那些割草打柴的底层民众的想法而已,因而派不上什么大用场。这是中国古代小说的起源。很明显,这些小说观念与现代西方的小说概念是不同的。因此,研究中国古代小说,应当回归历史语境,而不能直接套用现代西方的小说概念。大家一定要注意这一点。

下面是诗赋略。诗赋略把诗赋分为五种,其中赋四种,歌诗一种。这里特别要注意的是对赋的划分。第一种,从"屈原赋二十五篇"到"王褒赋十六篇",共 20 家、361 篇。唐勒、宋玉、枚乘、淮南王刘安、司马相如、刘向等人的赋都属于这一种。第二种,从"陆贾赋三篇"到"骠骑将军朱宇赋三篇",共 21 家、274 篇。司马迁、萧望之、扬雄等人的赋都属于这一种。第三种,从

"孙卿赋十篇"到"左冯翊史路恭赋八篇"，共 25 家、136 篇。第四种，从《客主赋》十八篇"到《隐书》十八篇"，共 12 家、233 篇。这一类的赋被称作杂赋。《艺文志》对赋的类型划分，与文学史教材的分法不同。文学史教材讲汉前和汉代的赋，分成骚体赋、汉大赋、抒情小赋三类。这与《艺文志》的分类是不同的。应引起注意，需要进一步思考。

我认为，大家对赋这种文体的认识要有动态发展的观念。"赋"的本义是聚敛，与赋税有关。古代对士大夫的要求很高，要有"九能"，其中之一是"登高能赋"。有学者认为"登高能赋"中的"赋"并非赋诗的意思，而是士大夫对所管辖范围内的各种情况，特别是田赋情况的了解。这种说法有一定道理，至少指出了"赋"一开始并不是文体。在后来的发展中，"赋"的含义不断变化，由赋税之"赋"发展为"赋诗言志"之"赋"，二者的关联是"赋"的赋予之义。赋税的"赋"有赋予的意思，"赋诗言志"的"赋"也有赋予诗歌以新义的意思。这是"赋"从本义发展来的第一阶段的意义。第二阶段是从第一阶段进一步演变而来的，就是从"赋诗言志"的活动引申为诗歌的吟诵方法，所谓"不歌而颂谓之赋"。在"诗六义"中，赋即作为一种吟诵方法存在。第一和第二阶段，或者也可以理解为一个事物的两面，因为"赋诗言志"中必定有"赋"的动作，"赋诗言志"是一个过程或是一种现象，吟诵诗歌是包含在其中的。不过，第二阶段的吟诵之义，除了在"赋诗言志"的活动之外，也还普遍存在于习《诗》的过程中。赋作为一种诗歌创作方法，其铺陈排比之义是后起的，因为最原始的诗歌创作是一种无意识的行为，即便采用了后来人们所说的"赋"的方法，但当时并没有这个确切的概念。也就是说，"赋比兴"是后来人们研究"《诗》三百"产生的观念，是对之前诗歌现象的理论总结。由此可以说，第三阶段的含义，也就是作为创作观念和方法的"赋"，是在用诗过程中提炼和概括出来的。第四阶段的含义是对"赋诗言志"活动的延伸。战国晚期"赋诗言志"活动逐渐消歇，早期文人从"赋诗言志"中得到启发，借助这种方法将集体用《诗》转向个体写作活动。但个体创作的结果不是诗歌，而是一种新的文体，也就是早期的文人赋，屈原、唐勒、宋玉、荀子等人的赋就是这样产生的。这里所分四个阶段，是从"赋"发展的逻辑关系来说的，意思是其内部存在这样的逻辑链条，而不是说按照这样的次序罗列展开，因为某一个历史时期"赋"的多重含义可能同时存在。下面来看诗赋略的总序：

> 传曰："不歌而诵谓之赋，登高能赋可以为大夫。"言感物造耑，材知深美，可与图事，故可以为列大夫也。古者诸侯卿大夫交接邻国，以微言相感，当揖让之时，必称《诗》以谕其志，盖以别贤不肖而观盛衰焉。故孔子曰"不学《诗》，无以言"也。春秋之后，周道浸坏，聘问歌咏不行于列国，学《诗》之士逸在布衣，而贤人失志之赋作矣。大儒孙卿及楚臣屈原离谗忧国，皆作赋以风，咸有恻隐古诗之义。其后宋玉、唐勒，汉兴枚乘、司马相如，下及扬子云，竞为侈丽闳衍之词，没其风谕之义。是以扬子悔之，曰："诗人之赋丽以则，辞人之赋丽以淫。如孔氏之门人用赋也，则贾谊登堂，相如入室矣，如其不用何！"自孝武立乐府而采歌谣，于是有代赵之讴，秦楚之风，皆感于哀乐，缘事而发，亦可以观风俗，知薄厚云。序诗赋为五种。

这段文字，"自孝武立乐府"之后，是讲歌诗的，前面都是讲赋的。其含义，我们刚才已经分析过，主要是讲赋的起源和发展过程。从这个序中，可以知道汉人对于赋的看法也是动态的，而不是直接认为赋是一种文体。事实上，早期文学中的一些重要概念，如赋、比、兴、风、雅、颂等等，每一个概念都应该考镜源流。王小盾教授的《诗六义原始》对这些问题作了深入研究，可以参看。[①] 钱志熙教授对于中国早期文人文学研究的系列论文，戴伟华教授对于诗言志与诗缘情的研究，马银琴教授研究"风"的论文，都可以参看。

这里要特别注意扬雄说的那句话："诗人之赋丽以则，辞人之赋丽以淫。"什么叫"诗人之赋"，什么是"辞人之赋"，二者有何区别？"则"的意思是法度、规矩，"淫"是过度、过头的意思。"诗人之赋"有法度，什么法度呢？乐而不淫、哀而不伤，也就是含蓄委婉、温柔敦厚的意思。"辞人之赋"就过头了，什么东西过头了呢？铺陈排比过头了，歌颂赞美之辞过度，缺少讽谕之

---

① 王小盾《诗六义原始》，《扬州大学中国文化研究所集刊》(第一辑)，江苏古籍出版社1998年版，第1—56页。

义,因此称之为"淫"。显然,汉人对"辞人之赋"是持批评态度的,他们推崇的是那种有批判有反思的"诗人之赋"。

后面讲歌诗。大家注意,是"歌诗",不是"诗歌"。这两个概念是不同的。它们虽然都与音乐有关系,但表现不同。歌诗是配乐演唱的,而诗歌当然也可以配乐演唱,诗歌内部也有节奏、韵律的音乐性,但诗歌作为一个概念主要是指徒诗。歌诗是怎么来的呀?歌诗是和乐府连在一起的。汉武帝立乐府机构而采歌谣,收集整理各地民歌、民谣、谚语,有些可以配乐演唱。汉代的歌诗,大多是从民间收集来的,当然也有专人创作的,比如汉高祖的《大风歌》。这些歌诗中有文人的参与,不是纯粹的民间产物,有些经过文人加工,再谱成歌曲。这种现象不是汉代才有的,"《诗》三百"的时代就已经有了。"《诗》三百"中的部分诗歌是从民间收集来后,加工改造,形成能演唱的文本,反映了文人和早期诗歌生产的关联性。这种采诗配乐活动在汉武帝时代重新兴起,成立了专门的乐府机构。诗赋略中著录的歌诗,有 28 家、314 篇。《艺文志》只提供了歌诗的目录,歌诗的文本要到《史记》《汉书》《后汉书》等史籍和其他著作中搜检。这里举一个例子。例如东汉时期《后汉书》载,汉明帝刘庄永平年间,益州刺史朱辅好立功名,西南白狼王唐菆等部落慕化归义,作诗三章,献于朝廷。朱辅令犍为郡掾田恭将"夷"语歌辞翻译成汉语,又遣从事史李陵与田恭一同护送唐菆等至京城洛阳,上其乐诗,"帝嘉之,事下史官,录其歌焉"①。唐李贤等注《后汉书》,于此下注云:"《东观记》载其歌,并载夷人本语,并重译训诂为华言,今范史所载者是也。今录《东观》夷言,以为此注也。"②根据李贤此注,可知朱辅所采《白狼歌》三章曾为当时修史机构东观收录。《东观记》先载本语,亦即汉语记音的"夷"歌,再以汉语将"夷"歌意译为"华言"。从李贤所说"今录《东观》夷言,以为此注也",以及范史所载仅"华言",可知今本《后汉书》中的汉语记"夷"音的"本语"是李贤等人据《东观记》补录的。唐菆等进献歌诗一事,《后汉书·明帝纪》记在永平十七年(74):"是岁,……西南夷……白狼、动黏诸种,前后慕义

---

① 范晔《后汉书》卷八六,第 2855 页。
② 范晔《后汉书》卷八六,第 2856 页。

贡献；……夏五月戊子，公卿百官以帝威德怀远，祥物显应，乃并集朝堂，奉觞上寿。"①今本《后汉书》载《远夷乐德歌诗》14句，《远夷慕德歌诗》14句，《远夷怀德歌》16句，每章先记汉译歌辞，再记汉语记音的"夷"语歌辞。如《远夷乐德歌诗》前四句"大汉是治，堤官隗构。与天合意，魏冒逾糟"，其中"大汉是治""与天合意"是汉译歌辞，"堤官隗构""魏冒逾糟"是与汉译歌辞对应的汉语记音"白狼语"歌辞。经由采诗和献诗等一系列活动，保存在史书中的歌辞已非其原始面貌，其间发生多重隔碍。第一重"隔"，发生于"夷"语《白狼歌》与汉语记"夷"音的《白狼歌》之间。其中既有不同语言之间的隔阂，也有由于记音技巧等原因形成的隔碍。当然，还存在由于汉语记音者的主观意图等原因形成的"隔"。例如，《远夷乐德歌诗》汉语记"夷"音中的"罔驿刘脾"，《远夷怀德歌》中的"罔译传微"，都突出了译者本人对宣扬大汉繁盛的作用，显然是译者有意改动的，原始形态"白狼语"版本《白狼歌》未必如此。第二重"隔"，发生于"华言"版《白狼歌》与汉语记"夷"音版《白狼歌》之间，这主要受译者立场和翻译能力影响。译者汉语水平和"夷"语水平都影响"华言"译文的准确度，译者的"汉人"立场自然也影响"华言"版《白狼歌》文本的形成。第三重"隔"，发生于《东观记》版《白狼歌》与唐菆等部落进献的《白狼歌》之间，这主要受史官对歌词润色的影响。因此，最后写定的载录于官方史书中的《白狼歌》三章，与当时流传于唐菆等部落"白狼语"版《白狼歌》之间难免存在差距。

以上是对《汉书·艺文志》诗赋略文学史价值和意义的简单介绍。后面还有兵书略、数术略、方技略三大类，请大家慢慢阅读。

---

① 范晔《后汉书》卷二，第121页。

第六讲 《隋书·经籍志》与
唐前书籍史

上一讲《汉书·艺文志》，它成书于东汉班固，保存在《汉书》第三十卷中。从东汉班固那个时代一直到唐初，几百年的时间里书籍发生了很多变化，书籍变化引起了相关的对书籍认识的改变，因此在书籍整理著录时，对于书籍分类的观念也发生了改变。下面讲《隋书·经籍志》，先讲总序的书籍史价值。

一、《隋书·经籍志》成书过程

首先，大家应对《隋书·经籍志》这部书的性质和编纂过程有所了解。《隋书·经籍志》不是隋代编的，而是由初唐魏徵等人所编。唐高祖李渊已有总结历史教训来保长治久安的意识，当时有人提出修前代史，武德五年(622)也曾下诏修史，但由于时间仓促，没有修成。李世民即位后，接着做他父亲没有做完的事情，因此贞观年间修撰了八部史书，也叫"初唐八史"。"二十四史"或者"二十五史"是中国古代重要典籍，其中有三分之一是在初唐完成的。初唐所修八部史书，包括姚思廉的《梁书》《陈书》，李延寿的《南史》《北史》，令狐德棻的《周书》，魏徵领衔所修《隋书》，房玄龄领衔所修《晋书》，李百药的《北齐书》，合称"初唐八史"。

"初唐八史"中是不是每一部史书都有志书呢？大家知道，班固《汉书》在《史记》基础上创立了正史的体例，纪、传、表、志成为后来正史的基本结

构。初唐所修梁、陈、齐、周、隋五代史都没有志，唐太宗遂于贞观十五年
（641）下诏，令于志宁、李淳风、韦安仁、李延寿、敬播等人续撰《五代史志》。
最初由令狐德棻监修，唐高宗永徽三年（652）改由长孙无忌监修，显庆元年
（656）书成上奏。《五代史志》本是衔接《晋书》的书志部分，最初为单行本，
因内容以隋为主，隋代又居五代最末，故后来被编入《隋书》，称作《隋书》十
志。十志包括礼仪志、音乐志、律历志、天文志、五行志、食货志、刑法志、百
官志、地理志、经籍志。所以，《隋书》中的志书并不是记载隋代这一个朝代
的典章制度。这就告诉我们，假如要了解隋之前的相关典章制度，要到《隋
书》所载的十志中去查。《隋书·经籍志》是继《汉书·艺文志》后的代表性
图书目录，《隋志》采用的经史子集四部分类法对后世影响极大，对目录学史
有重要意义。这是关于《隋书·经籍志》的性质，大家要知道它是怎么来的，
可以在《隋书·经籍志》总序中了解这个详细过程。《隋书·经籍志》分经史
子集四部分，保存在《隋书》的第三十二到三十五卷中。总序保存在第三十
二卷经部之前。以下是总序的最后一段：

> 　　大唐武德五年，克平伪郑，尽收其图书及古迹焉。命司农少卿宋遵
> 贵载之以船，溯河西上，将致京师。行经底柱，多被漂没，其所存者，十
> 不一二。其《目录》亦为所渐濡，时有残缺。今考见存，分为四部，合条
> 为一万四千四百六十六部，有八万九千六百六十六卷。其旧录所取，文
> 义浅俗、无益教理者，并删去之。其旧录所遗，辞义可采，有所弘益者，
> 咸附入之。远览马史、班书，近观王、阮志、录，把其风流体制，削其浮杂
> 鄙俚，离其疏远，合其近密，约文绪义，凡五十五篇，各列本条之下，以备
> 《经籍志》。……

"大唐武德五年，克平伪郑"，"伪郑"是指隋末王世充在洛阳建立的政权，国
号郑国。"克平伪郑"，就是说把洛阳攻打下来。"尽收其图书及古迹。"大家
知道，隋王朝的藏书主要在洛阳和长安，把洛阳书库收好之后，"命司农少卿
宋遵贵载之以船"，把书运到长安去，"溯河西上，将致京师"。可是宋遵贵运
书，经过黄河底柱，船碰到三门峡东面黄河急流之中巨石，翻了。"多被漂

没，其所存者，十不一二。"很可惜，船上的书掉到黄河里面去了，剩下的不到百分之一二十。更可惜的是，目录书也被打湿了，"时有残缺"。"今考见存，分为四部，合条为一万四千四百六十六部，有八万九千六百六十六卷"，是说见存书加上目录书所记载的书目，总共有这么多书，而不是说实际藏书有这么多。"其旧录所取，文义浅俗、无益教理者，并删去之。"这就告诉我们《隋书·经籍志》是怎么修成的，是在隋代及隋前所修目录书的基础上进行了增删。初唐史官把那些比较浅俗，他们认为作用不大的书从目录中删掉，这是删。同时，也增补了一部分，"其旧录所遗，辞义可采，有所弘益者，咸附入之"，这是补。经过删和补两道程序后，形成了新的目录学著作。接下来说"远览马史、班书"，马史就是司马迁的《史记》，班书就是班固的《汉书》；"近观王、阮志、录"，王是王俭，阮是阮孝绪，是说王俭的《七志》和阮孝绪的《七录》。"把其风流体制，削其浮杂鄙俚，离其疏远，合其近密，约文绪义，凡五十五篇。"意思是说，《隋书·经籍志》的编撰，特别是对书籍部类的划分，除了隋及隋前官方所修的目录书之外，还参考了司马迁《史记》、班固《汉书》、王俭《七志》和阮孝绪《七录》，根据这些书的相关记载做了一个重大调整，把原来的七分法变成了经史子集四分法，四部合计五十五个小类。这就告诉我们，《隋书·经籍志》除了利用原有的目录著作之外，还对现存的书做了一次全面的普查。但是，它所记载的书目是不是都是现存的书呢？又不是，因为很多书后来散佚，只保留了书名。所以，大家要把它的来龙去脉搞清楚，否则就不知道它到底在说什么。这是关于《隋书·经籍志》的成书过程，我们简单讲一讲。

二、从《隋书·经籍志》总序看唐前书籍史

《隋书·经籍志》编纂体例与《汉书·艺文志》相同，先是一篇总序，放在经史子集四部的最前面，具体来说就在经部的前面。每部下面再按类依次列出书目，书目之后是各小类的序文。各部的最后都有该部的序。我们看一下经部前的总序：

　　夫经籍也者，机神之妙旨，圣哲之能事，所以经天地，纬阴阳，正纪纲，弘道德，显仁足以利物，藏用足以独善，学之者将殖焉，不学者将落焉。大业崇之，则成钦明之德，匹夫克念，则有王公之重。其王者之所以树风声，流显号，美教化，移风俗，何莫由乎斯道？故曰："其为人也，温柔敦厚，《诗》教也；疏通知远，《书》教也；广博易良，《乐》教也；洁静精微，《易》教也；恭俭庄敬，《礼》教也；属辞比事，《春秋》教也。"遭时制宜，质文迭用，应之以通变，通变之以中庸。中庸则可久，通变则可大，其教有适，其用无穷。实仁义之陶钧，诚道德之橐籥也。其为用大矣，随时之义深矣，言无得而称焉。故曰："不疾而速，不行而至。"今之所以知古，后之所以知今，其斯之谓也。是以大道方行，俯龟象而设卦，后圣有作，仰鸟迹以成文。书契已传，绳木弃而不用，史官既立，经籍于是兴焉。

　　"夫经籍也者，机神之妙旨，圣哲之能事，所以经天地，纬阴阳，正纪纲，弘道德，显仁足以利物，藏用足以独善"，是说书籍的重要性和作用，这个不用多解释。"学之者将殖焉，不学者将落焉"，不断学习的人有进一步发展，不学习者就落伍，跟不上时代。"大业崇之，则成钦明之德，匹夫克念，则有王公之重"，无论是帝王还是普通人，读书都能够成就他的事业和道德。这些都是讲读书的重要性。"其王者之所以树风声，流显号，美教化，移风俗，何莫由乎斯道"，声名欲传后世，最好的办法莫过于著书立说。就像曹丕所说的那样，"盖文章经国之大业，不朽之盛事。年寿有时而尽，荣乐止乎其身，二者必至之常期，未若文章之无穷"[①]。要移风易俗，也只有通过读书来改变。"故曰：'其为人也，温柔敦厚，《诗》教也'。"你看，很熟悉。通过读"《诗》三百"，可以达到温柔敦厚，知道说话要委婉含蓄。"疏通知远，《书》教也；广博易良，《乐》教也；洁静精微，《易》教也；恭俭庄敬，《礼》教也；属辞比事，《春秋》教也。"这里讲的，跟《汉书·艺文志》中所讲的又不大一样。《汉书·艺文志》"六艺略序"说："《乐》以和神，仁之表也；《诗》以正言，义之用也；《礼》

---

　　① 萧统编，李善注《文选》卷五二，第720页。

以明体,明者著见,故无训也;《书》以广听,知之术也;《春秋》以断事,信之符也。"可见,他们对于经典的作用和价值的认识发生了变化,但是也有相通的地方,比如《汉志》说《尚书》"知之术也",因此可以通过学习《尚书》,达到"疏通知远"的目的。所以,我们可以换一个说法,《隋志》总序对于经典的认识,主要是着眼于学习和阅读的目的,而《汉志》的评价则重在这些经典本身。《隋志》所说的,通过学习《乐》可以达到"广博易良",通过读《易》可以达到"洁静精微",通过学《礼》可以达到"恭俭庄敬",通过学《春秋》可以懂得"属辞比事",也就是学会怎么写文章。这是讲《诗》《书》《乐》《易》《礼》《春秋》这几部书的重要作用。"遭时制宜,质文迭用,应之以通变,通变之以中庸。中庸则可久,通变则可大",是说读书之后就懂得因时、因事、因地制宜,会随机应变。"变则通,通则久",这是《易》里面的话。

"其教有适,其用无穷。实仁义之陶钧,诚道德之橐籥也。""陶钧"是制作陶器的转轮,没有这个转轮,陶器是做不成的。"橐籥"是古代冶炼用来鼓风吹火的装置,类似于后来的风箱,没有这个装置,冶炼就无法进行。什么意思呢? 这是说读书可以使人发生变化,不仅懂得仁义道德的意思,而且知道如何去实践。这里讲的是读书对于提高个人修养品质具有重要作用。"其为用大矣,随时之义深矣,言无得而称焉。故曰:'不疾而速,不行而至'。"这是讲书籍对人的作用是潜移默化的,通过浸润涵泳而达到效用,就像杜甫所言春风化雨,"随风潜入夜,润物细无声"。"今之所以知古,后之所以知今,其斯之谓也。"只有读书才可以鉴古知今,才能总结历史经验,汲取历史教训。"是以大道方行,俯龟象而设卦,后圣有作,仰鸟迹以成文。"这是讲书籍是怎么来的,有书籍首先必须有文字,文字又是怎么来的呢? 古人仰观俯察,以象形、指事、会意、形声、转注、假借"六书"方法造字。"书契已传,绳木弃而不用,史官既立,经籍于是兴焉。"这个很重要。我们一定要搞清楚,古书形成过程中"史"最重要。前面说过,周王朝和各诸侯国都设有史官,这些史官把国君的言行记载下来,于是形成了各国的史书。"史"的原始意义是一只握笔的手,执笔之人就是"史"。左史记言,右史记事,是后来的分工。一开始,"史"并不是指史官,凡是执笔记录的人都可以称为"史"。后来形成分工明确的史官系统,书籍的产生与这个群体有关。这是第一段,主要讲书籍的重要性。

以下是第二段：

> 夫经籍也者，先圣据龙图，握凤纪，南面以君天下者，咸有史官，以纪言行。言则左史书之，动则右史书之。故曰"君举必书"，惩劝斯在。考之前载，则《三坟》《五典》《八索》《九丘》之类是也。下逮殷、周，史官尤备，纪言书事，靡有阙遗，则《周礼》所称：太史掌建邦之六典、八法、八则，以诏王治；小史掌邦国之志，定世系，辨昭穆；内史掌王之八柄，策命而贰之；外史掌王之外令及四方之志，三皇、五帝之书；御史掌邦国都鄙万民之治令，以赞冢宰。此则天子之史，凡有五焉。诸侯亦各有国史，分掌其职。则《春秋传》，晋赵穿弑灵公，太史董狐书曰"赵盾杀其君"，以示于朝。宣子曰："不然。"对曰："子为正卿，亡不越境，反不讨贼，非子而谁?"齐崔杼弑庄公，太史书曰"崔杼弑其君"，崔子杀之。其弟嗣书，死者二人。其弟又书，乃舍之。南史闻太史尽死，执简以往，闻既书矣，乃还。楚灵王与右尹子革语，左史倚相趋而过。王曰："此良史也，能读《三坟》《五典》《八索》《九丘》。"然则诸侯史官，亦非一人而已，皆以记言书事，太史总而裁之，以成国家之典。不虚美，不隐恶，故得有所惩劝，遗文可观，则《左传》称《周志》，《国语》有《郑书》之类是也。

"夫经籍也者，先圣据龙图，握凤纪，南面以君天下者，咸有史官，以纪言行。"刚才讲了，凡是国君，都设立史官来记载当时发生的事情，记录国君的言和行。"言则左史书之，动则右史书之。故曰'君举必书'，惩劝斯在。"这里说的是史权对君权的制约问题。史官就像今天的摄像头，把君王的言行举止都记录下来，这就对君权起到了很好的监督作用。因为借助记录，当时和后世的人都能看得到。假如君王德不配位，那么他的地位就不具有合法性。所以，修史最重要的作用就是控制君权，当然还有一个很重要的作用是保存历史记忆，目的是总结经验和教训，所以叫作"惩劝斯在"。把君王说的重要的话、做的重要的事都记下来，那么被监督者就不敢为所欲为，这就是对人性的制约。我们经常说一个人最难的是什么？是慎独。也就是在没有外力监督之下还能够规规矩矩地做人做事。所以，古人说慎独很重要，但非常困难。这其实是对人性有一个预设，认为人性有恶的一面。这个恶，就像身体内潜伏的癌细胞一样，一旦外在遏制力量不够强大的时候，它就出来了，所以慎独很重要。史官监督国君的言和行，实际上就是遏制人性的恶。"考之前载，则《三坟》《五典》《八索》《九丘》之类是也。"这些书原来都是有的，是商周之前那些史官记录形成的古史。"下逮殷、周，史官尤备"，到了商周时期，整个史官的建制都更加完善了。"纪言书事，靡有阙遗"，事无巨细都记录了下来。"则《周礼》所称"，《周礼》据说是周公设官分职来管理国家的，把官职分为天官、地官、春官、夏官、秋官、冬官六大类，所以《周礼》又叫《周官》。《周礼》这部书非常详细地记载了当时史官的设置："太史掌建邦之六典、八法、八则，以诏王治；小史掌邦国之志，定世系，辨昭穆；内史掌王之八柄，策命而贰之；外史掌王之外令及四方之志，三皇、五帝之书；御史掌邦国都鄙万民之治令，以赞冢宰。"太史负责比较宏观的内容，为国家立法；小史主要负责整理君王的世系，记载王朝与诸侯国之间的关系；内史辅佐君王，发号施令；外史负责向地方发布政令、记录四方的历史，并掌古史；御史负责制定和执行国家法律。"此则天子之史，凡有五焉"，是说史官系统中五种史官分工合作。"诸侯亦各有国史，分掌其职"，指各诸侯国也设置了史官。徐彦注释《公羊传》，引闵因叙之语，说孔子修《春秋》，所据者为"百二十国宝书"①。孟子也说："晋谓之《乘》，楚谓之《梼杌》，而鲁谓之《春秋》，其实一也。"②各国史书名称虽不同，但记载国史的性质是一样的，故墨子说"吾见百国春秋"③。我们前面说过，《春秋》只是鲁国的国史，当时各诸侯国都有自己的史官，也都有各自的国史，只是我们现在看不到了，而鲁国国史由于孔子整理修订被保存下来了。"则《春秋传》，晋赵穿弑灵公，太史董狐书曰'赵盾杀其君'，以

---

① 何休注，徐彦疏《春秋公羊传注疏》卷一"隐公元年"下："问曰：若《左氏》以为夫子鲁哀公十一年自卫反鲁，至十二年告老，见周礼尽在鲁，鲁史法备，故依鲁史记修之以为《春秋》。《公羊》之意，据何文作《春秋》乎？答曰：案闵因叙云：'昔孔子受端门之命，制《春秋》之义，使子夏等十四人求周史记，得百二十国宝书，九月经立。《感精符》《考异邮》《说题辞》具有其文。'"十三经注疏本，第2195页。

② 赵岐注，孙奭疏《孟子注疏》卷八上，十三经注疏本，第2728页。

③ 刘知几著，浦起龙释《史通通释》卷一，上海古籍出版社2009年版，第7页。

示于朝。宣子曰'不然。'对曰：'子为正卿，亡不越境，反不讨贼，非子而谁?'"根据晋国太史董狐的记载，赵盾杀了国君。赵盾指责太史记错了，是赵穿杀的。董狐回答道，赵盾作为正卿，逃亡没有超出国境，回来又不讨伐赵穿，不是他杀的国君又是谁呢？董狐把这个账算到了当时的大臣赵盾头上。"齐崔杼弑庄公，太史书曰'崔杼弑其君'，崔子杀之。其弟嗣书，死者二人。其弟又书，乃舍之。"齐国崔杼杀了齐庄公，太史记录崔杼杀了君王，崔杼将其杀害。那位史官的弟弟们继续记录，被崔杼连续杀掉二人。史官的第三个弟弟准备继续记录，崔杼无可奈何，最终放过了他。所以，我们今天还能得知这段历史。"南史闻太史尽死，执简以往，闻既书矣，乃还。"南史听说崔杼杀了一个又一个太史，带着笔和简册赶往齐国，后来听说这件事终于被记录下来，才放心返回。意思是，假如崔杼继续杀太史的第三个弟弟，那么南史准备接着执笔记录这件事。董狐和南史这两个人是历史上著名的良史代表，他们坚持不虚美、不隐恶的实录精神，这样就能够震慑和制约君权。"楚灵王与右尹子革语，左史倚相趋而过。王曰：'此良史也，能读《三坟》《五典》《八索》《九丘》。'"这是说楚灵王告诉子革，倚相这个人很有水平，能读得懂《三坟》《五典》《八索》《九丘》这些古史。这里列举晋国太史董狐、齐国太史南史、楚国左史倚相等，是为了说明春秋时期各诸侯国都有自己的史官。下面一句话，是说不仅各国有自己的史官，而且有国史保存下来。"然则诸侯史官，亦非一人而已，皆以记言书事，太史总而裁之，以成国家之典。不虚美，不隐恶，故得有所惩劝，遗文可观，则《左传》称《周志》，《国语》有《郑书》之类是也。"也就是说，《左传》中所记载的《周志》、《国语》中所记载的《郑书》，分别是周王朝和郑国国史的记录。

以上一段，对我们理解和认识中国古代书籍的产生有重要意义。上古复杂而严密的史官系统是古史产生的重要基础，史官群体是书籍的生产者。后来章学诚等人提出"六经皆史"，不仅是说经典记载了上古历史，保存了历史记忆，而且指出了上古史官系统与书籍生产的关系。

下面接着看第三段：

暨夫周室道衰，纪纲散乱，国异政，家殊俗，褒贬失实，臃紊旧章。

孔丘以大圣之才，当倾颓之运，叹凤鸟之不至，惜将坠于斯文，乃述《易》道而删《诗》《书》，修《春秋》而正《雅》《颂》。坏礼崩乐，咸得其所。自哲人萎而微言绝，七十子散而大义乖，战国纵横，真伪莫辨，诸子之言，纷然淆乱。圣人之至德丧矣，先王之要道亡矣，陵夷蹂驳，以至于秦。秦政奋豺狼之心，划先代之迹，焚《诗》《书》，坑儒士，以刀笔吏为师，制挟书之令。学者逃难，窜伏山林，或失本经，口以传说。

"暨夫周室道衰，纪纲散乱，国异政，家殊俗，褒贬失实，隳紊旧章。孔丘以大圣之才，当倾颓之运，叹凤鸟之不至，惜将坠于斯文，乃述《易》道而删《诗》《书》，修《春秋》而正《雅》《颂》。"这是讲孔子整理经典。经过孔子整理，"坏礼崩乐，咸得其所"。这里要重申，"坏礼崩乐"不是指制度性的东西被破坏了，而是说记载《礼》和《乐》等书籍的绳子断了，书籍散乱，孔子将其重新整理，恢复原貌。"自哲人萎而微言绝，七十子散而大义乖，战国纵横，真伪莫辨，诸子之言，纷然淆乱。"这句话大家是不是很熟悉？出自《汉书·艺文志》的总序。史书都是抄来抄去，但这是对的，因为编史书不是写小说，不能虚构，而要有所据。初唐史官把这句话抄在这里，是为了说明孔子去世之后学术分崩离析，也就是我们前面讲的学术分化的问题，诸子百家由此形成，亦即"圣人之至德丧矣，先王之要道亡矣"。"陵夷蹂驳，以至于秦。秦政奋豺狼之心，划先代之迹，焚《诗》《书》，坑儒士，以刀笔吏为师，制挟书之令。"秦朝焚书和坑儒是两回事，这一点我们已经强调过很多次。秦朝禁止私人藏书，尤其是要消灭六国史书，因为史书中保存着一个族群共同的历史记忆，这非常重要。秦始皇当年为了消除六国复辟的危险，采取的手段是灭掉他们有关国家历史的记忆，所以要焚毁六国史书。汉初很长一段时间学习秦王朝，秦王朝的很多制度和律令一直为汉朝所用，比如挟书令到汉惠帝时才被取消。"学者逃难，窜伏山林，或失本经，口以传说。"秦朝焚书使得很多书籍文本被焚毁，但是书籍内容还保留在读书人的记忆中，一些学者逃亡到别的地方去，又根据记忆重新书写下来。这里提到一个重要现象，就是汉代初期书籍的口传形式。汉初书籍的重要来源主要是口传，像大家熟悉的《诗经》有齐鲁韩毛四家，多为口传。再比如《尚书》，汉初是靠济南伏生的口传。

伏生在秦朝专门讲授《尚书》，到汉初已九十多岁，根据记忆把《尚书》记录下来，形成了《尚书》的今文经。我们知道，今文经是用汉隶书写的，古文经则用六国时的文字，主要是小篆。其实，古文经在当时也是一种出土文献，比如《古文尚书》出自孔子老宅，那么将出土的古文经和用汉隶书写的今文经放在一起比较，自然就会发现很多文字上的不同。所以，古文经和今文经差异的产生，就在于今文经主要是靠回忆和口传保存下来的。

以上从远古一直讲到秦王朝，一开始讲文字产生，没有文字自然就不会有典籍。有了文字以后，专门记载和书写文字的人是"史"。商周时期，史官体制非常完备，有五种不同的史官，太史、小史、内史、外史、御史。诸侯国都有各自的史官，也相应地有各自的国史。"六经皆史"就是这么来的，一开始全是史，到了汉代才有经的观念，汉代认为这几部书特别重要，因而尊其为经。这就告诉我们，研究先秦文学，研究《尚书》，研究《春秋左氏传》，一定要搞清楚这些书是怎么来的。

这同时也告诉我们，研究书籍的形成一定要有史源性的观念。我写过一篇论文，研究五代王定保的《唐摭言》。《唐摭言》这部书我们经常会用到，特别是研究唐代科举制度，里面有很多相关材料。要合理使用这部书，首先要搞清楚王定保是怎么来编书的，也就是它的材料来源如何。其中一部分是他依据听闻记录下来的，一部分是从其他的书上抄录下来的。这两种情况很好理解。还有一部分是他编的，这就涉及观念性的问题，他是怎么编的？里面存在很多问题。比如有关孟浩然的故事，说孟浩然在王维办公的地方见到唐玄宗，因为诵"不才明主弃"一诗得罪了唐玄宗。这个故事说得有鼻子有眼，有情节有人物，但它是怎么来的呢？这个故事是王定保编的，但他是怎么编的，他的史料来源是什么？王维真的参与了这件事吗？他在这个故事中设置王维是什么用意？唐玄宗是什么意思？孟浩然真的见到了唐玄宗吗？如果没有发生，王定保为什么要这样说呢？这些都涉及我刚才讲的史源性的问题。你要一条一条地搞清楚这个东西是怎么来的。这个故事最核心的东西在哪里呢？所有材料中只有一样是真的，就是孟浩然确实写过"不才明主弃，多病故人疏"这句诗，那是有据可查的，其他的故事都是根据这句诗敷衍而来的，所以孟浩然的诗才是这个故事最核心的史料。那么,王定保为什么要敷衍成这样一个故事呢? 那是因为王定保有他的目的,唐玄宗是一个象征,孟浩然也是一个象征。孟浩然象征着唐王朝那些落第举子,不得意的人。唐玄宗象征着左右和控制那些参加科举考试的举子们命运的人。孟浩然、唐玄宗是两个不同的符号。王定保是有所指的,他通过这个故事表明大唐盛世背后还是有很多很多让人悲伤的东西,也可以说是寒士的悲鸣,有一大堆落第的人。① 这就告诉我们,史源性问题很重要,不只是研究先秦的书籍,凡是研究文学都要具有一种史源性的观念,要知道书籍是如何编成的。

再举一例。研究杜甫,《旧唐书·杜甫传》和《新唐书·杜甫传》,这些材料是一定要参考的。但是把《新唐书·杜甫传》和《旧唐书·杜甫传》一对比,就会发现《新唐书》的《杜甫传》要比《旧唐书》的更详细丰富。那么,这些增加的新材料是从哪里来的? 关于杜甫的那么多故事是怎么来的? 《新唐书》是一部正史,是很严肃的,不像刚才讲的王定保《唐摭言》那样可以随意编写。因为《唐摭言》不是正史,王定保编故事要追求趣味性,当然没人会追究他的责任,写得越好玩大家越喜欢。但是作为一部正史,每个字都必有所据,那《新唐书·杜甫传》新增材料的依据在哪里? 所以,一定要有史源性的思维。我们先要考察《旧唐书·杜甫传》的材料来源,《旧唐书》是五代后晋刘昫等人编的,《新唐书》是北宋欧阳修、宋祁等人编的,中间隔了一百多年,隔了很长时间,又增加了那么多材料。《旧唐书·杜甫传》自然是《新唐书·杜甫传》的材料来源之一,但是增加的这些材料最重要的来源其实是杜诗。以诗证史、以史证诗或者诗史互证这种观念,是从陈寅恪先生开始的吗? 一讲到陈寅恪先生,大家就会想到他的《元白诗笺证稿》,就会想到诗史互证的方法。但是,诗史互证作为一种方法,并不是从陈先生才开始的,宋人在给唐人编写传记时就已经充分利用了以诗证史的方法,或者说以诗入史的方法。我说的以诗入史的这个"诗",是用史的方法对诗进行改写。比如考证杜甫某一首诗来补充他的一段经历,或者总括杜甫相关联的几首诗来叙述

---

① 吴夏平、黄静《孟浩然"无官受黜"故事形成与演变的史源性考察》,《学术研究》2021 年第 8 期。

他的一段经历,这个叫以诗入史。前面讲《汉书·艺文志》,里面也提到诗史互证,汉代有学者用《春秋》里面的故事来解《诗经》,《汉书·艺文志》反对这种做法。这就告诉我们,汉代就已经拿《春秋》来解释《诗经》,前者是史,后者是诗,这个方法就是以史证诗。这就表明,以史证诗作为一种诠释学方法,很早就有了,并非陈寅恪先生首次提出。宋人以诗入史已成史书编纂的基本方法,或者说诗歌作品已成诗人生平事迹考证的重要材料。如唐人重写传记、为重要诗人编撰年谱等,使用的就是这种方法。所以,从史源性角度重新理解材料,一定会有很多新发现。

下面是第四段:

汉氏诛除秦、项,未及下车,先命叔孙通草绵蕝之仪,救击柱之弊。其后张苍治律历,陆贾撰《新语》,曹参荐盖公言黄老,惠帝除挟书之律,儒者始以其业行于民间。犹以去圣既远,经籍散逸,简札错乱,传说纰缪,遂使《书》分为二,《诗》分为三,《论语》有齐、鲁之殊,《春秋》有数家之传。其余互有踳驳,不可胜言。此其所以博而寡要,劳而少功者也。武帝置太史公,命天下计书,先上太史,副上丞相,开献书之路,置写书之官,外有太常、太史、博士之藏,内有延阁、广内、秘室之府。司马谈父子,世居太史,探采前代,断自轩皇,逮于孝武,作《史记》一百三十篇。详其礼制,盖史官之旧也。至于孝成,秘藏之书,颇有亡散,乃使谒者陈农,求遗书于天下。命光禄大夫刘向校经传诸子诗赋,步兵校尉任宏校兵书,太史令尹咸校数术,太医监李柱国校方技。每一书就,向辄撰为一录,论其指归,辨其讹谬,叙而奏之。向卒后,哀帝使其子歆嗣父之业。乃徙温室中书于天禄阁上。歆遂总括群篇,撮其指要,著为《七略》:一曰《集略》,二曰《六艺略》,三曰《诸子略》,四曰《诗赋略》,五曰《兵书略》,六曰《术数略》,七曰《方技略》。大凡三万三千九十卷。王莽之末,又被焚烧。光武中兴,笃好文雅,明、章继轨,尤重经术。四方鸿生巨儒,负帙自远而至者,不可胜算。石室、兰台,弥以充积。又于东观及仁寿阁集新书,校书郎班固、傅毅等典掌焉。并依《七略》而为书部,固又编之,以为《汉书·艺文志》。董卓之乱,献帝西迁,图书缣帛,军人

111

皆取为帷囊。所收而西,犹七十余载。两京大乱,扫地皆尽。

"汉氏诛除秦、项,未及下车,先命叔孙通草绵蕝之仪,救击柱之弊。"这是我们之前讲过的,刘邦刚当皇帝时觉得没什么意思,叔孙通帮助他建立了朝拜礼仪,让刘邦感受到了当皇帝的快乐。"其后张苍治律历,陆贾撰《新语》,曹参荐盖公言黄老,惠帝除挟书之律,儒者始以其业行于民间",是说到汉惠帝时才解除了秦王朝的禁书令,允许私人藏书,书籍也可以开始流通。"犹以去圣既远,经籍散逸,简札错乱,传说纰缪,遂使《书》分为二,《诗》分为三,《论语》有齐、鲁之殊,《春秋》有数家之传。"这就是我们刚才讲的,禁书制度使得书籍流通方式发生变化,人们只能通过口耳方式来传播书籍。雕版印刷发明和使用后书籍才定型,在雕版印刷之前所有书籍都是手写,不管是写在简帛上还是纸张上。手写有一个共同特点,书籍呈开放状态,内容无法固定,容易发生错乱。比如读者在书上做批注,时间久了,后人就会误以为是正文。书简时间久了容易脱落,造成脱简或错简。抄本时代的书籍呈开放状态,具有极不稳定的特点,于是书籍发生了分化。这是从技术角度来看书籍分化。秦汉之际,学术分流的原因,技术之外,主要是经典阐释方法的多样化。"《诗》分为三",不仅指《诗》的文本互异,而且指释《诗》方法的不同。因此,秦汉之际学术分流现象的产生,是技术、思想等诸因素相互作用的结果。"其余互有踳驳,不可胜言。此其所以博而寡要,劳而少功者也。""博而寡要,劳而少功"这句话我们非常熟悉,这是司马谈《论六家要指》中评论儒家的文字。"武帝置太史公,命天下计书,先上太史,副上丞相,开献书之路,置写书之官,外有太常、太史、博士之藏,内有延阁、广内、秘室之府。"这段话很重要,是讲汉武帝时代藏书情况。汉朝规定,各地方每年要把人口、钱粮、赋税、垦田、盗贼、狱讼等相关情况报送朝廷,汇报的本子称作"计书",送计书的人叫"计吏"。这个计书一式两份,一份交太史,一份呈丞相。也就是说,各个地方的记录是要交给太史的,作为修史的材料和依据。"外有太常、太史、博士之藏,内有延阁、广内、秘室之府。"这是说西汉国家藏书有内外之分,宫廷内藏书有延阁、广内、秘室,宫廷外藏书有太常、太史、博士等。这就证实了刘向撰《列子》提要提到的内藏与外藏问题。"司马谈父子,世居太史,探采前代,断自轩皇,逮于孝武,作《史记》一百三十篇。详其礼制,盖史官之旧也。"这是说司马谈、司马迁父子继承前代传统,修纂《史记》。这里要着重强调,前面也说过,《史记》的第一百三十篇是《太史公自序》,这个"序"字的意思不只是司马迁自述修史过程,还有给全书一百三十篇排序的意思。为什么要排序呢?因为当时书籍都写在竹简上,以单篇流传,不排序则容易混乱、丢失,只有排好序才能使书籍更便于管理。孔子整理《易》,也是排序的好例子,六十四卦的次序不能混乱。所以,"序"一开始并不是文体名称,但它作为文体名称,又与书籍整理活动密不可分。"至于孝成,秘藏之书,颇有亡散,乃使谒者陈农,求遗书于天下。命光禄大夫刘向校经传诸子诗赋,步兵校尉任宏校兵书,太史令尹咸校数术,太医监李柱国校方技。每一书就,向辄撰为一录,论其指归,辨其讹谬,叙而奏之。"这里又从《汉书·艺文志》总序中抄了一段。"向卒后,哀帝使其子歆嗣父之业。乃徙温室中书于天禄阁上。歆遂总括群篇,撮其指要,著为《七略》:一曰《集略》,二曰《六艺略》,三曰《诸子略》,四曰《诗赋略》,五曰《兵书略》,六曰《术数略》,七曰《方技略》。"七分法是根据《七略》的"七"得名的,但实际上只分了六类,《集略》其实是总序。"王莽之末,又被焚烧。光武中兴,笃好文雅,明、章继轨,尤重经术。四方鸿生巨儒,负帙自远而至者,不可胜算。石室、兰台,弥以充积。又于东观及仁寿阁集新书,校书郎班固、傅毅等典掌焉。并依《七略》而为书部,固又编之,以为《汉书·艺文志》。"这是讲东汉时期国家藏书情况以及《汉书·艺文志》是怎么来的,其中有几个重要人物,如光武帝、汉明帝、汉章帝等,都很重视书籍整理和收藏。大家知道,东汉都城在洛阳,所以这里讲的石室、兰台、东观、仁寿阁等都在洛阳,与西汉延阁、广内、秘室之府不同。班固担任过校书郎,能够利用国家藏书,所以他才能在班彪的基础上继续编写《汉书》,否则没有材料,他如何去编史书呢?"董卓之乱,献帝西迁",是说汉末董卓挟天子以令诸侯,从洛阳迁往长安。"图书缣帛,军人皆取为帷囊",是说洛阳国家藏书机构中的帛书被军人用来制作帷幕和盛物的布囊,可见书籍散佚得厉害。"所收而西,犹七十余载。两京大乱,扫地皆尽。"即便如此,董卓运往长安的书籍还有七十多车。等到长安和洛阳战乱发生,这些书籍就所剩无几了。这一段主要叙述两汉时期书籍的情况。

以下是第五段：

> 魏氏代汉，采掇遗亡，藏在秘书、中、外三阁。魏秘书郎郑默，始制
> 《中经》，秘书监荀勖，又因《中经》，更著《新簿》，分为四部，总括群书。
> 一曰甲部，纪六艺及小学等书；二曰乙部，有古诸子家、近世子家、兵书、
> 兵家、术数；三曰丙部，有史记、旧事、皇览簿、杂事；四曰丁部，有诗赋、
> 图赞、汲冢书。大凡四部合二万九千九百四十五卷。但录题及言，盛以
> 缥囊，书用缃素。至于作者之意，无所论辩。惠、怀之乱，京华荡覆，渠
> 阁文籍，靡有孑遗。

"魏氏代汉，采掇遗亡，藏在秘书、中、外三阁。魏秘书郎郑默，始制《中经》。"
三国时期魏国比较重视文化建设，收集书籍，分别藏在秘书、中、外三处。
"秘书"后面的顿号是我加的，原书此处没有顿号。原因是后面说三阁，是对
应秘书、中、外三个地方的。魏国秘书郎郑默对当时的书籍进行了整理，编
成了一部目录书，书名为《中经》。"秘书监荀勖，又因《中经》，更著《新簿》，
分为四部，总括群书。"荀勖在西晋担任秘书监，他在郑默《中经》的基础上，
重新编写了一部目录书，叫《新簿》。《新簿》按照四分法来分类，可能《中经》
已按四分法来分。当时的书籍虽然分为四部，但是不叫经史子集，而称甲乙
丙丁。"一曰甲部，纪六艺及小学等书；二曰乙部，有古诸子家、近世子家、兵
书、兵家、术数；三曰丙部，有史记、旧事、皇览簿、杂事；四曰丁部，有诗赋、图
赞、汲冢书。"甲部记六艺和小学等书，相当于《汉书·艺文志》中的六艺略。
乙部相当于后来的子部。史记、旧事等书排第三，相当于后来的史部。大家
要注意，这里的"史记"不是《史记》。丁部里面的汲冢书，是从古墓里面发掘
出来的出土文献。这一段讲荀勖《新簿》与《汉书·艺文志》分法不同，将书
籍分为四大类，从六分法变成了四分法。但是当时不叫经史子集，而叫甲乙
丙丁，这是第一个特点。第二个特点是，当时的乙部和丙部对应后来的子部
和史部，也就是说史部书籍的地位是排在第三的，这也意味着史部书籍在魏
和西晋时期还不够发达。但是从这里可以看到，这个时期史部书籍开始慢
慢增多，只不过是刚刚开始，还没有多到一定程度，所以还不够排在第二位。

"大凡四部合二万九千九百四十五卷。但录题及言,盛以缥囊,书用缃素。至于作者之意,无所论辩。"西晋时期国家藏书有多少卷呢?四部合在一起共有 29 945 卷。但当时的这本目录书做得比较简单,"但录题及言",没有《别录》《七略》做得那么详细,作者编书的用意也没有提及。"惠、怀之乱,京华荡覆,渠阁文籍,靡有孑遗",西晋惠帝、怀帝的时候发生动乱,造成中国书籍史上的又一次大厄。从秦始皇开始算起,这已是书籍史上的第四次大厄。这一段讲三国时期魏国和西晋初期国家藏书和书籍整理的情况,最重要的是图书分类方法的变化,从七分或者说六分改为四分。

以下是第六段:

东晋之初,渐更鸠聚。著作郎李充,以勘旧簿校之,其见存者,但有三千一十四卷。充遂总没众篇之名,但以甲乙为次。自尔因循,无所变革。其后中朝遗书,稍流江左。宋元嘉八年,秘书监谢灵运造《四部目录》,大凡六万四千五百八十二卷。元徽元年,秘书丞王俭又造《目录》,大凡一万五千七百四卷。俭又别撰《七志》:一曰《经典志》,纪六艺、小学、史记、杂传;二曰《诸子志》,纪今古诸子;三曰《文翰志》,纪诗赋;四曰《军书志》,纪兵书;五曰《阴阳志》,纪阴阳图纬;六曰《术艺志》,纪方技;七曰《图谱志》,纪地域及图书。其道、佛附见,合九条。然亦不述作者之意,但于书名之下,每立一传,而又作九篇条例,编乎首卷之中。文义浅近,未为典则。齐永明中,秘书丞王亮、监谢朏,又造《四部书目》,大凡一万八千一十卷。齐末兵火,延烧秘阁,经籍遗散。梁初,秘书监任昉,躬加部集,又于文德殿内列藏众书,华林园中总集释典,大凡二万三千一百六卷,而释氏不豫焉。梁有秘书监任昉、殷钧《四部目录》,又《文德殿目录》。其术数之书,更为一部,使奉朝请祖暅撰其名。故梁有《五部目录》。普通中,有处士阮孝绪,沉静寡欲,笃好坟史,博采宋、齐已来,王公之家凡有书记,参校官簿,更为《七录》:一曰《经典录》,纪六艺;二曰《记传录》,纪史传;三曰《子兵录》,纪子书、兵书;四曰《文集录》,纪诗赋;五曰《技术录》,纪数术;六曰《佛录》;七曰《道录》。其分部题目,颇有次序,割析辞义,浅薄不经。梁武敦悦诗书,下化其上,四境之内,家有文史。元帝克平侯景,收文德之书及公私经籍,归于江陵,大凡七万余卷。周师入郢,咸自焚之。陈天嘉中,又更鸠集,考其篇目,遗阙尚多。

"东晋之初,渐更鸠聚。著作郎李充,以勖旧簿校之,其见存者,但有三千一十四卷。"这是说到东晋,书籍又慢慢收集起来,著作郎李充按照荀勖《新簿》所载书目来核对,发现现存的书只有3 014卷。李充对这些书目进行了二次整理,"充遂总没众篇之名,但以甲乙为次。自尔因循,无所变革"。依据唐释道宣《广弘明集》卷三所载阮孝绪《七录序》,可知李充曾将甲乙丙丁的乙丙次序对调,由此确立了四分法的次序。"其后中朝遗书,稍流江左。宋元嘉八年,秘书监谢灵运造《四部目录》,大凡六万四千五百八十二卷。"这个"六"字,应是"一"字之讹误。因为李充整理时只剩三千多卷了,一下子到了六万多卷,不合理。而且,后面元徽元年(473)又只有一万多卷,这就更加难以解释。"元徽元年,秘书丞王俭又造《目录》,大凡一万五千七百四卷。俭又别撰《七志》:一曰《经典志》,纪六艺、小学、史记、杂传;二曰《诸子志》,纪今古诸子;三曰《文翰志》,纪诗赋;四曰《军书志》,纪兵书;五曰《阴阳志》,纪阴阳图纬;六曰《术艺志》,纪方技;七曰《图谱志》,纪地域及图书。其道、佛附见,合九条。"《隋书·经籍志》总序里面保存了王俭的书籍分类方法,王俭《七志》现不存,但因有《隋书·经籍志》记录,现在还可以知道王俭当时是怎么分类的。"然亦不述作者之意,但于书名之下,每立一传,而又作九篇条例,编乎首卷之中。文义浅近,未为典则。"这是讲王俭《七志》的体例。"齐永明中,秘书丞王亮、监谢朏,又造《四部书目》,大凡一万八千一十卷。齐末兵火,延烧秘阁,经籍遗散。梁初,秘书监任昉,躬加部集,又于文德殿内列藏众书,华林园中总集释典,大凡二万三千一百六卷,而释氏不豫焉。梁有秘书监任昉、殷钧《四部目录》,又《文德殿目录》。其术数之书,更为一部,使奉朝请祖暅撰其名。故梁有《五部目录》。"这是讲齐梁时期国家藏书以及当时图籍整理后形成的书目。下面讲阮孝绪的《七录》,也是中国古代目录学著作上非常重要的一部。"普通中,有处士阮孝绪,沉静寡欲,笃好坟史,博采宋、齐已来,王公之家凡有书记,参校官簿,更为《七录》:一曰《经典录》,纪六艺;二曰《记传录》,纪史传;三曰《子兵录》,纪子书、兵书;四曰《文集录》,纪诗赋;五曰《技术录》,纪数术;六曰《佛录》;七曰《道录》。"这里可以看到阮孝绪的分类跟王俭有所不同,"其分部题目,颇有次序,割析辞义,浅薄不经",有赞扬,也有批评。"梁武敦悦诗书,下化其上,四境之内,家有文史。元帝克平侯景,收文德之书及公私经籍,归于江陵,大凡七万余卷。周师入郢,咸自焚之。陈天嘉中,又更鸠集,考其篇目,遗阙尚多。"这里提醒大家,要特别注意梁武帝时期的图书编纂,一是这个时期大量整理前人和当代人的文集,二是梁武帝萧衍本人的著作也非常多。当时的书籍多到什么程度呢?侯景之乱,梁元帝萧绎平乱之后,运到江陵的书籍还有七万多卷。可惜的是,这些书在北周军队打到江陵时都化作烟尘了。

以上一段,讲到几个重要问题:一是书籍四分法的确立,由东晋李充完成;二是四分法和七分法并存,四分法主要用于官方整理国家藏书,而七分法主要用于私人藏书目录的编撰,如王俭的《七志》、阮孝绪的《七录》都是私人图书整理行为的记录;三是齐梁时期国家图书活动非常活跃,特别值得注意。

以下是第七段:

> 其中原则战争相寻,干戈是务,文教之盛,苻、姚而已。宋武入关,收其图籍,府藏所有,才四千卷。赤轴青纸,文字古拙。后魏始都燕、代,南略中原,粗收经史,未能全具。孝文徙都洛邑,借书于齐,秘府之中,稍以充实。暨于尔朱之乱,散落人间。后齐迁邺,颇更搜聚,迄于天统、武平,校写不辍。后周始基关右,外逼强邻,戎马生郊,日不暇给。保定之始,书止八千,后稍加增,方盈万卷。周武平齐,先封书府,所加旧本,才至五千。

"其中原则战争相寻","中原"就是北方,前面讲南方的书籍,这里讲北方的书籍。"干戈是务,文教之盛,苻、姚而已。宋武入关,收其图籍,府藏所有,才四千卷",是说北方连年战争,未暇从事图书建设工作,所以书籍数量不多。刘裕北伐,所收北方书籍总共才四千卷,而且质量很一般,即所谓"赤轴青纸,文字古拙"。"后魏始都燕、代,南略中原,粗收经史,未能全具。孝文徙都洛邑,借书于齐,秘府之中,稍以充实。暨于尔朱之乱,散落人间。后齐迁邺,颇更搜聚,迄于天统、武平,校写不辍。后周始基关右,外逼强邻,戎马生郊,日不暇给。保定之始,书止八千,后稍加增,方盈万卷。周武平齐,先封书府,所加旧本,才至五千。"这是分别讲北魏、北齐、北周时期的国家藏书情况。这里要特别提醒大家,此段文字保存了不少有关南北朝书籍交流互动的史料。例如,"宋武入关,收其图籍",是说北方书籍向南方流动。再如北魏孝文帝"借书于齐",北周平齐后"先封书府"等,记载了书籍整体流动的情况。

接下来第八段,是讲隋朝的国家藏书和图书整理情况:

> 隋开皇三年,秘书监牛弘,表请分遣使人,搜访异本。每书一卷,赏绢一匹,校写既定,本即归主。于是民间异书,往往间出。及平陈已后,经籍渐备。检其所得,多太建时书,纸墨不精,书亦拙恶。于是总集编次,存为古本。召天下工书之士,京兆韦霈、南阳杜頵等,于秘书内补续残缺,为正副二本,藏于宫中,其余以实秘书、内、外之阁,凡三万余卷。炀帝即位,秘阁之书,限写五十副本,分为三品:上品红琉璃轴,中品绀琉璃轴,下品漆轴。于东都观文殿东西厢构屋以贮之,东屋藏甲乙,西屋藏丙丁。又聚魏已来古迹名画,于殿后起二台,东曰妙楷台,藏古迹;西曰宝迹台,藏古画。又于内道场集道、佛经,别撰目录。

"隋开皇三年,秘书监牛弘,表请分遣使人,搜访异本。每书一卷,赏绢一匹,校写既定,本即归主。于是民间异书,往往间出。"因为有国家奖励,所以大家愿意把书拿出来。不过当时为了获得奖励,也有不少人去造假,制作伪书,甚至一些著名的经学家也跟着去造假,大家可以去看《隋书·儒林传》。"及平陈已后,经籍渐备。检其所得,多太建时书,纸墨不精,书亦拙恶。于是总集编次,存为古本。"这是讲隋朝怎样处理平陈后所得陈朝的书籍。当时采取的办法主要是补续残缺,"召天下工书之士,京兆韦霈、南阳杜頵等,于秘书内补续残缺,为正副二本,藏于宫中,其余以实秘书、内、外之阁,凡三万余卷"。这是发生在隋文帝杨坚期间的事情。"炀帝即位,秘阁之书,限写五十副本,分为三品：上品红琉璃轴,中品绀琉璃轴,下品漆轴。"隋炀帝下令复写图书,扩大了国家图书的传播范围,因为这些副本多用以赏赐,从而加大了图书流通。同时,根据书籍的质量分为上中下三等,不同等级的装帧形式也不相同。隋炀帝把这些书都放到洛阳的观文殿,分东西两屋收藏,"于东都观文殿东西厢构屋以贮之,东屋藏甲乙,西屋藏丙丁",东屋藏经部和史部,西屋藏子部和集部。隋炀帝不仅爱书,而且爱好书法和绘画,"又聚魏已来古迹名画,于殿后起二台,东曰妙楷台,藏古迹；西曰宝迹台,藏古画"。同时,对佛教和道教典籍也做了整理,"又于内道场集道、佛经,别撰目录"。可见,隋炀帝对中国古代图书事业作了很大贡献。

最后一段,我们在前面讲《隋书·经籍志》成书过程时已讲过了,这里不再重复。

以上是关于《隋书·经籍志》的总序,我们主要分析了它的书籍史价值。很显然,这些文字所蕴含的价值非常丰富,不仅仅是书籍史方面的,不同读者的理解和利用也是不一样的,这里所讲的只是其中一个角度。

第七讲 《隋书·经籍志》经学史价值

上一讲讲《隋书·经籍志》总序，大家对中国古代书籍，特别是汉代到初唐这一时期的发展流变，有了大致了解。其中，最关键的内容是书籍分类，由六分法演变为四分法的重要原因之一，是各类书籍的数目发生了此消彼长的变化。原先的分类方法不再适用，则必然要寻求新方法。在此过程中，人们对书籍的认识是不断变化的。曹魏代汉，郑默撰制《中经》，荀勖又在此基础之上编著《新簿》，四分法由是而始。不过，当时的书籍虽然分为四部，却不叫经史子集，而叫甲乙丙丁。其中，乙部、丙部分别对应子部、史部，与经史子集的排序有所不同。这一现象说明，子部书的地位在当时要高于史部。由《中经》至《新簿》的发展，是书籍分类变化的第一个关键阶段。第二个阶段，东晋著作郎李充重造书目，将乙部、丙部对调，形成比较稳定的书籍分类，其中乙部、丙部相当于后来的史部、子部。特别值得注意的是，南朝齐梁时期出现了七分法反复，一为王俭《七志》，另一为阮孝绪《七录》。这两部目录学著作采用了传统的分类方法，由此可见要改变固有观念何其困难。

一、《易》 类

接下来我们继续研读《隋书·经籍志》四部所载的书目与序文。首先是经部，以《易》类书籍为始，相关记载颇为详明。比如"《周易》四卷"，下注："晋儒林从事黄颖注。梁有十卷，今残缺。"这里讲到了注者黄颖所处的年代、所任的职务以及该书的存佚情况。意思是说，这部书在梁代原有十卷，现残存四卷。那么,唐代学者是如何获取这些信息的呢?这就要回到之前所讲的《隋书·经籍志》的编纂问题。《隋书·经籍志》是在前人书目的基础上,经初唐史官删补而成的。删,即删去旧有的他们认为无利于教化的书籍。补,即补入之前目录书中没有,但他们认为有助于教化的书籍。"《周易》四卷",是初唐史官当时所能看到的卷数,"梁有十卷"是他们从前代目录学著作中的记载而知晓的卷数。我们读到这条材料,不仅要懂得它的意思,而且要明白其来处。再如"《周易》三卷",下注:"晋骠骑将军王廙注,残缺。梁有十卷。""《周易》八卷",下注:"晋著作郎张璠注,残缺。梁有十卷。"与此同理,不再赘述。

再来看《易》类书籍的总计。"右六十九部,五百五十一卷。(通计亡书,合九十四部,八百二十九卷。)"先是对现存书目的统计,据此可知《易》类书籍初唐见存 69 部、551 卷。后面是并入亡佚书籍的总数,如果加上亡佚之书,总计有 94 部、829 卷。这里的"亡书"是指有些书整部散佚,如"汉单父长费直注《周易》四卷,亡",就是说这部书在梁代是存在的,但唐初整部书亡佚了。有些书部分残缺,即上面所讲的梁有多少卷,现存多少卷这类情况。《隋书·经籍志》对各类书籍的统计,主要着眼于两点,一是当时能看得到的现存书,一是根据之前目录书所载原书名和卷数。这样一来,实际上保存了两类信息,一是留存到唐初的书籍信息,一是书籍的原有信息。不过,我们在统计时可以换一种思路,假如要了解某一时代的经学著述总况,可以按照时代来统计当时的书籍情况,这是一种统计方法。另外,还可以从地域的角度来统计,例如三国时期魏蜀吴各地的经学著述情况,可以分开统计。有一个明显的现象是,三国时期荆州学派特别值得注意。像刘表这个人,过去我们对他的认识主要来自小说《三国演义》,好像他是一个懦弱无能的人。但实际上,刘表是一个学者,有不少经学著作。如"《周易》五卷",注云:"汉荆州牧刘表章句。"其下又有:"梁有汉荆州五业从事宋忠注《周易》十卷,亡。"在《礼》类书目中,还有刘表的著作,"汉荆州刺史刘表新定礼一卷"。那么,从这些记载可知,刘表治下的荆州当时从事经学研究者不少,应当说形成了一个"荆州学派"。详细情况可以参看唐长孺先生等人的相关研究。

下面是《易》类小序:

昔宓羲氏始画八卦，以通神明之德，以类万物之情，盖因而重之，为六十四卦。及乎三代，实为三《易》：夏曰《连山》；殷曰《归藏》；周文王作卦辞，谓之《周易》。周公又作《爻辞》，孔子为《彖》《象》《系辞》《文言》《序卦》《说卦》《杂卦》，而子夏为之传。及秦焚书，《周易》独以卜筮得存，唯失《说卦》三篇。后河内女子得之。汉初，传《易》者有田何，何授丁宽，宽授田王孙，王孙授沛人施雠、东海孟喜、琅邪梁丘贺。由是有施、孟、梁丘之学。又有东郡京房，自云受《易》于梁国焦延寿，别为京氏学。尝立，后罢。后汉施、孟、梁丘、京氏，凡四家并立，而传者甚众。汉初又有东莱费直传《易》，其本皆古字，号曰《古文易》。以授琅邪王璜，璜授沛人高相，相以授子康及兰陵毋将永。故有费氏之学，行于人间，而未得立。后汉陈元、郑众，皆传费氏之学。马融又为其传，以授郑玄。玄作《易注》，荀爽又作《易传》。魏代王肃、王弼，并为之注。自是费氏大兴，高氏遂衰。梁丘、施氏、高氏，亡于西晋。孟氏、京氏，有书无师。梁、陈郑玄、王弼二注，列于国学。齐代唯传郑义。至隋，王注盛行，郑学浸微，今殆绝矣。《归藏》，汉初已亡，案晋《中经》有之，唯载卜筮，不似圣人之旨。以本卦尚存，故取贯于《周易》之首，以备《殷易》之缺。

"昔宓羲氏始画八卦，以通神明之德，以类万物之情，盖因而重之，为六十四卦。及乎三代，实为三《易》：夏曰《连山》；殷曰《归藏》；周文王作卦辞，谓之《周易》。"由此，可见《易》的成书过程及其发展变化。"周公又作《爻辞》，孔子为《彖》《象》《系辞》《文言》《序卦》《说卦》《杂卦》，而子夏为之传。"传，即作注。孔子整理《周易》，对《易》进行解释。子夏的传是对孔子解释的再解释。至秦始皇焚书，因《周易》为卜筮之书而得以留存，唯缺失《说卦》三篇，"后河内女子得之"，这样《易》的经文和孔子的释文都完整地保存下来了。"汉初，传《易》者有田何，何授丁宽，宽授田王孙，王孙授沛人施雠、东海孟喜、琅邪梁丘贺"，于是有施、孟、梁丘三家之学。"又有东郡京房，自云受《易》于梁国焦延寿，别为京氏学。尝立，后罢。""尝立"是说曾被立为官学。"后汉施、孟、梁丘、京氏，凡四家并立，而传者甚众。汉初又有东莱费直传《易》，其本皆古字，号曰《古文易》。以授琅邪王璜，璜授沛人高相，相以授子康及兰陵毋将永。故有费氏之学，行于人间，而未得立。"施、孟、梁丘、京氏四家为今文经学，费氏为古文经学，今文经四家被立为官学，古文经未曾立。这里可以看到官学与民间《易》学的对立。"后汉陈元、郑众，皆传费氏之学。马融又为其传，以授郑玄。玄作《易注》，荀爽又作《易传》。魏代王肃、王弼，并为之注。自是费氏大兴，高氏遂衰。梁丘、施氏、高氏，亡于西晋。孟氏、京氏，有书无师。梁、陈郑玄、王弼二注，列于国学。"由于诸多学者，特别是东汉陈元、郑众、马融、郑玄等人皆从费氏之学，古文《易》得到进一步发扬，今文《易》逐渐没落。到梁、陈时期，郑玄、王弼二注得到官方认可，被立为官学。郑玄与王弼虽同取古文《易》进行注释，但他们所采用的方法却各不相同。郑玄采用汉学方法，重在注释名物典章制度，属于考据一派。王弼采用玄学的方法，重在解释义理。"齐代唯传郑义"，梁、陈属南朝，此处的"齐"指北齐，因此这里涉及南学与北学之分。也就是说，梁陈时期，郑玄注和王弼注同行于南方，而北方流行的是郑玄注。这里不仅是说地域之间的区别，还有人们思维方式上的差异。北方重考据，南方重义理。至隋朝，王注盛行，郑注衰微。"《归藏》，汉初已亡，案晋《中经》有之，唯载卜筮，不似圣人之旨。以本卦尚存，故取贯于《周易》之首，以备《殷易》之缺。"这句话是解释将晋太尉参军薛贞所注《归藏》置为《易》类之首，是出于"以备《殷易》之缺"的缘故。总之，这段小序记载了《易》的发生及发展历史。我们研究中国古代学术史、思想史、文学史，必须熟悉这些材料。例如大家探讨初唐学术史、思想史或文学史的相关问题，需要回溯隋朝以及更早的南北朝时期的学术史、思想史或文学史。除了要认识历朝历代的前后关系之外，还需注意学术、思想、文学之间错综复杂的联系。文学创作往往受到学术和思想的支配，这是毋庸置疑的。

二、《书》　类

《尚书》类共著录 32 部、247 卷，加上亡佚之书，共 41 部、296 卷。以下是《书》类序：

　　《书》之所兴,盖与文字俱起。孔子观《书》周室,得虞、夏、商、周四代之典,删其善者,上自虞,下至周,为百篇,编而序之。遭秦灭学,至汉,唯济南伏生口传二十八篇。又河内女子得《泰誓》一篇,献之。伏生作《尚书传》四十一篇,以授同郡张生,张生授千乘欧阳生,欧阳生授同郡兒宽,宽授欧阳生之子,世世传之,至曾孙欧阳高,谓之《尚书》欧阳之学。又有夏侯都尉,受业于张生,以授族子始昌,始昌传族子胜,为大夏侯之学。胜传从子建,别为小夏侯之学。故有欧阳,大、小夏侯,三家并立。讫汉东京,相传不绝,而欧阳最盛。初汉武帝时,鲁恭王坏孔子旧宅,得其末孙惠所藏之书,字皆古文。孔安国以今文校之,得二十五篇。其《泰誓》与河内女子所献不同。又济南伏生所诵,有五篇相合。安国并依古文,开其篇第,以隶古字写之,合成五十八篇。其余篇简错乱,不可复读,并送之官府。安国又为五十八篇作传,会巫蛊事起,不得奏上,私传其业于都尉朝,朝授胶东庸生,谓之《尚书古文》之学,而未得立。后汉扶风杜林,传《古文尚书》,同郡贾逵为之作训,马融作传,郑玄亦为之注。然其所传,唯二十九篇,又杂以今文,非孔旧本。自余绝无师说。

　　晋世秘府所存,有《古文尚书》经文,今无有传者。及永嘉之乱,欧阳,大、小夏侯《尚书》并亡。济南伏生之传,唯刘向父子所著《五行传》,是其本法,而又多乖戾。至东晋,豫章内史梅赜,始得安国之传,奏之,时又阙《舜典》一篇。齐建武中,吴姚方兴,于大桁市得其书,奏上,比马、郑所注,多二十八字,于是始列国学。梁、陈所讲,有孔、郑二家,齐代唯传郑义。至隋,孔、郑并行,而郑氏甚微。自余所存,无复师说。又有《尚书逸篇》,出于齐、梁之间,考其篇目,似孔壁中书之残缺者,故附《尚书》之末。

　　"《书》之所兴,盖与文字俱起",是说初唐史官认为《尚书》与文字的兴起是同步的,有文字才有文字记录的历史。记录君王言行举止的文字是《尚书》的材料来源。"孔子观《书》周室,得虞、夏、商、周四代之典,删其善者,上自虞,下至周,为百篇,编而序之。"这是说孔子整理《尚书》,将四朝典籍筛选整理为百篇,并依年代、体裁编次。我们之前讲过,当时的书籍多以竹简作为载体,比较厚重,故常以单篇形式流传,而这样又容易错乱,所以必须要编序。这里的"序"还不是文体名称,是书籍整理活动。不过,把书籍整理过程记录下来,形成序文,又与"序"的文体性质的产生有密切关系。"遭秦灭学,至汉,唯济南伏生口传二十八篇。又河内女子得《泰誓》一篇,献之。伏生作《尚书传》四十一篇,以授同郡张生,张生授千乘欧阳生,欧阳生授同郡儿宽,宽授欧阳生之子,世世传之,至曾孙欧阳高,谓之《尚书》欧阳之学。又有夏侯都尉,受业于张生,以授族子始昌,始昌传族子胜,为大夏侯之学。胜传从子建,别为小夏侯之学。故有欧阳,大、小夏侯,三家并立。"这里讲的是汉代《尚书》之学的传授系统。《尚书》欧阳之学、大夏侯、小夏侯合为三家,都是发端于济南伏生,属于《尚书》今文经系统。时至东汉,三家中以欧阳之学最盛。"初汉武帝时,鲁恭王坏孔子旧宅,得其末孙惠所藏之书,字皆古文。孔安国以今文校之,得二十五篇。"此处插叙《古文尚书》的由来。"其《泰誓》与河内女子所献不同。又济南伏生所诵,有五篇相合。安国并依古文,开其篇第,以隶古字写之,合成五十八篇。其余篇简错乱,不可复读,并送之官府。安国又为五十八篇作传,会巫蛊事起,不得奏上,私传其业于都尉朝,朝授胶东庸生,谓之《尚书古文》之学,而未得立。后汉扶风杜林,传《古文尚书》,同郡贾逵为之作训,马融作传,郑玄亦为之注。然其所传,唯二十九篇,又杂以今文,非孔旧本。自余绝无师说。"这里,讲《古文尚书》的发现和流传。汉武帝时期,孔子老宅出土了《古文尚书》,与《今文尚书》多有不同。孔安国把古文与今文对比,整理成58篇,是为《尚书》古文经系统。此系统在东汉得到贾逵、马融、郑玄等人关注,他们为之作注释。从西汉到东汉,《尚书》古文经未被立为官学。

此外,还有一个伪《古文尚书》的问题值得注意。大家想一下,我们今天读到的《尚书》是从汉代流传而来的吗?不是的。"晋世秘府所存,有《古文尚书》经文,今无有传者。及永嘉之乱,欧阳,大、小夏侯《尚书》并亡。济南伏生之传,唯刘向父子所著《五行传》,是其本法,而又多乖戾",已述之甚明。"至东晋,豫章内史梅赜,始得安国之传,奏之,时又阙《舜典》一篇。齐建武中,吴姚方兴,于大桁市得其书,奏上,比马、郑所注,多二十八字,于是始列国学。"我们现在读到的《尚书》,正是由梅赜所编造的伪《古文尚书》。但当时的人并不知其伪,直至清朝著名学者阎若璩始辨其伪。阎氏在充分考证《古文尚书》的流传过程后,发现初唐《五经正义》所用《尚书》的本子是东晋人伪造的。伪《古文尚书》虽不可与真《古文尚书》同日而语,但它也具有一定的价值。

三、《诗》 类

接下来是《诗》类。提醒大家,《诗》学,加书名号的,专指《诗经》之学;诗学,不加书名号,则指一般意义上的诗歌之学。如果研究《诗经》的学术史,就必须把《汉书·艺文志》与《隋书·经籍志》中所记载的书目和小序前后接续起来仔细阅读,来考察汉至初唐《诗》学所发生的变化。我们可以将其所著录的书籍依朝代次序分类统计,比较每一个朝代有多少学者在为《诗经》作注,共有多少卷,借助图表和数据能够直观地看到《诗》学高低起伏的动态发展过程。同时,还可以探究四家《诗》的分化与流传过程。先看总计:"右三十九部,四百四十二卷。(通计亡书,合七十六部,六百八十三卷。)"我问一下各位,倘若要研究《诗经》学术史,究竟应该以"三十九部,四百四十二卷"和"通计亡书,合七十六部,六百八十三卷"中的哪一个数据为准呢? 大家一定要注意,有些古书在后世缺卷或消亡,但只要它在历史上某一时段存在过,产生了作用,理应纳入研究范围内。举例来说,假如要研究东晋时期的《诗》学史,就不能只看初唐留存的,因为许多《诗经》研究著作曾在东晋存在过;即便后来散佚了,我们研究时,还须把这些散佚之书还原至历史时期内。

《诗》类小序,即是一部简明《诗经》学史:

> 《诗》者,所以导达心灵,歌咏情志者也。故曰:"在心为志,发言为诗。"上古人淳俗朴,情志未惑。其后君尊于上,臣卑于下,面称为谄,目谏为谤,故诵美讥恶,以讽刺之。初但歌咏而已,后之君子,因被管弦,以存劝戒。夏、殷已上,诗多不存。周氏始自后稷,而公刘克笃前烈,太

王肇基王迹,文王光昭前绪,武王克平殷乱,成王、周公化至太平,诵美盛德,踵武相继。幽、厉板荡,怨刺并兴。其后王泽竭而诗亡,鲁太师挚次而录之。孔子删诗,上采商,下取鲁,凡三百篇。至秦,独以为讽诵,不灭。汉初,有鲁人申公,受《诗》于浮丘伯,作诂训,是为《鲁诗》。齐人辕固生亦传《诗》,是为《齐诗》。燕人韩婴亦传《诗》,是为《韩诗》。终于后汉,三家并立。汉初又有赵人毛苌善《诗》,自云子夏所传,作《诂训传》,是为"《毛诗》古学",而未得立。后汉有九江谢曼卿,善《毛诗》,又为之训。东海卫敬仲,受学于曼卿。先儒相承,谓之《毛诗》。序,子夏所创,毛公及敬仲又加润益。郑众、贾逵、马融,并作《毛诗传》,郑玄作《毛诗笺》。《齐诗》,魏代已亡;《鲁诗》亡于西晋;《韩诗》虽存,无传之者。唯《毛诗郑笺》,至今独立。又有《业诗》,奉朝请业遵所注,立义多异,世所不行。

"《诗》者,所以导达心灵,歌咏情志者也。故曰:'在心为志,发言为诗。'上古人淳俗朴,情志未惑。其后君尊于上,臣卑于下,面称为谄,目谏为谤,故诵美讥恶,以讽刺之。初但歌咏而已,后之君子,因被管弦,以存劝戒。夏、殷已上,诗多不存。周氏始自后稷,而公刘克笃前烈,太王肇基王迹,文王光昭前绪,武王克平殷乱,成王、周公化至太平,诵美盛德,踵武相继。幽、厉板荡,怨刺并兴。"这里是讲《诗》的发生,《诗》与时代的关系。每个时代都会产生属于这一时代的作品。诗在当时是以歌咏的形式存在的,可以反映时代风气。若为治世,则"诵美盛德";若为乱世,则"怨刺并兴"。"其后王泽竭而诗亡,鲁太师挚次而录之。孔子删诗,上采商,下取鲁,凡三百篇。""挚"是人名,是鲁国的太师,亦即宫廷音乐家。孔子删诗是在鲁太师"次而录之"的基础上进行的整理工作,"三百篇"是概数。"至秦,独以为讽诵,不灭。"我们之前讲过,秦始皇三十四年(前213)听从李斯建议,发布"有敢偶语《诗》《书》者弃市"的禁令,禁止人们藏存和谈论《诗》《书》。大家知道,欲灭敌国,必先去其史。《尚书》《诗经》乃至六国的史书都在焚毁之列,《诗经》以口耳相传的方式幸得存续。"汉初,有鲁人申公,受《诗》于浮丘伯,作诂训,是为《鲁诗》。齐人辕固生亦传《诗》,是为《齐诗》。燕人韩婴亦传《诗》,是为《韩诗》。

终于后汉,三家并立。"这是讲三家诗,也就是《诗》今文经系统的形成过程。西汉至东汉,鲁、齐、韩三家诗得到国家认可,被立为官学。"汉初又有赵人毛苌善《诗》,自云子夏所传,作《诂训传》,是为'《毛诗》古学',而未得立。"前面提到的三家诗为今文经学,这里讲到的《毛诗》则是古文经学,未在西汉立于官学。"后汉有九江谢曼卿,善《毛诗》,又为之训。东海卫敬仲,受学于曼卿。先儒相承,谓之《毛诗》。序,子夏所创,毛公及敬仲又加润益。"《毛诗序》有两种,一种为《毛诗》大序,另一种是每首诗前的小序。我们研究经学史、思想史、学术史、诗歌史经常需要引用《毛诗》的大序与小序,大家要分得清何为大序,何为小序。"郑众、贾逵、马融,并作《毛诗传》,郑玄作《毛诗笺》。《齐诗》,魏代已亡;《鲁诗》亡于西晋;《韩诗》虽存,无传之者。唯《毛诗郑笺》,至今独立。又有《业诗》,奉朝请业遵所注,立义多异,世所不行。"这是讲《毛诗》的流传情况。《毛诗》经过东汉著名学者郑众、贾逵、马融、郑玄等人的笺注,在三家诗相继消亡的局面中独行于世。唐代《五经正义》所用的本子即是《毛诗》。我们现在学习的都是《毛诗》。

四、《礼》　　类

《礼》类著述在《隋书·经籍志》经部中是一大宗,共著录 136 部、1 622 卷,加上亡佚之书,共有 211 部、2 186 卷。如果要研究中国古代《礼》学史,也可以按照刚才讲过的方法,统计每一个时期有多少学者为《礼》作注,又有多少新出现的《礼》学方面的著述。《周礼》《仪礼》《礼记》合称"三礼",要依据它们的不同特性加以运用。《周礼》又名《周官》,据传为周公所作。《周礼》内容有六篇,分载天、地、春、夏、秋、冬六官,记古代设职分官制度。对于此书产生的时代,学界尚无定论,但基本认为汉代之前已有。透过六官系统,可以窥知上古行政机构的运作方式。管天地、察四季,反映了古人设官分职的实际需求。《周礼》是上古时期人类政治文明高度凝结的集大成,所以可以把它当成一部社会学、人类学的书籍来读。大家试想,我们今天记录的历史不仅仅着眼于当下,也包括遥远的过往。同理,《周礼》也不单单记载了他们当时的情况,亦承载了更为远古的记忆留存。因此,要转换思维,通过阅读《周礼》这部书,既要学会联想推知以前的历史,还要懂得触类旁通,不能仅把它当成记载职官的典籍。"礼"的本质是秩序,它是如何构建并维护的? 为什么需要秩序? 秩序的背后又是什么? 这些问题都需要深入思考。大家可以参考西方学者的相关著作,如卢梭的《社会契约论》、卡西尔的《人论》、摩尔根的《古代社会》、恩格斯的《家庭、私有制和国家的起源》等。结合这些社会学、人类学著作来阅读《周礼》,有助于我们进一步认识《周礼》的价值。《周礼》之外,还有《仪礼》《礼记》。《仪礼》是一部记录各种仪式的著作。随着社会时代的变迁,礼仪制度也在不断发生变化。大到国与国之间的外交,小到人与人之间的交往,都需要讲究一定的礼仪,以表示相互尊重之意。常言道"入国问禁,入乡随俗",便是讲"礼"。不过,我们今天研究《仪礼》,绝不应盲目追求复古,而要以学术眼光去发现它的本质。以制度为例,可以展开来谈。一个单独个体的人是无法独立生存于世的,因为他无法解决所有困难,排除各种威胁。群居是人类为维持自身生存、繁衍后代所做出的选择。既然处在群居的环境中,就必然要面对各种复杂的人际关系。比如一个部落,如何分配才能激励成员去猎取更多猎物呢? 这就涉及分配制度。制定分配制度的基本原则是公平和正义,其本质是要激发每一个单独个体的劳动积极性,协调个体与个体之间以及个人与集体之间的利益关系。因此,制度的作用是要建立并维护公平和正义。以下是《礼》类的序文:

　　自大道既隐,天下为家,先王制其夫妇、父子、君臣、上下、亲疏之节。至于三代,损益不同。周衰,诸侯僭忒,恶其害己,多被焚削。自孔子时,已不能具,至秦而顿灭。汉初,有高堂生传十七篇,又有古经,出于淹中,而河间献王,好古爱学,收集余烬,得而献之,合五十六篇,并威仪之事。而又得《司马穰苴兵法》一百五十五篇,及《明堂阴阳》之记,并无敢传之者。唯古经十七篇,与高堂生所传不殊,而字多异。自高堂生,至宣帝时后苍,最明其业,乃为《曲台记》。苍授梁人戴德,及德从兄子圣、沛人庆普,于是有大戴、小戴、庆氏,三家并立。后汉唯曹元传庆氏,以授其子褒。然三家虽存并微,相传不绝。汉末,郑玄传小戴之学,后以古经校之,取其于义长者作注,为郑氏学。其《丧服》一篇,子夏先传之,诸儒多为注解,今又别行。而汉时有李氏得《周官》。《周官》盖周公所制官政之法,上于河间献王,独阙《冬官》一篇。献王购以千金不得,遂取《考工记》以补其处,合成六篇奏之。至王莽时,刘歆始置博士,以行于世。河南缑氏及杜子春受业于歆,因以教授。是后马融作《周官传》,以授郑玄,玄作《周官注》。汉初,河间献王又得仲尼弟子及后学者所记一百三十一篇献之,时亦无传之者。至刘向考校经籍,检得一百三十篇,向因第而叙之。而又得《明堂阴阳记》三十三篇、《孔子三朝记》七篇、《王史氏记》二十一篇、《乐记》二十三篇,凡五种,合二百十四篇。戴德删其烦重,合而记之,为八十五篇,谓之《大戴记》。而戴圣又删大戴之书,为四十六篇,谓之《小戴记》。汉末马融,遂传小戴之学。融又定《月令》一篇、《明堂位》一篇、《乐记》一篇,合四十九篇;而郑玄受业于融,又为之注。今《周官》六篇、古经十七篇、《小戴记》四十九篇,凡三种。唯《郑注》立于国学,其余并多散亡,又无师说。

从"自大道既隐"至"今又别行",是说《仪礼》一书。汉代仪礼之学的发端在高堂生所传十七篇,是为今文经。古《仪礼》出于淹中,属于出土文献,河间献王刘德整理为五十六篇。高堂生之后,汉宣帝时后苍最明仪礼之学。后苍授戴德、戴圣、庆普,三家并立为官学。汉末郑玄传小戴之学,以古文经校今文经,形成《仪礼》十七篇定本。郑玄为十七篇作注,形成郑氏《礼》学。今存十三经系统的《仪礼》,其十七篇分别是:《士冠礼》《士昏礼》《士相见礼》《乡饮酒礼》《乡射礼》《燕礼》《大射》《聘礼》《公食大夫礼》《觐礼》《丧服》《士丧礼》《既夕礼》《士虞礼》《特牲馈食礼》《少牢馈食礼》《有司彻》。其中,《丧服》一篇,相传为子夏所传,故而单行,为之作注者多。

从"而汉时有李氏得《周官》"至"玄作《周官注》",是讲《周官》,亦即《周礼》的渊源流变。《汉书·艺文志》六艺略记《周官》两种:一是《周官经》六篇,原注"王莽时刘歆置博士";一是《周官传》四篇。此书大概散落民间,为李氏所得,李氏把他献给河间献王刘德,缺《冬官》一篇。刘德用《考工记》来补齐《周官》六篇。《考工记》据传是齐国的官书,是齐国国家制定的指导、监督和考核官府手工业、工匠等劳动制度的书。王莽时,《周官》被立为官学,由刘歆等传授其学,河南缑氏和杜子春并受其学。东汉马融为《周官》作传,并传授郑玄,郑玄又为之作注,于是形成《周官》郑氏之学。这里面的关键人物是刘德、刘歆、郑玄。刘德合成六篇,刘歆将之立为官学并传授其学,郑玄为之作注,光大其学。《汉书·艺文志》和《隋书·经籍志》以周官系统构建和追溯各家学术渊源,当受刘歆《七略》影响。由此可知,刘歆不仅研究《周官》之学,而且用它来构建了一个古代官学的知识谱系。这里面隐含了刘歆的政治思想,特别是他的大一统思想。这一点应得特别注意。

从"汉初,河间献王又得仲尼弟子及后学者所记一百三十一篇献之"到"又为之注",是讲《礼记》一书的学术史。《礼记》一书,本是孔子弟子及后学者所记。这里面有几个关键人物和重要数字,河间献王刘德所得为 131 篇,刘向考校后编为 130 篇,后又有《明堂阴阳记》等 5 种 214 篇,戴德删并为 85 篇,戴圣删戴德之书为 46 篇,马融传戴圣之学,增加《月令》《明堂位》《乐记》3 篇,形成 49 篇,郑玄为之作注。

以上所叙为"三礼",亦即序文末句所言"今《周官》六篇、古经十七篇、《小戴记》四十九篇"的形成过程。

五、《乐》　类

接下来是《乐》类。此类共著录 42 部、142 卷,加上亡佚之书共有 46 部、263 卷。一开始著录梁武帝所撰两部有关《乐》的书,一是《乐社大义》十卷,一是《乐论》三卷。《乐义》十一卷是梁武帝集朝臣所撰,这部书梁代有而初唐亡。此外,梁武帝还撰有《钟律纬》六卷,唐初亡佚。梁武帝是一位了不起的学者,他博学多才,著述宏富,却十分狂傲,晚年遭逢侯景之乱,饿死在台城。下面来看小序:

> 乐者,先王所以致神祇,和邦国,谐万姓,安宾客,悦远人,所从来久矣。周人存六代之乐,曰《云门》《咸池》《大韶》《大夏》《大护》《大武》。

其后衰微崩坏,及秦而顿灭。汉初,制氏虽纪其铿锵鼓舞,而不能通其义。其后窦公、河间献王、常山王、张禹,咸献《乐书》。魏、晋已后,虽加损益,去正转远,事在《声乐志》。今录其见书,以补乐章之阙。

"乐者,先王所以致神祇,和邦国,谐万姓,安宾客,悦远人,所从来久矣。"这是讲乐的功能,乐具有娱神和娱人的作用,致、和、谐、安、悦,既是沟通方式,也是要达到的沟通效果。乐多用于各种仪式,与礼互为表里。《论语·阳货》说:"礼云礼云,玉帛云乎哉?乐云乐云,钟鼓云乎哉?"意思是说,玉帛作为祭祀的祭品,是外在的,关键是要通过外在的玉帛形式来表达内心的虔敬。钟鼓是音乐的外在形式,通过钟鼓来表达内在的虔诚。礼和乐交互作用,礼以别异,乐以和同。"周人存六代之乐,曰《云门》《咸池》《大韶》《大夏》《大护》《大武》。其后衰微崩坏,及秦而顿灭。"我们之前讲到过,礼崩乐坏不单单是说礼乐制度被破坏,还指记载礼、乐的书籍脱简、亡佚,所以这里讲的还是乐书的破坏。"汉初,制氏虽纪其铿锵鼓舞,而不能通其义。其后窦公、河间献王、常山王、张禹,咸献《乐书》。"这是说时至汉初,几无能通晓《乐》义之人。其情形似乎正如我们读宋人的词谱,很难读懂。不过还是有一部分学者能够看懂宋人的工尺谱,譬如夏承焘先生。"魏、晋已后,虽加损益,去正转远,事在《声乐志》。今录其见书,以补乐章之阙。"这是说越到后来,人们越不通古乐,不过记载古乐的书籍还是保存了下来。以上是对《乐》的学术史简述。因为有专门的《声乐志》,所以这里对乐的叙述比较简单。

六、《春秋》类

接着来看《春秋》。要研究《春秋》学史,一定要仔细阅读《隋书·经籍志》中《春秋》类的记载。大家或许已经注意到,所谓经学史实际上是关于经书的注释史。经学在汉代已初步成型,经历了五经、六经、九经、十二经等变化,至宋代始确立十三经。通过对解释方式的研究,可以看到时代思想的流变。为什么郑玄、王弼注古文《周易》,前者采用汉学方法,后者采用玄学方法? 这就提醒我们,不仅要关注事物的外在形式,更要留心其内在本质,要透过现象寻绎根本性的东西。例如,初唐《五经正义》强调疏不破注。疏是对前人注释的再解释,如《毛诗正义》由东汉郑玄注,孔颖达等人的疏就是对郑玄注的再解释。疏不破注的意思是不改变旧注的观点,体现为讲家法和重师承。中唐以后,疏不破注的方法被打破,它背后所代表的是传统权威思想受到挑战,舍传求经的方法逐渐为人所认可。"传"也是"注",舍传求经即摒弃前人的注释,直奔经文本身。对比疏不破注与舍传求经这两种基本注释方法,可以看到思想变化:前者反映了对传统的维护,对权威的信奉;后者恰恰相反。

关于《春秋》的注释史,大家如果感兴趣,也可以按照刚才讲过的方法,统计每个时期有多少学者为《春秋》作注。《春秋》类共著录 97 部、983 卷,加上亡佚之书,共 130 部、1 192 卷。以下是《春秋》类序文:

> 《春秋》者,鲁史策书之名。昔成周微弱,典章沦废,鲁以周公之故,遗制尚存。仲尼因其旧史,裁而正之,或婉而成章,以存大顺,或直书其事,以示首恶。故有求名而亡,欲盖而彰,乱臣贼子,于是大惧。其所褒贬,不可具书,皆口授弟子。弟子退而异说,左丘明恐失其真,乃为之传。遭秦灭学,口说尚存。汉初,有公羊、穀梁、邹氏、夹氏,四家并行。王莽之乱,邹氏无师,夹氏亡。初齐人胡母子都,传《公羊春秋》,授东海嬴公。嬴公授东海孟卿,孟卿授鲁人眭孟,眭孟授东海严彭祖、鲁人颜安乐。故后汉《公羊》有严氏、颜氏之学,与穀梁三家并立。汉末,何休又作《公羊解说》。而《左氏》,汉初出于张苍之家,本无传者。至文帝时,梁太傅贾谊为训诂,授赵人贯公。其后刘歆典校经籍,考而正之,欲立于学,诸儒莫应。至建武中,尚书令韩歆请立而未行。时陈元最明《左传》,又上书讼之。于是乃以魏郡李封为《左氏》博士。后群儒蔽固者,数廷争之。及封卒,遂罢。然诸儒传《左氏》者甚众。永平中,能为《左氏》者,擢高第为讲郎。其后贾逵、服虔并为训解。至魏,遂行于世。晋时,杜预又为《经传集解》。《穀梁》范宁注,《公羊》何休注,《左氏》服虔、杜预注,俱立国学。然《公羊》《穀梁》,但试读文,而不能通其义。后学三传通讲,而《左氏》唯传服义。至隋,杜氏盛行,服义及《公羊》《穀梁》浸微,今殆无师说。

此序可分四层来理解。从"《春秋》者"到"夹氏亡"为第一层,总体叙说《春秋》的成书过程、性质特点,以及《春秋》之学的分流分化情况。这与《汉书·艺文志·六艺略》对《春秋》类的叙述相一致。从"初齐人胡母子都"至"何休又作《公羊解说》"为第二层,主要叙述公羊之学的发生和演变。从"而《左氏》,汉初出于张苍之家"至"杜预又为《经传集解》"为第三层,主要叙说《左传》之学的流衍。其中有几个关键人物,如张苍、贾谊、刘歆、陈元、李封、贾逵、服虔、杜预等。从"《穀梁》范甯注"至末尾为第四层,叙说《春秋》三家学说在后世的浮沉升降。《春秋左氏传》属于古文经系统,《春秋穀梁传》《春秋公羊传》属于今文经系统,古文经由历代学者阐扬而得以光大,今文经则逐渐式微。中唐啖助、赵匡、陆淳等人兴起的新《春秋》学,在一定程度上提高了穀梁和公羊两家之学的地位。他们以舍传求经的方法,比较三家异同,对以往研究做了纠偏工作,开启了疑经思潮。

《春秋》类书目的著录,也应该细细研读,能够带来启发。例如,杜预撰《春秋左氏经传集解》三十卷。大家知道,杜预是杜甫十三世祖,他的《春秋左氏经传集解》对杜甫影响很大。杜预在该书序文中提到三种"发传之体"之下有五种"为例之情":一是微而显,二是志而晦,三是婉而成章,四是尽而不污,五是惩恶而劝善。杜预解释"微而显",说它的意思是"辞微而义显",亦即"文见于此,而起义在彼"。并举三例来说明:第一例为"称族,尊君命;舍族,尊夫人"。第二例为"梁亡"。第三例为"城缘陵"。第一例是传对"成十四年"中一段经文的解释。经文说:秋,叔孙侨如如齐逆女。九月,侨如以夫人妇姜氏至自齐。"传认为叔孙侨如衔君命出使,举其族名,是尊君命之意。回来则去其族名,以夫人之氏替代,则是尊夫人之意。第二例"梁亡",本是经文。梁为秦所亡,传文说"不书其主,自取之也",是说梁自取灭亡之意。第三例"城缘陵",亦是经文,是说齐桓公率诸侯城杞,"诸侯城缘陵"是"文见于此",而由此见"诸侯之有阙",则是"起义在彼"。[①] 从经学史角度看,"微而显"属于经学阐释方法。但事实又不完全如此,杜预从经的文辞与辞义的关系角度揭示了史书作者与读者的内在联系。因此,此种笔法既

---

① 杜预注,孔颖达等疏《春秋左传正义》卷一,十三经注疏本,第 1706—1707 页。

属于史书编纂方法,同时又属于史书阅读理论,是作者与读者互动关系之一种。此种经典注释方法在后世发展成为一种文学创作方法,尤其是诗歌写作的一种重要方法,亦即选择一个细微的角度来展示宏阔的历史事件。杜预对杜甫的影响非常大,杜诗中"微而显"的例子不少。杜诗写到不少宫廷艺术家,如音乐家李龟年、画家曹霸、舞蹈女艺人公孙大娘等人。郑虔曾任广文馆博士,被唐玄宗誉为诗书画"三绝",也可以说是宫廷艺术家。杜诗选取的一个角度是写这些宫廷艺术家命运的变化。李龟年、曹霸、公孙大娘、郑虔等人,都曾在唐玄宗宫廷任职,是帝王的服务者。这种身份决定了他们的艺术表演,难为外人所知。杜甫由于一些特殊原因,对这些人比较熟悉。杜甫得以认识李龟年,是因曾在岐王李范家中观看过他的表演。杜甫初见公孙大娘,时尚童稚,公孙大娘尚未被选入宫中。公孙氏被选入宫中之事,杜甫得知于公孙氏弟子李十二娘。曹霸与杜甫有往来,杜甫曾作《丹青引赠曹将军霸》等诗。郑虔与杜甫是多年好友,杜有多首诗述及郑虔。杜甫对这些宫廷艺术家的熟悉,是他写作相关诗歌具备的基本条件。但是杜甫写这些艺术家还有更深层次的原因,最关键的是宫廷艺术家在经历"安史之乱"后命运的巨变。李龟年从宫廷流落至江南,以卖艺谋生。杜甫遇见公孙大娘教习的梨园弟子李十二娘时,她已流落至夔州,亦以售艺谋食。杜甫再逢曹霸时,霸已流落至蜀地,以为人画像谋生:"即今漂泊干戈际,屡貌寻常行路人。途穷反遭俗眼白,世上未有如公贫。"①郑虔因"安史之乱"中曾任伪职,被贬为台州司户。宫廷艺术家个体命运的巨变,反映了唐王朝经由"安史之乱"后的历史巨变。杜甫选择这些艺术家作为诗材,并非简单地抒写对宫廷艺术家个人命运的同情,其中蕴含更深层次的"微而显"的历史笔法。

再如魏中散大夫嵇康撰《春秋左氏传音》三卷。以往研究嵇康,大都简单地把他看成一位诗人,但事实并非如此。因为嵇康还是一名学者,他对《左传》有深入研究,著有《春秋左氏传音》。不能只知其一,不知其二。

复如干宝撰《春秋左氏函传义》十五卷。以往大家或许只知道干宝的《搜神记》,因此仅把干宝看成小说家。但其实干宝更是一位学者,不仅有不

---

① 仇兆鳌《杜诗详注》卷一三,第三册,中华书局1979年版,第1151页。

少经学著述,而且有大量的史学著作。在《搜神记》的序言中,干宝说他是以史官的立场,以实录的方法撰写此书,目的是"发明神道之不诬"。干宝不只著有《春秋左氏函传义》十五卷,还有注《周易》十卷,《周易宗涂》四卷,《周易爻义》一卷,注《周官礼》十二卷,《周官驳难》三卷,《七庙议》一卷,《后养议》五卷,《春秋序论》二卷。另著《晋纪》二十三卷,《司徒仪》一卷,《干子》十八卷,《干宝集》五卷。将《隋志》中收录干宝的书籍一并合而观之,就可以知道干宝的主要身份是经学家和史学家,而不是小说家。

七、《孝经》类

下面是《孝经》类。要研究《孝经》学史,就必须充分利用《汉书·艺文志》与《隋书·经籍志》中的材料,可以将《汉志》与《隋志》进行比较,以考察不同时代《孝经》类书籍的存佚情况。此类共著录 18 部、63 卷,加上亡佚之书,共有 59 部、114 卷。通过这些数据,以及《隋志》罗列的《孝经》类书目,不难发现由汉至唐为《孝经》作注者不少。唐玄宗执政时期,他本人对《孝经》又进行了一次整理和注释,称为《御注孝经》。大家有机会可以到西安碑林博物馆,看一看保存至今的《石台孝经》。西安碑林博物馆的确值得一看,那里保存了大量的实物,包括我们之前提到的《开成石经》。它始刻于文宗大和七年(833),开成二年(837)完成,含有《周易》等 12 种经书,共计刻有 114 块碑石。了解实物对于我们想象和还原历史情状非常必要且十分有益。譬如在墓志研究方面,石刻实物无疑是极为重要的材料。前面提到过李建成墓志,不看实物,仅从拓片或者纯文字墓志很难发现李建成谥号的改动。透过改谥号这一细节,可以想见李世民对李建成的复杂心态。当然,还可以结合其他的墓志文献形态来做研究。例如古代某人去世后,亡者亲属要请当时名人撰写墓志。撰写墓志的人肯定得先拟草稿,修改后再上石。这样一来,从稿本写定到上石,就形成了几种不同的墓志版本,有稿本、石刻本等。收入文集时可能又作了修改,因而又有文集本。假如对此三种本子进行对比研究,比较三者文字异同,可以进一步挖掘变化背后潜藏的深层原因，对墓志这种文体就会有更深入的认识。以下是《孝经》类小序：

> 夫孝者，天之经，地之义，人之行。自天子达于庶人，虽尊卑有差，及乎行孝，其义一也。先王因之以治国家，化天下，故能不严而顺，不肃而成。斯实生灵之至德，王者之要道。孔子既叙六经，题目不同，指意差别，恐斯道离散，故作《孝经》，以总会之，明其枝流虽分，本萌于孝者也。遭秦焚书，为河间人颜芝所藏。汉初，芝子贞出之，凡十八章，而长孙氏、博士江翁、少府后苍、谏议大夫翼奉、安昌侯张禹，皆名其学。又有《古文孝经》，与《古文尚书》同出，而长孙有《闺门》一章，其余经文，大较相似，篇简缺解，又有衍出三章，并前合为二十二章，孔安国为之传。至刘向典校经籍，以颜本比古文，除其繁惑，以十八章为定。郑众、马融，并为之注。又有郑氏注，相传或云郑玄，其立义与玄所注余书不同，故疑之。梁代，安国及郑氏二家，并立国学，而安国之本，亡于梁乱。陈及周、齐，唯传郑氏。至隋，秘书监王劭于京师访得《孔传》，送至河间刘炫。炫因序其得丧，述其议疏，讲于人间，渐闻朝廷，后遂著令，与郑氏并立。儒者喧喧，皆云炫自作之，非孔旧本，而秘府又先无其书。又云魏氏迁洛，未达华语，孝文帝命侯伏侯可悉陵，以夷言译《孝经》之旨，教于国人，谓之《国语孝经》。今取以附此篇之末。

此序文共六层。从"夫孝者"至"本萌于孝者也"为第一层，叙述孝道的重要作用以及孔子编《孝经》。将《孝经》作者推尊为孔子，显然出于附会。此书与《论语》一样，由孔子门人及再传弟子记录而成。从"遭秦焚书"至"皆名其学"为第二层，讲《孝经》今文经系统，其中涉及几个关键人物，如颜芝、颜贞、长孙氏、江翁、后苍、翼奉、张禹等。《今文孝经》共十八章。从"又有《古文孝经》"至"孔安国为之传"为第三层，讲《孝经》古文经系统，《古文孝经》出于孔子旧宅，共二十二章，无今文经系统中的《闺门》一章。孔安国为之作传。从"至刘向典校经籍"至"故疑之"为第四层，讲刘向整理本《孝经》系统。此本合今文与古文两种系统为一体，定为十八章，郑众、马融、郑氏（或云郑玄）等为之作注解。从"梁代"至"而秘府又先无其书"为第五层，是说《孝经》在后世的流传。这里面情况比较复杂,后世流传的主要是孔安国注本和郑氏注本,但是孔安国注本在梁末因战乱而消亡,后来南朝的陈和北朝的北周、北齐所用本子都只有郑氏注本。至隋,秘书监王劭在京城访得孔安国注本,送予当时的大学者刘炫,刘炫于是为此本作疏,并以此讲学。这是孔注本失而复得的过程。不过,当时其他学者并不完全认可刘炫疏解的孔注本,认为这是刘炫自造的。他们的证据是秘府没有孔注本的藏本,因而无法核实刘炫疏本的真伪。由此可知,国家藏书机构不仅具有庋藏功能,更重要的是所藏之本具有定本的权威作用。第六层,也是最后一层,是说《孝经》鲜卑语译本,亦即侯伏侯可悉陵所译《国语孝经》,由此可知《孝经》在北方传播的特殊性。

初唐行用《孝经》郑注本,不用孔注本。刘知几曾两次上书论及此事,主张用孔注本。他在《孝经老子注易传议》一文中,罗列十二条理由,指出郑注本非郑玄所注。后又上《重论孝经老子注议》,再次强调《孝经》当用孔注本,《老子》当用王弼注本,"当以郑氏《孝经》、河上公《老子》二书,讹舛不足流行,孔、王两家,实堪师授"①。正是在刘子玄等人的不断争论之下,后来唐玄宗亲自注《孝经》,以御注身份来平息郑注和孔注的矛盾。

八、《论 语》类

从《论语》类著录的书目,可知各时代都有不少知名学者为《论语》作注。假如编纂一部《论语古注辑存》,应该如何着手准备呢?首先,应从目录学著作入手,将《汉书·艺文志》《隋书·经籍志》直至《四库全书总目》内与《论语》相关的注本一一择出,列成书目清单,以把握总体情况。其次,还要充分运用版本学、辑佚学的知识与技能。如果一个注本有多种版本传世,则需确定善本。如果注本已亡佚不存,则需依靠类书等书籍进行辑佚。常用的类书有《北堂书钞》《艺文类聚》《初学记》《太平广记》《太平御览》《册府元龟》

---

① 刘子玄《重论孝经老子注议》,《全唐文》卷二七四,中华书局1983年版,第2786页。

《文苑英华》《永乐大典》《佩文韵府》等。通过文献的全面搜集整理,应能编成一部较好的《论语古注辑存》。这个过程,类似于王小盾教授总结任中敏先生的治学方法,亦即"天子狩猎"和"大禹治水"两种方法的结合。程树德先生《论语集释》已列入"新编诸子集成",可以参看。以下是《论语》类序文:

> 《论语》者,孔子弟子所录。孔子既叙六经,讲于洙、泗之上,门徒三千,达者七十。其与夫子应答,及私相讲肄,言合于道,或书之于绅,或事之无厌。仲尼既没,遂缉而论之,谓之《论语》。汉初,有齐、鲁之说。其齐人传者,二十二篇;鲁人传者,二十篇。齐则昌邑中尉王吉、少府宗畸、御史大夫贡禹、尚书令五鹿充宗、胶东庸生。鲁则常山都尉龚奋、长信少府夏侯胜、韦丞相节侯父子、鲁扶卿、前将军萧望之、安昌侯张禹,并名其学。张禹本授《鲁论》,晚讲《齐论》,后遂合而考之,删其烦惑。除去《齐论·问王》《知道》二篇,从《鲁论》二十篇为定,号《张侯论》,当世重之。周氏、包氏,为之章句,马融又为之训。又有古《论语》,与《古文尚书》同出,章句烦省,与《鲁论》不异,唯分《子张》为二篇,故有二十一篇。孔安国为之传。汉末,郑玄以《张侯论》为本,参考《齐论》、古《论》而为之注。魏司空陈群、太常王肃、博士周生烈,皆为义说。吏部尚书何晏,又为集解。是后诸儒多为之注,《齐论》遂亡。古《论》先无师说,梁、陈之时,唯郑玄、何晏立于国学,而郑氏甚微。周、齐,郑学独立。至隋,何、郑并行,郑氏盛于人间。其《孔丛》《家语》,并孔氏所传仲尼之旨。《尔雅》诸书,解古今之意,并五经总义,附于此篇。

此序分层叙述。从"《论语》者"至"谓之《论语》",是说《论语》的成书过程。《论语》是孔子的弟子及再传弟子对孔子言行的记录,这一点大家很熟悉,不用多讲。从"汉初"到"马融又为之训",是说汉代《论语》传授的今文经系统。今文经系统又分两种:一是齐《论语》,二十二篇;一是鲁《论语》,二十篇。至张禹,删除齐《论语》中的《问王》《知道》二篇,合齐、鲁为一体,形成二十篇的定本。马融等大儒为之作注。从"又有古《论语》"至"孔安国为之传",是说《论语》的古文经系统。古《论语》是出土文献,出于孔子旧宅。古《论语》与传世的今文经系统的鲁《论语》不异，只是《子张》分为两篇，因此比鲁《论语》多出一篇。孔安国为之作传。从"汉末"至"《齐论》遂亡"，是说郑玄合《论语》今古文系统为一体，形成新的《论语》注本。此注本本质上属于古文经系统，后世义说疏解者甚多，陈群、王肃、周生烈、何晏等均有相关著述。郑注本流行后，齐《论语》遂亡。从"古《论》先无师说"至"郑氏盛于人间"，是说古《论语》在后世的流行情况。《尔雅》等书，附录于《论语》之后。其中缘由，小序末尾已述之甚明："《尔雅》诸书，解古今之意，并五经总义，附于此篇。"这些书籍因数量较少，故未能单独成为一类。要特别注意的是，《隋志》中已出现"五经总义"类的书籍，假如要考察中国古代经名的变化，如"五经""六经""七经"等，也可从这些书目记载中获取信息，寻求例证。

九、谶纬类

接下来是谶纬类书籍。《汉书·艺文志》六艺略共分九种，《隋书·经籍志》增加为十种，多谶纬类。谶纬类著录 13 部、92 卷，加上亡佚之书，共有32 部、232 卷。

关于什么是"谶"、什么是"纬"、二者是什么关系等问题，要放到具体的历史时空中去讨论，因为不同时代"谶""纬"义涵及二者关联是不同的。四库馆臣认为，所谓"谶"，即"诡为隐语，预决吉凶"[1]，也就是神秘的预言或非理性的预判。谶语早在先秦时期就已经有了，但并非所有的预言都是谶纬。如甲骨卜辞、《易》卦爻辞以及《左传》《国语》里记载的那些预言，显然都不能说是谶纬。先秦时期虽早已有"谶"语，但是无"经"也就没有与之并称的"纬"。西汉初期，"谶"仍延续，同时出现了以谶"纬"经，也就是以谶释经、以谶辅经的现象。这是伴随着经学兴起而产生的一种思想新变。把谶记、谶言、符命等与儒家经典牵合起来，以谶释经或是经谶互释，这种语境下的"谶"言才可以视作谶纬。可见，谶纬也是一种释经方法。以谶解经的著述

---

① 永瑢等《四库全书总目》卷六，"《易纬坤灵图》一卷"之后案语，第 47 页。

便是纬书。今存的谶纬佚文，如"七经纬"(《易》纬、《书》纬、《诗》纬、《礼》纬、《乐》纬、《春秋》纬、《孝经》纬)、《河图》谶、《洛书》谶和《论语》谶，其实都是用谶来解释经书的。不过，纬书释经还与政治联系密切，往往是未来政治的预言。所以，可以说谶纬之学属于经学系统中的政治思想理论。① 以下是谶纬类序文：

> 《易》曰："河出图，洛出书。"然则圣人之受命也，必因积德累业，丰功厚利，诚著天地，泽被生人，万物之所归往，神明之所福飨，则有天命之应。盖龟龙衔负，出于河、洛，以纪易代之征，其理幽昧，究极神道。先王恐其惑人，秘而不传。说者又云，孔子既叙六经，以明天人之道，知后世不能稽同其意，故别立纬及谶，以遗来世。其书出于前汉，有《河图》九篇，《洛书》六篇，云自黄帝至周文王所受本文。又别有三十篇，云自初起至于孔子，九圣之所增演，以广其意。又有《七经纬》三十六篇，并云孔子所作，并前合为八十一篇。而又有《尚书中候》《洛罪级》《五行传》《诗推度灾》《氾历枢》《含神务》《孝经勾命诀》《援神契》《杂谶》等书。汉代有郗氏、袁氏说。汉末，郎中郗萌，集图纬谶杂占为五十篇，谓之《春秋灾异》。宋均、郑玄，并为谶律之注。然其文辞浅俗，颠倒舛谬，不类圣人之旨。相传疑世人造为之后，或者又加点窜，非其实录。起王莽好符命，光武以图谶兴，遂盛行于世。汉时，又诏东平王苍，正五经章句，皆命从谶。俗儒趋时，益为其学，篇卷第目，转加增广。言五经者，皆凭谶为说。唯孔安国、毛公、王璜、贾逵之徒独非之，相承以为妖妄，乱中庸之典。故因汉鲁恭王、河间献王所得古文，参而考之，以成其义，谓之"古学"。当世之儒，又非毁之，竟不得行。魏代王肃，推引古学，以难其义。王弼、杜预，从而明之，自是古学稍立。至宋大明中，始禁图谶，梁天监已后，又重其制。及高祖受禅，禁之逾切。炀帝即位，乃发使四出，搜天下书籍与谶纬相涉者，皆焚之，为吏所纠者至死。自是无复

---

① 张峰屹《历史维度的缺失——自唐迄今谶纬名义研究之述评》，《文学与文化》2010 年第 2 期。张峰屹《两汉谶纬考论》，《文史哲》2017 年第 4 期。

> 其学,秘府之内,亦多散亡。今录其见存,列于六经之下,以备异说。

从《易》曰"至"秘而不传",是说谶纬产生的思想渊源。积德累业、泽被生民、万物归往,也就是民心所向、民意所归是政统合法性的重要基础,这个观念具有政治学的积极意义。但是,所谓"河出图,洛出书",上天垂象,又具有强烈的神秘色彩。从"说者又云"至"以遗来世",是说孔子别立纬谶。从作者角度看,说孔子整理六经后又别立谶纬之书,并不符合史实。不过,从谶纬之书和谶纬之学都以六经为中心展开这一点看,谶纬又与孔子整理六经有一定关联。从"其书出于前汉"至"竟不得行",是说谶纬之学与谶纬之书在两汉时期的发生和发展情况。纬书是以谶释经之书,其主体是《河图》《洛书》《七经纬》之类,《尚书中候》等书可视为纬书主体的衍生和补充。受王莽和东汉光武帝刘秀等人的提倡,谶纬之学在东汉时期几乎成为国家主流意识形态。特别是把举士选官与谶纬之学结合起来后,为了俗世利益,以谶释经的观念被广泛宣传和接受。当然,在这个过程中,也有一些理性的学者坚决反对,像孔安国、毛公、王璜、贾逵等人,以"古学"名义与谶纬之学抗衡,但受到俗儒批评,"古学"未被官方认可。自"魏代王肃"至"亦多散亡",是说纬书在后世的命运。魏晋时期,因王肃、王弼、杜预等人力倡,"古学"后来居上,反超谶纬之说。刘宋、萧梁、杨隋诸朝,禁止图谶之书流通。特别是隋炀帝,广搜天下书籍,不仅焚毁谶纬图籍,而且对与之相关者也加以焚烧。这样一来,谶纬之书逐渐消亡。不过,也还有部分留存,《旧唐书·经籍志》经部第九类即谶纬类,著录了初盛唐时期能见到的谶纬图籍。

十、小 学 类

下面是与文字学、音韵学、训诂学等相关的小学类。此类著录 108 部、447 卷,加上亡佚之书,共有 135 部、569 卷。其中,有一小类书籍特别值得注意,即童蒙著作。另外,要将音韵学书籍的大量出现与近体诗的产生联系起来看。大家知道,古、近体诗的根本区别不在于是否押韵,而在于平仄是否协调。古体诗的平仄只讲究句与句之间的"对",而不论联与联之间的"黏",对而不黏。近体诗的平仄则必须符合黏、对规则。齐梁时期,四声理论的成熟无疑推动了古、近体的诗歌变革。还有一类书籍,反映了南北朝时期南方与北方之间的书籍往来和语言交流。如:

《翻真语》一卷。(王延撰。)

《河洛语音》一卷。(王长孙撰。)

《国语》十五卷。

《国语》十卷。

《鲜卑语》五卷。

《国语物名》四卷。(后魏侯伏侯可悉陵撰。)

《国语真歌》十卷。

《国语杂物名》三卷。(侯伏侯可悉陵撰。)

《国语十八传》一卷。

《国语御歌》十一卷。

《鲜卑语》十卷。

《国语号令》四卷。

《国语杂文》十五卷。

《鲜卑号令》一卷。(周武帝撰。)

这些书,多为北方学者编撰,主要用以教少数民族学习汉文知识。因此,这类书籍真实记录并反映了南北方在语言上交流、交往、交融的情况。

小学类还记录了大量石经。如果要研究中国古代典籍的石刻传播,就必须仔细去看这一部分所著录的书目:

《秦皇东巡会稽刻石文》一卷。

《一字石经周易》一卷。(梁有三卷。)

《一字石经尚书》六卷。(梁有《今字石经郑氏尚书》八卷,亡。)

《一字石经鲁诗》六卷。(梁有《毛诗》二卷,亡。)

《一字石经仪礼》九卷。

《一字石经春秋》一卷。（梁有一卷。）

《一字石经公羊传》九卷。

《一字石经论语》一卷。（梁有二卷。）

《一字石经典论》一卷。

《三字石经尚书》九卷。（梁有十三卷。）

《三字石经尚书》五卷。

《三字石经春秋》三卷。（梁有十二卷。）

"《一字石经春秋》一卷。（梁有一卷。）""梁有一卷"中的"一卷"应有错讹。这些石刻文字中的大部分，还保留到了初唐。从这些石刻经文，可以知道经书在书面传播方式上，除了简书和纸书之外，还有石刻。石刻的好处是将经典文本和文字都固定下来，使其在一定时期内具有稳定性。显然，这是研究唐前石经的重要材料。

最后是经部总序。上节课讲的是《隋书·经籍志》的总序，二者不同。"《传》曰：'玉不琢，不成器；人不学，不知道。'古之君子，多识而不穷，畜疑以待问；学不逾等，教不陵节；言约而易晓，师逸而功倍；且耕且养，三年而成一艺。"这里讲古人研析经书的方式和态度，他们注重理论与实践相结合，学习经书的目的是通经致用。"自孔子没而微言绝，七十子丧而大义乖，学者离群索居，各为异说。"这里讲到了学术的分化。"至于战国，典文遗弃，六经之儒，不能究其宗旨，多立小数，一经至数百万言。致令学者难晓，虚诵问答，唇腐齿落而不知益。"这是说后世特别是战国和汉代，解经过于繁缛，反而使学经者不得要领。"且先王设教，以防人欲，必本于人事，折之中道。上天之命，略而罕言，方外之理，固所未说。至后汉好图谶，晋世重玄言，穿凿妄作，日以滋生。先王正典，杂之以妖妄，大雅之论，汩之以放诞。陵夷至于近代，去正转疏，无复师资之法。"这里讲到了经学两种不良倾向：一种是神秘化，代表是谶纬之书的兴起；另一种是玄言解经，过于重视所谓义理的发挥，使"我注六经"变成了"六经注我"，也就是"六经"成为注者思想的脚注和佐证材料。"学不心解，专以浮华相尚，豫造杂难，拟为雠对，遂有芝角、反对、互从等诸翻竞之说。"芟角"的意思是钻牛角尖,故意找经书中的一两句话来难住对方。这里讲的是解经的另一种不良风气,专门在话语机锋和经文的细枝末节中来辩难,而于经书大义反而不深究了。"驰骋烦言,以紊彝叙,譊譊成俗,而不知变,此学者之蔽也。""譊譊",是喧闹的意思,这里指出后世经学的种种弊端,使经学的发展陷入困境。所以,发展到唐初,为经典重新作注疏的工作就开始了。唐初《五经正义》包括《毛诗》《尚书》《礼记》《周易》《春秋左氏传》五部经典。《五经正义》的编纂过程,大致可划分为两个阶段:第一阶段,颜师古奉命在秘书省校定五经文本。第二阶段,由孔颖达主持修撰工作,召集学者总成其事。这些经书注释完毕后,又经马嘉运校定,长孙无忌、于志宁等增损,于唐高宗永徽四年(653)颁行,成为唐代科举考试的标准教科书。唐初修撰《五经正义》更为具体的历史和现实原因何在呢? 首先,由于李唐王朝刚刚结束战争,隋朝遗留下来的南北经学之争的混乱状况仍未得到整顿,颁布统一经义的经书是出于政治、思想、文化建设的需要,简言之,是为了建立新的思想秩序的需要。其次,为推行科举考试,必须建立一套权威的标准教材。《隋志》经部总序对以往经学进行总结和回顾,指出其中种种不足,显然有为重新疏解儒家经典造势的意思。

第八讲 《隋书·经籍志》史学价值

上节课讲《隋书·经籍志》经部，可以通过经部分类、著录以及各类小序，了解汉至唐初的经学发展史。今天主要讲《隋书·经籍志》史部的分类、著录及其史学价值。

《隋书·经籍志》史部的著录方式也是按类著录各类书籍，之后是各类的小序，最后是史部总序。《隋志》史部共分十三类，包括正史、古史、杂史、霸史、起居注、旧事、职官、仪注、刑法、杂传、地理、谱系、簿录。以下分别叙说。

一、正 史 类

正史类共著录 67 部、3 083 卷，加上亡佚之书，共 80 部、4 030 卷。先看《史记》和《汉书》的著录：

《史记》一百三十卷。（目录一卷，汉中书令司马迁撰。）

《史记》八十卷。（宋南中郎外兵参军裴骃注。）

《史记音义》十二卷。（宋中散大夫徐野民撰。）

《史记音》三卷。（梁轻车录事参军邹诞生撰。）

《古史考》二十五卷。（晋义阳亭侯谯周撰。）

《汉书》一百一十五卷。（汉护军班固撰，太山太守应劭集解。）

《汉书集解音义》二十四卷。（应劭撰。）

《汉书音训》一卷。（服虔撰。）

《汉书音义》七卷。（韦昭撰。）

《汉书音》二卷。（梁寻阳太守刘显撰。）

《汉书音》二卷。（夏侯咏撰。）

《汉书音义》十二卷。（国子博士萧该撰。）

《汉书音》十二卷。（废太子勇命包恺等撰。）

《汉书集注》十三卷。（晋灼撰。）

《汉书注》一卷。（齐金紫光禄大夫陆澄撰。）

《汉书续训》三卷。（梁平北谘议参军韦稜撰。）

《汉书训纂》三十卷。（陈吏部尚书姚察撰。）

《汉书集解》一卷。（姚察撰。）

《论前汉事》一卷。（蜀丞相诸葛亮撰。）

《汉书驳议》二卷。（晋安北将军刘宝撰。）

《定汉书疑》二卷。（姚察撰。）

《汉书叙传》五卷。（项岱撰。）

《汉疏》四卷。（梁有《汉书》孟康音九卷，刘孝标注《汉书》一百四十
卷，陆澄注《汉书》一百二卷，梁元帝注《汉书》一百一十五卷，并亡。）

先从司马迁《史记》开始，下方为其相关的注解书，如裴骃的《史记集解》、徐
野民的《史记音义》、邹诞生的《史记音》，这三部书是对《史记》的注释。随后
是《古史考》。再往下是班固撰《汉书》一百一十五卷，有应劭的《汉书集解》
《汉书集解音义》，服虔的《汉书音训》，韦昭的《汉书音义》，梁刘显的《汉书
音》，等等。"《汉书音》二卷。（梁寻阳太守刘显撰。）"这一条有什么价值呢？
假如研究某个地方的文史，如江州（今江西九江）的地域文化和地域文学，要
了解江州历史上的相关学术情况，这一条就很重要。寻阳太守刘显是一个
很重要的学者，他曾经为《汉书》注过音。此条不仅具有《汉书》学史价值，同
时还具有地方文化研究的史料价值。我们看到一条材料，要知道怎么去用
它。往下还有其他学者对《汉书》的研究著作，其中有姚察的《汉书训纂》和
《汉书集解》。姚察是唐初著名史学家，《梁书》《陈书》作者姚思廉的父亲。

姚氏家族是当时著名的史学世家。姚察还有《定汉书疑》二卷,可见他对《汉书》有充分的研究。下面是《汉疏》四卷,其下注文说:"梁有《汉书》孟康音九卷,刘孝标注《汉书》一百四十卷,陆澄注《汉书》一百二卷,梁元帝注《汉书》一百一十五卷,并亡。"这是梁代注《汉书》的大致情况。刘孝标为《世说新语》作过注,引用的书籍多达几百种。通过刘孝标的注,可以知道当时有但现在看不到的很多古书,这些古书的书名和部分内容因他的注而得以保存至今。刘孝标是一位非常重要的学者,他不仅注了《世说新语》,还给《汉书》作注。可惜这部一百四十卷的书已经散佚。但要知道,假如研究刘孝标,不能因为他的《汉书》注散佚就不管这个事实了。我反复提醒过大家,即便后来散佚的古籍,也要注意它在某个历史时间段曾产生过的重要作用。研究刘孝标,一定要好好地利用这条材料,因为刘孝标是著名史学家,他注《世说新语》的方法与史学有关。这就告诉我们,读材料要知道如何去用,要晓得材料有什么样的学术价值,这一点很重要。

从《史记》一百三十卷到《汉疏》四卷,对这些书目记载可作哪些分析呢?这段书目著录是一个现象,它背后反映的是什么问题?这里记录了中国古代两部重要的历史文献,从它们产生到唐初这一时间段内的《史记》学史和《汉书》学史。《汉书》学和《汉书》是两个概念。可以看到,《汉书》成书后就不断有人研究它。那么,可以比较《史记》和《汉书》在这几百年中学术史的差异。差异在哪里呢?研究《汉书》的人比研究《史记》的人更多,也就是说,在初唐之前,《汉书》受关注的程度和社会影响力远远高于《史记》。有些同学可能感觉到这些书目条文很枯燥,没什么意思。其实不是这样的,通过这个记录可以看到从汉代到唐初两部重要史书的发展情况。因此,在阅读过程中一定要学会思考如何运用材料。会不会用,用得好不好,体现了一个人的学术修养。

下面是《后汉书》。我们现在所用主要是范晔《后汉书》,但是在历史上记录后汉的史学著作非常多,如刘珍《东观汉记》等。再如吴武陵太守谢承所撰《后汉书》一百三十卷,小注说"无帝纪",这反映了什么?这反映了史书编纂的正统观念问题。大家知道,现在流传下来的范晔《后汉书》,特别是记录汉末曹操等人的情况,怎么编纂,涉及正统观念问题,亦即尊曹反刘还是尊刘反曹的问题。吴武陵太守谢承《后汉书》没有帝纪，反映的可能是他在为吴国争正统。纪和传是反映正统的重要形式，列入本纪自然就被认可为正统，列入列传显然就不被认可为正统。比如《三国志》尊曹，将曹放到本纪，把刘和孙放到列传，即以曹魏为正统。接下来是《后汉南记》四十五卷，小注说："本五十五卷，今残缺。晋江州从事张莹撰。""晋江州从事张莹"，涉及地域问题。前面说过，江州这个地方有地域文史传统，刚刚讲到梁代寻阳太守刘显撰《汉书音》二卷。在这以后才有范晔《后汉书》九十七卷，这是什么时候了？范晔在刘宋时期担任过太子詹事，在他撰《后汉书》之前已经有很多相关著作了。所以，可以想象一下，范晔《后汉书》是在前人著作基础上形成的，由于他的著作得到官方认可，前人著作就慢慢散佚了。

以下是有关魏蜀吴三国时期的历史著作：

《魏书》四十八卷。（晋司空王沈撰。）
《吴书》二十五卷。（韦昭撰。本五十五卷，梁有，今残缺。）
《吴纪》九卷。（晋太学博士环济撰。晋有张勃《吴录》三十卷，亡。）
《三国志》六十五卷。（叙录一卷，晋太子中庶子陈寿撰，宋太中大夫裴松之注。）
《魏志音义》一卷。（卢宗道撰。）
《论三国志》九卷。（何常侍撰。）
《三国志评》三卷。（徐众撰。梁有《三国志序评》三卷，晋著作佐郎王涛撰，亡。）

以上是关于三国时期历史记载的史书。大家要搞清楚，《三国志》这部书也是在前人基础上完成的，不是凭空而来。因为在陈寿之前已经有关于后汉历史的大量记载，同时也有专门的对三国历史的记载，即王沈《魏书》、韦昭《吴书》、环济《吴纪》等。我们现在看不到，唐初的人可以看到一部分，但陈寿修史时能看到。

下面讲《晋书》。现在所能看到的二十四史中的《晋书》是初唐修的，署名房玄龄等撰。房玄龄是初唐宰相，由他领衔修撰《晋书》。在唐修《晋书》

之前,有关晋朝的历史书籍有多少? 记载晋代历史的史书非常多了:

> 《晋书》八十六卷。(本九十三卷,今残缺。晋著作郎王隐撰。)
>
> 《晋书》二十六卷。(本四十四卷,讫明帝,今残缺。晋散骑常侍虞
> 预撰。)
>
> 《晋书》十卷。(未成,本十四卷,今残缺。晋中书郎朱凤撰,讫
> 元帝。)
>
> 《晋中兴书》七十八卷。(起东晋。宋湘东太守何法盛撰。)
>
> 《晋书》三十六卷。(宋临川内史谢灵运撰。)

文学史上把谢灵运当作文学家、诗人来研究,这只是一个侧面。实际上,谢灵运是著名学者,大家可以在《隋书·经籍志》中统计一下他的学术著作有多少。他曾经做过临川内史,也曾担任过刘宋时期的秘书监。秘书监相当于刘宋时期国家图书馆的馆长,这意味着他要整理当时国家藏书并编撰目录。他还编撰过《晋书》三十六卷。根据这些情况,可以说谢灵运不仅是著名文学家,也是大学者。刘禹锡《乌衣巷》说:"旧时王谢堂前燕,飞入寻常百姓家。"研究家族文学,不仅要注意家族的文学传统,还要注意学术传统。谢氏家族不仅以文学名家,更以学术传家,所以不仅要注意谢氏家族在诗歌史、文学史上的地位,也要注意他们的学术地位。大家可以去读一下颜之推的《颜氏家训》,看看颜氏家族是如何教育子弟的。颜之推不是教他们怎么写诗和赋,更多的是教他们怎么去做学问,怎样为人处世,如何以学术立家。我们现在研究文学史,一个最大的缺陷就在于只看到了其中的一个点。只看到一个点,就无法全面深入理解和认识研究对象。谢灵运不只是一个会写诗赋的人,要理解他的诗赋,就必须全面了解他这个人,他是一位学者,一位史学家。只有在这样的大背景下去理解他的诗赋创作,才能厘清他的学术渊源。文学创作不只受文学传统影响,也深受学术传统影响。研究文学史,不能只就事论事,而要放到大的背景下去看。因此,研究谢灵运要充分利用《隋书·经籍志》,去调查他有哪些学术著作。接下来是:

《晋书》一百一十卷。（齐徐州主簿臧荣绪撰。）

这部书也很重要,唐初修《晋书》时主要以此书为基础。但是,我们前面也讲过,房玄龄等人重修《晋书》,臧荣绪一百一十卷的《晋书》就不大流传了,慢慢地就失传了。这就意味着,新修《晋书》固然有很重要的历史价值,如在原有史料基础上补充了不少新材料,本纪和列传更为完备等,但也要看到它对原有史料的遮蔽问题。李世民曾给《晋书》中四个重要人物写了传赞,说明他非常重视这部书,但他是从初唐政治意识形态角度来评价的。初唐重编《晋书》,对原有史料重新选择,使得臧荣绪《晋书》中的一些重要史料没能够保存下来,这不能不说是史学上的一个重大损失。据此可知,在史料选择和历史评价方面,初唐重修《晋书》与臧荣绪《晋书》之间存在不少差异。我们分析材料时一定要有这种观念。接下来是:

《晋书》十一卷。（本一百二卷,梁有,今残缺。萧子云撰。）
《晋史草》三十卷。（梁萧子显撰。梁有郑忠《晋书》七卷,沈约《晋书》一百一十一卷,庾铣《东晋新书》七卷,亡。）

除了臧荣绪《晋书》之外,还有萧子云《晋书》。这部书原先有 102 卷,到初唐只剩下 11 卷了。刚才讲初唐史官以臧荣绪《晋书》为基础,就是因为臧本《晋书》完整保存到唐初。萧子云《晋书》虽有 102 卷,但不可能以此为底本,原因很简单,唐初只剩下 11 卷。梁代所撰写的晋史,有萧子显《晋史草》30 卷、郑忠《晋书》7 卷、沈约《晋书》111 卷、庾铣《东晋新书》7 卷等。我们研究沈约,以往也只注意到他的文学成就,实际上他还是一个著名学者。除了此处著录的《晋书》之外,他还有不少其他史学著作。他不仅是一个史学家,还是经学家和目录学家。

《隋志》记录在正史类中的晋史就已有这么多,但这还不是全部。以下是古史类中记载的晋史:

《晋纪》四卷。（陆机撰。）

《晋纪》二十三卷。（干宝撰。讫愍帝。）

《晋纪》十卷。（晋前军谘议曹嘉之撰。）

《汉晋阳秋》四十七卷。（讫愍帝。晋荣阳太守习凿齿撰。）

《晋纪》十一卷。讫明帝。（晋荆州别驾邓粲撰。）

《晋阳秋》三十二卷。（讫哀帝。孙盛撰。）

《晋纪》二十三卷。（宋中散大夫刘谦之撰。）

《晋纪》十卷。（宋吴兴太守王韶之撰。）

《晋纪》四十五卷。（宋中散大夫徐广撰。）

《续晋阳秋》二十卷。（宋永嘉太守檀道鸾撰。）

《续晋纪》五卷。（宋新兴太守郭季产撰。）

以上情况表明，在唐初修《晋书》之前，已有二十余种有关两晋的史书。不过，这些史书在唐初重修《晋书》后，大多慢慢失传。由此可知，初唐所修《晋书》既是有关晋史的集大成，同时也对原有晋史形成了遮蔽。刘知几曾对初唐重修《晋书》一事进行批评：

> 晋世杂书，谅非一族，若《语林》《世说》《幽明录》《搜神记》之徒，其所载或诙谐小辩，或神鬼怪物。其事非圣，扬雄所不观；其言乱神，宣尼所不语。皇朝新撰《晋史》，多采以为书。夫以干、邓之所粪除，王、虞之所糠秕，持为逸史，用补前传，此何异魏朝之撰《皇览》，梁世之修《遍略》，务多为美，聚博为功，虽取说于小人，终见嗤于君子矣。①

刘知几反对从《世说》《搜神记》等书中搜集材料补充晋史，认为这些书所记神鬼怪物不宜载入正史。他的意思是，前人修撰晋史，并非没有看到《搜神记》等书，只是他们认为这些材料不能作为正史的史料。所以，刘知几认为，唐初史官把干宝、邓粲、王隐、虞预等人摒除不用的材料又拾捡起来，在史料处理方面反不如前人。他认为这样一来使新修的《晋书》像类书一样，不符

---

① 刘知几著，浦起龙释《史通通释》卷五，第108页。

合正史的体例。下面是关于宋史的，亦即刘宋时期的历史记载，包括：

> 《宋书》六十五卷。（宋中散大夫徐爰撰。）
>
> 《宋书》六十五卷。（齐冠军录事参军孙严撰。）
>
> 《宋书》一百卷。（梁尚书仆射沈约撰。梁有宋大明中所撰《宋书》
> 六十一卷，亡。）

刚才讲沈约是著名史学家，他不仅修了《晋书》，还修了《宋书》。大家可以发现，《隋志》中凡是隋朝人的著作，著录时都没有加时代。而其他朝代作者都加了所处的时代，如"《陈书》四十二卷"之小注"陈吏部尚书陆琼撰"，加上了"陈"这个时代；"《后魏书》一百三十卷"之小注"后齐仆射魏收撰"，加上了"后齐"也就是北齐这个时代。但是"《后魏书》一百卷"之小注"著作郎魏彦深撰"，"《周史》十八卷"之小注"吏部尚书牛弘撰"等，这些记录都没有加作者时代。牛弘担任吏部尚书是隋朝的事，魏彦深也是隋朝的人。据此可知，《隋志》著录隋朝人的著作，不加朝代。这个现象很可能是初唐史官修《隋书·经籍志》时转抄隋代书目而形成的，也就是说，这个著录保存了隋代书目的原始痕迹。

下面是正史这一类的小序，叙述正史源流。"古者天子诸侯，必有国史，以纪言行，后世多务，其道弥繁。夏殷已上，左史记言，右史记事，周则太史、小史、内史、外史、御史，分掌其事，而诸侯之国，亦置史官。"这是讲上古时期的史官系统，以及左史记言、右史记事的记录传统。"又《春秋国语》引周《志》、郑《书》之说，推寻事迹，似当时记事，各有职司，后又合而撰之，总成书记。其后陵夷衰乱，史官放绝，秦灭先王之典，遗制莫存。至汉武帝时，始置太史公，命司马谈为之，以掌其职。"这是以《春秋国语》这部书所引诸侯国国史这个事例，来说明上古史官系统的历史事实。"周《志》、郑《书》"是诸侯国国史的例证。此后经历秦王朝焚书，史官制度逐渐衰微。直到汉武帝命司马谈为太史，才又开始慢慢恢复。"时天下计书，皆先上太史，副上丞相，遗文古事，靡不毕臻。谈乃据《左氏》《国语》《世本》《战国策》《楚汉春秋》，接其后事，成一家之言。谈卒，其子迁又为太史令，嗣成其志。上自黄帝，讫于炎汉，合十二本纪、十表、八书、三十世家、七十列传，谓之《史记》。"这是说司马谈修史的材料来源主要是《左传》《国语》《世本》《战国策》《楚汉春秋》这些史书。这是修汉前史的，但我们知道《史记》不只是记载前代史，还记录了汉朝的当代史，那么这些史料又从哪里来呢？当时史料收集有一个重要制度，亦即"天下计书，皆先上太史"的制度，"计书"就是当时各地计吏向朝廷汇报的材料和档案。大概每年九月份，各地官员要派计吏到京城汇报当年的人口、土地、赋税、物产、灾异等情况，这些上报的材料就是"计书"，要抄写两份：一份送给宰相，用来作为处理政务的参考；另一份送给太史，用来作为修史的材料。这是当时的档案制度，也是史料采择制度。司马谈根据当时他所能看到的档案材料，编纂西汉当代史。司马谈去世后，司马迁担任太史令，继续修史，亦即此处所说的"嗣成其志"。司马迁在他父亲的基础上，制定了史书编纂的基本体例，由本纪、世家、列传、表、书五种形式组成。"迁卒以后，好事者亦颇著述，然多鄙浅，不足相继。至后汉扶风班彪，缀后传数十篇，并讥正前失。彪卒，明帝命其子固，续成其志。以为唐、虞、三代，世有典籍，史迁所记，乃以汉氏继于百王之末，非其义也。故断自高祖，终于孝平、王莽之诛，为十二纪、八表、十志、六十九传。潜心积思，二十余年。建初中，始奏表及纪传，其十志竟不能就。"这是讲司马迁之后班彪、班固父子继续修史。司马迁去世以后，汉朝的历史谁来记录呢？有很多人做，但做得不好。到了东汉，班彪"缀后传数十篇，并讥正前失"，即纠正前人记载的错误。班彪去世后，汉明帝命班固"续成其志"，所以班固是在他父亲基础上修汉史的。班固之前，班彪已经写好了数十篇人物传记。班固所修汉史是一部断代史，为什么他去编断代史而不编通史呢？原因是他认为"唐、虞、三代，世有典籍，史迁所记，乃以汉氏继于百王之末，非其义也"。也就是说，在通史中，汉代帝王成了最后一个，即"百王之末"，班固认为这样不好。因此，他的《汉书》从汉高祖刘邦一直记到王莽新朝。在史书编纂体例上，班固改变了《史记》的做法，把世家并入列传，把书改为志，形成十二本纪、八表、十志、六十九列传这样一个新的正史格局。班固原计划编写十志，但最终未能全部完成。"固卒后，始命曹大家续成之。"班固去世后，曹大家等人继续编写，最后完成了《汉书》。可见，《汉书》的编纂是个"接力赛"，从班彪到班固，再到曹大家等人，前后相续。以下回顾班固是如何修史的。"先是明帝召固为兰台令史,与诸先辈陈宗、尹敏、孟冀等,共成《光武本纪》。擢固为郎,典校秘书。固撰后汉事,作《列传载记》二十八篇。其后刘珍、刘毅、刘陶、伏无忌等,相次著述东观,谓之《汉记》。"兰台是东汉重要的国家藏书机构,班固在兰台担任校书郎,有机会见到各种典籍,因而能够充分利用这些资料来编撰史书。关于班固和其他文人任职兰台和东观对东汉文学风气的影响,刘跃进老师曾有专门论述,题目是《东观著作的学术活动及其文学影响研究》(《文学遗产》2004 年第 1 期),大家可以参看。"及三国鼎峙,魏氏及吴,并有史官。晋时,巴西陈寿删集三国之事,唯魏帝为纪,其功臣及吴、蜀之主,并皆为传,仍各依其国,部类相从,谓之《三国志》。"这是讲陈寿《三国志》的编撰及其史料来源。陈寿修《三国志》以曹魏为正统,把曹魏放到了本纪中写,而把吴、蜀放入列传中,他的基本立场是"拥曹"。我们前面讲过,中国历史上对曹和刘的看法是不断变化的:西晋陈寿《三国志》尊曹,东晋习凿齿《汉晋阳秋》尊刘,北宋司马光《资治通鉴》尊曹,南宋朱熹《通鉴纲目》又尊刘。发生这些变化的原因是什么呢? 曹、刘的结局在历史上已成为定局,而对于曹、刘的态度却不断变化,这就涉及后人对这段历史的评价,其实都是时代需要。西晋陈寿处在大一统时代,西晋司马氏政权是模仿曹氏篡夺而来的,因此要尊曹。陈寿所处时代背景与北宋司马光一致。因此,陈寿、司马光必须尊曹。东晋习凿齿和南宋朱熹所处时代的特点大致相类,都是偏安一隅,因而需要尊刘。"寿卒后,梁州大中正范颖表奏其事,帝诏河南尹、洛阳令,就寿家写之。"这表明陈寿《三国志》具有私家修史性质。其实,班彪、班固父子一开始也是私家修史。班固任职兰台校书郎后修史才属于国家行为,在此前,他没有得到国家任命,不是史官。所以,他一开始撰写列传,属于私人行为。范晔修《后汉书》一开始也是私人行为,只是后来得到国家认可,才列入正史。接下来讲学者对《史记》《汉书》《三国志》的研究:"自是世有著述,皆拟班、马,以为正史,作者尤广。一代之史,至数十家。唯《史记》《汉书》,师法相传,并有解释。《三国志》及范晔《后汉》,虽有音注,既近世之作,并读之可知。梁时,明《汉书》有刘显、韦稜,陈时有姚察,隋代有包恺、萧该,并为名家。《史记》传者甚微。今依其世代,聚而编之,以备正史。"这里简述了唐前对"前四史"的研究。初唐史官发现《史记》"传者甚微",与我们刚才所讲一致。从汉代到唐初,《史记》与《汉书》的流传差别很大,研究《史记》的人很少,而研究《汉书》的人很多。现在的情形与此恰好相反,研究《史记》的人很多,以至于形成《史记》学这样一个专门之学,而研究《汉书》的人好像不多。唐宋时期研究《史记》的人没有研究《汉书》的人多。唐代著名学者韩愈、柳宗元、刘禹锡等,大部分人都读过《汉书》。宋代苏东坡将《汉书》反复读过多遍,并提出"八面受敌"读书法。什么是"八面受敌"法呢? 就是说,假如我们要了解汉代某一方面的知识,比如职官制度,要把《汉书》通读一遍,找到其中有关官职记载的材料。假如研究汉代的经济、地理、人口、社会等,再分别通读。依据不同需要,多次反复阅读,这就是"八面受敌"读书法。实际上,苏轼告诉我们一种材料的收集方法。《汉书》比《史记》流行的原因,应与两部书的不同性质有关。《史记》是通史,是不是大家认为其中很多内容和之前的史书如《左传》《国语》《世本》《战国策》《楚汉春秋》相通或重复? 也就是说,大家要获得汉代之前的历史知识,可选择去读《左传》《国语》等书,因为这些书是《史记》的主要史料来源。《史记》记载汉代历史只到汉武帝,这些内容在《汉书》中基本上都有。《汉书》则自成体系,比较完整地记载了两汉历史,因而它的地位反而超过了《史记》。

二、古 史 类

古史类共著录 34 部、666 卷。那么,古史类的史书是怎么来的呢? 为什么要单独设置古史一类? 我们来读一下此类序文。"自史官放绝,作者相承,皆以班、马为准",这是说《史记》《汉书》的典范作用,后世修史皆以《史记》和《汉书》为模仿对象。不过,这种情况到汉末开始发生改变:"起汉献帝,雅好典籍,以班固《汉书》文繁难省,命颍川荀悦作《春秋左传》之体,为《汉纪》三十篇。言约而事详,辩论多美,大行于世。"汉献帝刘协也读《汉书》,他感到《汉书》不好读,于是命荀悦模仿《左传》编年体例,重编《汉纪》三十卷。这就改变了《史记》和《汉书》以纪传为体的历史编纂法,而重新回到

《春秋》编年体的老路上去了。编年体的好处在于"言约而事详",也就是文字少而纪事多,关键是按时叙事,可以知道具体时空发生的历史事件,对读者来说比较方便。大家知道,纪传体建构了一个立体的历史空间,而编年体按时间先后顺序来叙述。纪传体会产生一些冲突,比如《史记》关于刘邦和项羽的记载,有很多历史大事件是两人共同参与的,《高祖本纪》里面涉及很多项羽的事情,《项羽本纪》又有很多涉及刘邦的记载。所以,纪传体最大的弊端是易产生交叉重复。为解决这一问题,司马迁发明了一个办法,亦即互见法。也就是把传主的主要历史事件放到他的传记里,而其他小事则放在相关的人物传记中叙述,二者互有详略。但是互见法也很麻烦,如果想从整体上了解某个人或某个历史事件,得在多人传记中翻来覆去地比较。编年体的好处在于按照时间顺序来叙述,某年某月发生了某件事,清晰地记录下来。但编年体也有弊端,把同一个历史事件按时间次序截成几段,整体把握也很困难。一件历史大事可能绵延多年,例如唐代的"牛李党争",持续了几十年,怎么去了解这一事件呢? 仅从某一年的记录是看不出来的。宋代袁枢发明了一种新的历史编纂法,亦即纪事本末体。他把重要的历史事件加以分类,重新编写,如三家分晋、楚汉之争等等。荀悦《汉纪》模仿《春秋左传》,这种编年方法在当时得到认可,汉献帝认为读起来要比《汉书》更方便。"至晋太康元年,汲郡人发魏襄王冢,得古竹简书,字皆科斗",这是在说当时的出土文献,即汲冢书。"科斗"是上古字体,类似于篆书。西晋太康元年(280),盗墓者把魏襄王的古墓打开,发现了很多古书。"发冢者不以为意,往往散乱。帝命中书监荀勗、令和峤,撰次为十五部,八十七卷。多杂碎怪妄,不可训知,唯《周易》《纪年》,最为分了。其《周易》上下篇,与今正同。《纪年》皆用夏正建寅之月为岁首,起自夏、殷、周三代王事,无诸侯国别。唯特记晋国,起自称殇叔,次文侯、昭侯,以至曲沃庄伯,尽晋国灭。独记魏事,下至魏哀王,谓之'今王'。盖魏国之史记也。其著书皆编年相次,文意大似《春秋经》。"根据这些记载,可知魏襄王古墓中出土了大量古史,引起国家注意,晋武帝司马炎命中书监荀勗,也就是前面提到过的在郑默《中经》基础上重新编写国家藏书目录《新簿》的作者,与中书令和峤一起整理出土古书,共得 15 部、87 卷。这批出土简书中,有《周易》上下篇,与传世的《周易》文字相同。《纪年》这部书,也称《竹书纪年》,是魏国的国史。魏国是从晋国分出来的,因此记魏国的国史,当然要从晋国记起。这与我们前面说春秋战国时期各诸侯国都有自己的史官,记录各自的国史,可相互印证。"诸所记事,多与《春秋》《左氏》扶同。学者因之,以为《春秋》则古史记之正法,有所著述,多依《春秋》之体。今依其世代,编而叙之,以见作者之别,谓之古史。"《竹书纪年》是一部古史,采用的编纂方法与《春秋》《左传》一样,也是编年体。我们知道,《春秋》是鲁国的国史。可见,编年体是春秋战国时期通行的国史编纂方法。因此,古史类史书实际上就是编年体史书。以上讲的是这一类史书的渊源流变。为什么要把它们归在一起? 原因就是这一类史书所用方法与《春秋》相同,因而合在一起称为"古史"。

三、杂 史 类

以下讲杂史。这类史书共著录 72 部、917 卷,加上亡佚之作,有 73 部、939 卷。杂史类的史书,开头两种记载的是汲冢书,一种是《周书》十卷,另一种是《古文琐语》四卷。那么,为什么不把这两种书放到古史类中去呢? 依据是这两种史书的体例与编年体不同。我们来读一下初唐史官对杂史类的看法:

> 自秦拨去古文,篇籍遗散。汉初,得《战国策》,盖战国游士记其策谋。其后陆贾作《楚汉春秋》,以述诛锄秦、项之事。又有《越绝》,相承以为子贡所作。后汉赵晔,又为《吴越春秋》。其属辞比事,皆不与《春秋》《史记》《汉书》相似,盖率尔而作,非史策之正也。灵、献之世,天下大乱,史官失其常守。博达之士,愍其废绝,各记闻见,以备遗亡。是后群才景慕,作者甚众。又自后汉已来,学者多钞撮旧史,自为一书,或起自人皇,或断之近代,亦各其志,而体制不经。又有委巷之说,迂怪妄诞,真虚莫测。然其大抵皆帝王之事,通人君子,必博采广览,以酌其要,故备而存之,谓之杂史。

这里讲了两层意思,分述杂史的源和流。从开头至"各记闻见,以备遗亡",是说杂史的源。刘向整理的《战国策》,陆贾所撰的《楚汉春秋》,相传为子贡所作的《越绝》,以及东汉赵晔《吴越春秋》等,这些史书是杂史之源。之所以称其为杂史,是因为这些史书的体例与正史的纪传体以及古史类的编年体都不同。所以,杂史的"杂"主要从编纂体例加以区分。从"是后群才景慕"至末尾,是说杂史的流。东汉以降,杂史朝三个方向发展:一是模仿汉代学者"各记闻见";二是"钞撮旧史";三是杂记道听途说,但这个"道听途说"与小说家类不同,主要内容是帝王之事,而非其他的小道消息。

四、霸 史 类

霸史类共著录 27 部、335 卷,加上亡佚之书,共有 33 部、346 卷。大家可以看到,这类书的不少作者前都加了一个"伪"字,如《赵书》十卷,"伪燕太傅长史田融撰";《燕书》二十卷,"伪燕尚书范亨撰";《凉书》十卷,"伪凉大将军从事中郎刘景撰";《凉记》十卷,"伪凉著作佐郎段龟龙撰"。这种现象说明什么呢?这一类史书统称霸史。所谓"霸",是与"王"相对而言的。也就是说,从政权合法性来看,"霸"是非正统的。我们来看这一类的小序:

> 《传》曰:"不有君子,其能国乎?"自晋永嘉之乱,皇纲失驭,九州君长,据有中原者甚众。或推奉正朔,或假名窃号,然其君臣忠义之节,经国字民之务,盖亦勤矣。而当时臣子,亦各记录。后魏克平诸国,据有嵩、华,始命司徒崔浩,博采旧闻,缀述国史。诸国记注,尽集秘阁。尔朱之乱,并皆散亡。今举其见在,谓之霸史。

西晋以后,南方历经东晋、宋、齐、梁、陈诸朝;北方政权庞杂,经历了五胡十六国,再到北魏统一北方,北魏又分东魏、西魏,而后又分别为北齐、北周取代。这类史书主要记录的是北方和西南的历史,之所以称之为"霸史",是因为据传统观念,这些政权是非正统的。虽然他们也兢兢业业,也讲君臣忠义之节,但在根本上是不合法的。这是初唐史官的看法。但我们现在不能这么看,这些史书是研究南北朝历史的重要资料。不过,据此可以了解初唐史官的南北观念。这种南北之分,不仅是地域上的区分,也是思想和文化上的区分。

五、起 居 注 类

接下来是起居注类。此处把郭璞注《穆天子传》六卷放到起居注类的开头位置,并注明是汲冢书。汲冢书,我们刚才讲过,是魏襄王古墓中的出土文献,其中有《穆天子传》这部书,后来郭璞给它作了注。但现在大多把它列入古代小说,这与古人的看法不大一样。《隋志》将其列入起居注类,表明它是一部史书。起居注类共著录44部、1 189卷。那么,这一类史书到底是怎样产生的?我们来看一下此类的小序:

> 起居注者,录纪人君言行动止之事。《春秋传》曰:"君举必书,书而不法,后嗣何观?"《周官》,内史掌王之命,遂书其副而藏之,是其职也。汉武帝有《禁中起居注》,后汉明德马后撰《明帝起居注》,然则汉时起居,似在宫中,为女史之职。然皆零落,不可复知。今之存者,有汉献帝及晋代已来《起居注》,皆近侍之臣所录。晋时,又得《汲冢书》,有《穆天子传》,体制与今起居正同,盖周时内史所记王命之副也。近代已来,别有其职,事在《百官志》。今依其先后,编而次之。其伪国起居,唯《南燕》一卷,不可别出,附之于此。

这是从上古史官系统左史记言、右史记事的传统角度叙述起居注一类史书产生的渊源。上古史官系统严密,包括太史、小史、内史、外史、御史五种不同史官,分工合作,最后由太史总成国史。其中,记王言和王事的是内史。汉代情况稍有变化,皇帝日常生活,外人似不得而知,故由女史来记录,因而产生了记录汉武帝的《禁中起居注》,以及明帝马皇后所撰《明帝起居注》之类的史书。但这些起居类著作都没有保存下来,只有汉献帝和西晋以来的起居注被保存下来了。西晋太康元年(280)出土了汲冢书,其中有《穆天子传》,其体例与后世的起居注相同,应是当时内史对周天子日常生活的记录。关于起居注的渊源流变,《唐六典》卷八"起居郎"条及卷九"起居舍人"条的注文,叙述非常详细,可以参看。《唐六典》卷八"起居郎二人,从六品上",其下注文:

> 起居郎因起居注以为名。起居注者,记录人君动止之事。《春秋传》曰:"君举必书。"《礼》云:"动则左史书之,言则右史书之。"又曰:"左史记事,右史记言,言为《尚书》,事为《春秋》。"皆其事也。宋衷《世本》云:"沮诵、仓颉为黄帝左、右史。"《周书》:"穆王时有左史戎夫,书前代存亡之诫。"诸侯之国亦立之。晋武帝时得汲冢书,有《穆天子传》,体制与当时起居注正同,盖周左、右史之所录也。汉武有《禁中起居注》,后汉明德皇后撰《明帝起居注》,然则汉时起居注似在宫中,为女史之职。魏、晋已来,皆中书著作兼修国史。元康二年,著作隶入秘书,别名著作省,历宋、齐、梁、陈皆掌国史。后魏及北齐集书省领起居注,令史之职从第七品上。后周春官府置外史,掌书王言及动作,以为国志,即其任也;又有著作二人,掌缀国录,盖起居、著作自此分也。隋省内史舍人四员,始置起居舍人二员。皇朝因之。①

大家可以看到,这段注文显然参考了《隋志》史部起居注类的序文,在《隋志》的基础上补充叙述了魏晋至唐代起居郎官职的变化。《唐六典》卷九"起居舍人二人,从六品上",其下注文:

> 起居舍人因起居注而名官焉。古者,人君言则右史书之,即其任也。其设官沿革,起居郎注详焉。隋炀帝三年,减内史舍人四员;置起居舍人二人,从第六品上,次内史舍人下,始以虞世南、蔡允恭为之。②

---

① 李林甫等撰,陈仲夫点校《唐六典》,中华书局 1992 年版,第 248 页。
② 李林甫等撰,陈仲夫点校《唐六典》,第 278 页。

从《唐六典》对起居郎和起居舍人官职沿革的追叙，可以了解此类史籍的渊源流变。

六、旧　事　类

旧事类史籍，从《汉武帝故事》到《开业平陈记》，共著录 25 部、404 卷。其中的《西京杂记》二卷，现代学者多把它当作古代小说来研究。但在《隋志》中，这部书是归属于史部旧事类的。这一类是如何产生的呢？小序如下：

> 古者朝廷之政，发号施令，百司奉之，藏于官府，各修其职，守而弗忘。《春秋传》曰"吾视诸故府"，则其事也。《周官》，御史掌治朝之法，太史掌万民之约契与质剂，以逆邦国之治。然则百司庶府，各藏其事，太史之职，又总而掌之。汉时，萧何定律令，张苍制章程，叔孙通定仪法，条流派别，制度渐广。晋初，甲令已下，至九百余卷，晋武帝命车骑将军贾充，博引群儒，删采其要，增律十篇。其余不足经远者为法令，施行制度者为令，品式章程者为故事，各还其官府。搢绅之士，撰而录之，遂成篇卷，然亦随代遗失。今据其见存，谓之旧事篇。

据此可知，所谓"旧事"实际上是官府收藏的朝廷下发的各类公文书。这些公文档案由朝廷下发到各地官府，官府保存收藏，又由太史将其汇总分类合编。汉代萧何负责制定律令，张苍负责制定各种章程，叔孙通负责制定各种仪法。可见，律令、章程、仪法是三类不同性质的文书。但是，这三类文书又有共通性，都是为了维护既有秩序或者为了建立新秩序而制定的制度性规定。到西晋初期，这些法律条文以及其他各类档案文书已多达 900 余卷，晋武帝司马炎命贾充等人负责整理，增加了 10 篇律令，形成西晋时期的法律体系。其他用不上的、未经采录的文书档案，归还各地官府，其中与品式章程有关的文书，就是"旧事"这一类史籍的来源。一些文人依据品式章程类的文书,编撰成书,于是形成了各种故事类史籍。由此可知,故事类史籍的主要内容是品式章程类文书档案。这类文书档案的性质介于法律与仪式之间,记载了历史上的地方治理传统。因此,这类书籍是研究中国古代法律史、法律思想史以及文书学等问题的重要史料。这里的"旧事"与现代意义上的故事小说,其内涵是不同的。

七、职 官 类

职官类史籍共著录 27 部、336 卷,加上亡佚之作,共有 36 部、433 卷。于中国古代文学研究而言,熟悉古代官制很重要。有时看到一条材料,觉得很有用,但读不懂,因为其中涉及许多官名,不知道是什么意思。比如研究唐代文学,大家都晓得,肯定要去读《旧唐书》《新唐书》中的人物列传,但有时读不懂。或者读唐代墓志,墓志记录了墓主的生平事迹,有时是一长串的官名,也不知道是什么意思。因此,了解职官制度对于熟悉史料很重要。古代职官制度是有专书记载的,这些书合在一起就形成职官类。下面来读此类小序,以了解它的产生过程:

> 古之仕者,名书于所臣之策,各有分职,以相统治。《周官》,冢宰掌建邦之六典,而御史数凡从正者。然则冢宰总六卿之属,以治其政,御史掌其在位名数,先后之次焉。今《汉书百官表》列众职之事,记在位之次,盖亦古之制也。汉末,王隆、应劭等,以《百官表》不具,乃作《汉官解诂》《汉官仪》等书。是后相因,正史表志,无复百僚在官之名矣。搢绅之徒,或取官曹名品之书,撰而录之,别行于世。宋、齐已后,其书益繁,而篇卷零叠,易为亡散;又多琐细,不足可纪,故删。其见存可观者,编为职官篇。

据此可知,初唐史官认为职官类史籍的产生也是从《周官》所载上古史官系统而来的。上古君王设官分职,冢宰负责总领六卿。在五大类史官中,御史负责对各类官员的监督,以及记录各类官员在位的时间和先后次序。《汉书·百官公卿表》对汉代各类官员的记载,保存了上古御史记录百官的传统。汉末,王隆、应劭等认为《汉书·百官公卿表》时有阙略,于是重加编撰。王隆撰《汉官解诂》三篇,应劭注《汉官》五卷,另撰有《汉官仪》十卷。对于《汉书·百官公卿表》中的阙略,颜师古说:"此表中记公卿姓名不具及,但举其官而无名,或言若干年,不载迁、免、死者,皆史之阙文,不可得知。"①所以,后世正史对百官的记载,不再仿照《汉书》的体例,而别创《百官志》或《职官志》。在正史中,最早记载《百官志》的是范晔《后汉书》。王隆《汉官解诂》、应劭《汉官仪》等职官类史书,初唐史官还能够看到,但现在这些书大多不存。

既然职官类史籍多已失传,那么我们现在要研究古代官制,应该读哪些书呢? 我们认为,可以从以下六个方面进行:

一是正史所载《百官志》或《职官志》。《史记》《三国志》都没有专门的《职官志》或《百官志》,《汉书》有《百官公卿表》二卷,范晔《后汉书》、沈约《宋书》、房玄龄等《晋书》、魏徵等《隋书》中都有专门的职官类志书。这些正史中的职官记载,是我们首先要参考的。

二是"三通"中的职官记载。杜佑《通典》、郑樵《通志》、马端临《文献通考》中都有专门的职官类文献的记载。

三是专门记载职官类的史籍。如李林甫等《唐六典》,是一部重要的职官研究的参考书。《唐六典》三十卷是唐玄宗开元年间所修大型官书。这部书很有特点,修书过程也很复杂。如果把历史上职官变化全都记下来,那《唐六典》就成了一部职官通史。为了处理好现行职官制度与历代职官制度二者的关系,最后采取了一个折中的办法:正文记录现行制度,注释记录职官制度的历史变迁。因此,通过这部书,既可以了解唐代的职官制度,也可以研究历代官职的变化。领衔修撰者是宰相李林甫,历史上对他评价不高,说他没什么文化。实际情况不是这样的。李林甫还是很有文化修养的,他是盛唐时期有名的画家,他的儿子也是画家和书法家,并非后世所说的那

---

① 班固《汉书》卷十九下《百官公卿表下》,第 745 页。

样。大家可以去看唐代张彦远《历代名画记》，里面记载得很清楚。李林甫并非后人所说的那样，连字都不认识。这是后人的偏见，不是真实的历史。

四是会要类史籍。大家知道，编纂会要是修史的一种基本方法，始自唐代。苏冕以高祖至德宗九朝史事，编成《唐会要》40 卷。其后杨绍复续修到武宗时代，编成《续唐会要》40 卷。北宋王溥再搜罗自宣宗至唐末的史事，编撰《唐会要》100 卷。会要保存了大量典章制度等史实，是对正史各类志书的重要补充。王溥《唐会要》很有名，后人仿其做法，重辑历代会要，如《春秋会要》《战国会要》《秦会要》《西汉会要》《东汉会要》《三国会要》《晋会要》《南朝宋会要》《南朝齐会要》《南朝梁会要》《南朝陈会要》《唐会要》《五代会要》《宋会要辑稿》《明会要》等。这些会要类史籍按照不同类别归并史料，其中有大量有关职官的文献。

五是诏令类文献。如宋敏求编《唐大诏令集》，里面保存了唐代官员任职的各种史料。

六是类书中保存的职官类佚书的材料。古代职官类史籍大多失传，但有些书籍的部分内容还保存在各种类书中。例如应劭《汉官仪》等书，因其他书籍的引用或转录，还有部分内容保存下来。

八、仪 注 类

仪注是各个时代的礼仪制度。《仪礼》《周礼》《礼记》合称"三礼"。"三礼"中与日常生活仪式有关的是《仪礼》。此书记载了远古时期各种仪式，包括冠、婚、丧、祭、乡、射、朝、聘等礼仪制度，但后世并非完全按照这些记载的礼仪方式进行活动，各个时代都有新的礼仪制度。《仪礼》提供了历史时期相关制度的基本原则，因而对后世具有经验借鉴意义。仪注类书目共著录59 部、2 029 卷，加上亡佚之书，共有 69 部、3 094 卷。其小序如下：

> 仪注之兴，其所由来久矣。自君臣父子，六亲九族，各有上下亲疏之别。养生送死，吊恤贺庆，则有进止威仪之数。唐、虞已上，分之为

三,在周因而为五。《周官》,宗伯所掌吉、凶、宾、军、嘉,以佐王安邦国,亲万民,而太史执书以协事之类是也。是时典章皆具,可履而行。周衰,诸侯削除其籍。至秦,又焚而去之。汉兴,叔孙通定朝仪,武帝时始祀汾阴后土,成帝时初定南北之郊,节文渐具。后汉又使曹褒定汉仪,是后相承,世有制作。然犹以旧章残缺,各遵所见,彼此纷争,盈篇满牍。而后世多故,事在通变,或一时之制,非长久之道,载笔之士,删其大纲,编于史志。而或伤于浅近,或失于未达,不能尽其旨要。遗文余事,亦多散亡。今聚其见存,以为仪注篇。

由此可知,仪注类史籍渊源于礼。礼起源于古代祭祀活动。"唐、虞已上,分之为三",是说远古的主要祭祀活动是天、地、人,祭天之类谓之天礼,祭地之类谓之地礼,祭宗庙之类谓之人礼。周朝发展为五礼,亦即吉、凶、宾、军、嘉五种礼仪。周朝的礼官即"春官"职掌礼仪之事。太史之类的史官负责执简册以协助。一方面,简册上记载了各种礼仪规范,按照规范进行;另一方面,太史执简册,记录当时的执行和实施情况。所以说,当时"典章皆具,可履而行"。春秋战国时期,诸侯国为了减少各种礼仪制度对他们的束缚,于是把这些记载典章制度的书籍都削除了。到秦王朝,又把这些史籍都焚毁了。所以,汉初请叔孙通重新制定礼仪。《隋书·经籍志》总序说:"命叔孙通草绵蕝之仪,救击柱之弊。"《史记》之叔孙通本传,说他"遂与所征三十人西,及上左右为学者与其弟子百余人为绵蕝野外"①。意思是,他带着三十个从鲁国征集来的儒生,以及刘邦身边的读书人,再加上他的弟子共百余人,演练朝堂礼仪。司马贞引韦昭之语解释"绵蕝",说"引绳为绵,立表为蕝"。又引贾逵的话来解释"蕝":"束茅以表位为蕝。""蕝"与"蕝"是通假字。"绵蕝"真实记录了叔孙通演练朝仪的过程,"绵"就是拉着绳子排队列序,"蕝"是用茅草来代替不同的官职。后来以"绵蕝"指代制定礼仪制度的行为。这里面有一个故事,叔孙通当时到鲁国征集儒生时,有两个人不愿意跟着他到长安去,以下是他们之间的对话:

---

① 司马迁《史记》卷九十九《刘敬叔孙通列传》,中华书局 1982 年版,第 2723 页。

于是叔孙通使征鲁诸生三十余人。鲁有两生不肯行,曰:"公所事者且十主,皆面谀以得亲贵。今天下初定,死者未葬,伤者未起,又欲起礼乐。礼乐所由起,积德百年而后可兴也。吾不忍为公所为。公所为不合古,吾不行。公往矣,无污我!"叔孙通笑曰:"若真鄙儒也,不知时变。"①

那两个鲁地的儒生很瞧不起叔孙通,认为他过于谄媚,没有节操。叔孙通对这些话并不在意,只是笑了笑说他们是不知通变的鄙儒。从叔孙通与儒生的对话可知,他制定的那一套上朝仪式不合古制,属于新创造。这些记载告诉我们,仪式具有时代性。其后,不同时代制定了各自的礼仪制度,由此产生了大量的记录礼仪制度的书籍。把这些书籍合在一起,形成了仪注类。这是讲仪注类史籍的渊源流变。

九、刑 法 类

刑法类史籍共著录 35 部、712 卷,加上亡佚之作,共有 38 部、726 卷。刑法类书籍是怎样产生的呢? 序文说:

刑法者,先王所以惩罪恶,齐不轨者也。《书》述唐、虞之世,五刑有服,而夏后氏正刑有五,科条三千。《周官》,司寇掌三典以刑邦国;司刑掌五刑之法,丽万民之罪;太史又以典法逆于邦国;内史执国法以考政事。《春秋传》曰:"在九刑不忘。"然而刑书之作久矣。盖藏于官府,惧人之知争端,而轻于犯。及其末也,肆情越法,刑罚僭滥。至秦,重之以苛虐,先王之正刑灭矣。汉初,萧何定律九章,其后渐更增益,令甲已下,盈溢架藏。晋初,贾充、杜预,删而定之。有律,有令,有故事。梁时,又取故事之宜于时者为《梁科》。后齐武成帝时,又于麟趾殿删正刑典,谓之《麟趾格》。后周太祖,又命苏绰撰《大统式》。隋则律令格式并

---

① 司马迁《史记》卷九十九《刘敬叔孙通列传》,第 2722—2723 页。

行。自律已下,世有改作,事在《刑法志》。《汉律》久亡,故事驳议,又多零失。今录其见存可观者,编为刑法篇。

由序文可知,刑法之学也出于周官系统,如司寇、司刑、太史、内史等,都是刑法之学的源头。与现代法律之书不同,上古刑书藏在官府,并不公之于众,目的是避免人们去钻刑书的空子。当时的刑书应该比较简单,不像现在这么详细复杂。汉初萧何定律,也只有九章。后来渐渐繁复,一方面,刑律条文增加;另一方面,对刑律的解释之书也不断增多。这里的"令甲",是指法令的第一篇。汉代将历朝皇帝的诏令按甲乙丙丁编次,第一篇就是"令甲"。到西晋时,刑法之书发展为三类,包括律、令、故事。到隋代,律、令、格、式四种并行。《隋书》十志中有专门的《刑法志》一卷,保存在卷二十五中。所以,关于后世刑法变化等问题,序文中没有详细展开。大家如果感兴趣,可以参看《隋书》卷二十五。

十、杂 传 类

杂传类情况比较复杂。《隋志》将杂传类归为史部,其中有些书籍后来部类归属发生变化,被划入子部小说家类。因此,这类书籍与文学史,特别是与古代小说史关系密切。基于这种考虑,我们把这一类放到下一讲中。

十一、地 理 类

接下来是地理类。此类书籍共著录 139 部、1 432 卷,加上亡佚之书,共有 140 部、1 434 卷。先看其序文:

昔者先王之化民也,以五方土地,风气所生,刚柔轻重,饮食衣服,各有其性,不可迁变。是故疆理天下,物其土宜,知其利害,达其志而通其欲,齐其政而修其教。故曰广谷大川异制,人居其间异俗。《书》录禹别九州,定其山川,分其圻界,条其物产,辨其贡赋,斯之谓也。周则夏官司险,掌建九州之图,周知山林川泽之阻,达其道路。地官诵训,掌方志以诏观事,以知地俗。春官保章,以星土辨九州之地,所封之域,以观祅祥。夏官职方,掌天下之图地,辨四夷八蛮九貉五戎六狄之人,与其财用九谷六畜之数,周知利害,辨九州之国,使同其贯。司徒掌邦之土地之图,与其人民之教,以佐王扰邦国,周知九州之域,广轮之数,辨其山林川泽丘陵坟衍原隰之名物,及土会之法。然则其事分在众职,而冢宰掌建邦之六典,实总其事。太史以典逆冢宰之治,其书盖亦总为史官之职。汉初,萧何得秦图书,故知天下要害。后又得《山海经》,相传以为夏禹所记。武帝时,计书既上太史,郡国地志,固亦在焉。而史迁所记,但述河渠而已。其后刘向略言地域,丞相张禹使属朱贡条记风俗,班固因之作《地理志》。其州国郡县山川夷险时俗之异,经星之分,风气所生,区域之广,户口之数,各有攸叙,与古《禹贡》《周官》所记相埒。是后载笔之士,管窥末学,不能及远,但记州郡之名而已。晋世,挚虞依《禹贡》《周官》,作《畿服经》,其州郡及县分野封略事业,国邑山陵水泉,乡亭城道里土田,民物风俗,先贤旧好,靡不具悉,凡一百七十卷,今亡。而学者因其经历,并有记载,然不能成一家之体。齐时,陆澄聚一百六十家之说,依其前后远近,编而为部,谓之《地理书》。任昉又增陆澄之书八十四家,谓之《地记》。陈时,顾野王抄撰众家之言,作《舆地志》。隋大业中,普诏天下诸郡,条其风俗物产地图,上于尚书。故隋代有《诸郡物产土俗记》一百五十一卷,《区宇图志》一百二十九卷,《诸州图经集》一百卷。其余记注甚众。今任、陆二家所记之内而又别行者,各录在其书之上,自余次之于下,以备地理之记焉。

据上述序文,可知《尚书·禹贡》是地理之书的源头。周官中的夏官、地官、春官、司徒、太史等,形成一个管理土地、山川、物产、贡赋、人口,调查各地人情风俗的周密系统。太史汇总各类信息,以辅助王治。地理书籍非常重要,这里专门列举了萧何的例子。入关后,萧何专取秦朝的图书,由此知天下各地人口税赋、关隘险夷等情况,这些信息帮助他们在后来的楚汉之争中胜出。汉武帝时期,专门规定计吏——也就是郡国和州县向朝廷汇报的官吏——所上之书,抄写两本,先上太史,再上丞相,其中包括各地的地理信息。这些计书中的档案信息,成为司马迁编纂《史记》的重要材料。不过,在《史记》中,司马迁只记载了河渠,其他则未备。此后,刘向有地理方面的研究,丞相张禹派其下属朱贡调查各地风俗,这些材料成为班固《汉书·地理志》的重要文献来源。《汉书·地理志》为后来的地理书树立了一个典范。在后来发展过程中,有几位重要人物和几部重要著作。一是西晋挚虞的《畿服经》,二是萧齐时期陆澄的《地理书》,三是萧梁时期任昉的《地记》,四是陈朝顾野王的《舆地志》。这些地理书都属于地理总志。这期间还有不少个人撰写的专记一地的地记之作,如《洛阳记》《吴郡记》《京口记》《会稽记》《荆州记》《豫章记》等。六朝时期地记的编撰现象应当引起我们的关注,很值得进一步研究。发展到隋代,隋炀帝大业时期,曾令全国各地调查当地风俗物产,并绘制地图,上报尚书省。因此,隋代有三部重要的地理总志,包括《诸郡物产土俗记》151卷、《区宇图志》129卷、《诸州图经集》100卷。

隋唐之际是图经兴起的重要阶段,主要原因是选官制度的变化。隋王朝将全国州县官员及其僚属的任命权收归朝廷,与魏晋以来九品中正制的做法不同。而且当时还规定官员要异地任职。这样一来,官员对地方知识的需求就大为增加。在这种背景下,各地都需要编撰图经,以记载当地风俗、土地、人口、物产等信息,并且要绘制地图。图经大量编撰作为一种史学现象,不仅对地理学产生重要影响,而且因文人对图经的不同使用,对散文特别是游记文文体特性的形成也产生重要作用。

十二、谱 系 类

谱系类共著录41部、360卷,加上广佚之书,共53部、1280卷。其序文如下:

> 氏姓之书,其所由来远矣。《书》称:"别生分类。"《传》曰:"天子建德,因生以赐姓。"周家小史定系世,辨昭穆,则亦史之职也。秦兼天下,

划除旧迹,公侯子孙,失其本系。汉初,得《世本》,叙黄帝已来祖世所出。而汉又有《帝王年谱》,后汉有《邓氏官谱》。晋世,挚虞作《族姓昭穆记》十卷,齐、梁之间,其书转广。后魏迁洛,有八氏十姓,咸出帝族。又有三十六族,则诸国之从魏者;九十二姓,世为部落大人者,并为河南洛阳人。其中国士人,则第其门阀,有四海大姓、郡姓、州姓、县姓。及周太祖入关,诸姓子孙有功者,并令为其宗长,仍撰谱录,纪其所承。又以关内诸州,为其本望。其《邓氏官谱》及《族姓昭穆记》,晋乱已亡。自余亦多遗失。今录其见存者,以为谱系篇。

姓氏起源于古人对婚姻关系和人口繁殖的关注和思考。姓氏主要用于标记血缘关系,同姓不婚是基本原则。后来姓氏不断演变,除了别婚姻之外,还与政治发生密切关联。因权力继承问题,同族之内要按昭穆规则排定次序。这样一来,宗谱、族谱之类的书籍开始多起来。据上所述,可知《世本》一书为此类书籍之祖。到汉代,不仅帝王有谱系,官员也有谱系。发展至西晋,普通百姓也有宗谱,挚虞的《族姓昭穆记》即此类宗谱的代表。齐梁时期,修撰宗谱成为流行风气,此类书籍不断增多。南北朝时期,北方的情况与南方不大一样,有出自帝姓的八氏十姓,有跟随北魏的诸国三十六姓,有世为地方部落酋长的九十二姓。姓氏又与郡望产生关联。所谓郡望,是指某一区域或某一范围内的名门望族。如唐代有"五姓""七望","五姓"是指崔、卢、李、郑、王,"七望"是指陇西李氏、赵郡李氏、清河崔氏、博陵崔氏、荥阳郑氏、太原王氏、范阳卢氏。有关姓氏谱系的书籍多起来后,由此形成史部的谱系类。大家注意,《隋志》此类之中,还著录了与世系无关的三种书,即《竹谱》一卷、《钱谱》一卷、《钱图》一卷。在后来的目录学著作中,这三种书都被归为子部,不在史部。由这个现象可知,初唐之前,此类书籍不多,无法单独成为一类,只能暂系于谱系类之后。

十三、簿 录 类

最后是簿录类。此类共著录 30 部、214 卷。所谓簿录,也就是目录学著作。先看其序文：

> 古者史官既司典籍，盖有目录，以为纲纪，体制埋灭，不可复知。孔子删书，别为之序，各陈作者所由。韩、毛二《诗》，亦皆相类。汉时刘向《别录》、刘歆《七略》，剖析条流，各有其部，推寻事迹，疑则古之制也。自是之后，不能辨其流别，但记书名而已。博览之士，疾其浑漫，故王俭作《七志》，阮孝绪作《七录》，并皆别行。大体虽准向、歆，而远不逮矣。其先代目录，亦多散亡。今总其见存，编为簿录篇。

关于目录学起源，《隋书·经籍志》将其推溯至孔子删书，认为孔子整理古籍时曾对古书各篇目录、排列次序以及编排原则作了说明，这些说明文字亦即书序。这是目录学著作的雏形。汉代《毛诗》《韩诗》的序，实际上是仿照孔子所作书序而成的。显然，诗序内容主要是篇目名称、排列次序以及对各篇主旨的说明。刘向、刘歆父子奉命整理国家藏书，编撰了《别录》《七略》，是真正意义上的目录学之作，开创了目录之学。此后，与国家藏书、私人藏书相关的书目渐多，形成官方史志目录和私人藏书目录。簿录类后面所载的几种，并非真正意义上的目录学著作。如荀勖《杂撰文章家集叙》十卷，实际上是文人传记。关于此书的性质，张政烺先生曾指出，"杂撰"当作"新撰"。范晔《后汉书·文苑传》大抵依傍此书。① 挚虞《文章志》四卷是包含了文人传记在内的总集目录，傅亮《续文章志》二卷、宋明帝《晋江左文章志》三卷、沈约《宋世文章志》二卷则是模仿挚虞之作。《书品》二卷、《名手画录》一卷、《正流论》一卷也不是纯粹的目录学著作，类似于钟嵘的《诗品》，主要是对书法和绘画的评论。这是阅读簿录类著作需要注意的。

以上是对《隋书·经籍志》史部分类和著录方式的简单介绍。《隋书·经籍志》史部共著录史籍 817 部、13 264 卷，加上亡佚之书，共著录 874 部、16 558 卷。以下是《隋书·经籍志》史部总序，是初唐史官对《隋书·经籍志》史部的总括：

---

① 张政烺《〈王逸集〉牙签考证》，《文史丛考》，中华书局 2012 年版，第 182 页。

夫史官者，必求博闻强识，疏通知远之士，使居其位，百官众职，咸所贰焉。是故前言往行，无不识也；天文地理，无不察也；人事之纪，无不达也。内掌八柄，以诏王治，外执六典，以逆官政。书美以彰善，记恶以垂戒，范围神化，昭明令德，穷圣人之至赜，详一代之亹亹。自史官废绝久矣，汉氏颇循其旧，班、马因之。魏、晋已来，其道逾替。南、董之位，以禄贵游，政、骏之司，罕因才授。故梁世谚曰："上车不落则著作，体中何如则秘书。"于是尸素之俦，盱衡延阁之上，立言之士，挥翰蓬茨之下。一代之记，至数十家，传说不同，闻见舛驳，理失中庸，辞乖体要。致令允恭之德，有阙于典坟，忠肃之才，不传于简策。斯所以为蔽也。班固以《史记》附《春秋》，今开其事类，凡十三种，别为史部。

从"夫史官者"至"详一代之亹亹"，是说史官和史著的重要性。从"自史官废绝久矣"至"斯所以为蔽也"，是对两汉以来史学的总体评价。从著述数量来看，汉代经学盛而史学衰。不过，《史记》《汉书》开创了正史编纂的新方法和新体例。魏晋以降，官方史学在恢复，但也出现"上车不落则著作，体中何如则秘书"的现象，意思是把史职授予那些不学无术的贵族。"上车不落则著作"，是说刚学会走路，能够在车上站得稳，就授予著作郎之类的官职。"体中何如则秘书"，意思是会说（会写）一些如"体中何如"之类的客套话，就被任为秘书郎。"体中何如"是六朝书信中的常用语。这种现象，一方面反映了当时官位的世袭，另一方面也表明六朝时期官方对修史的不重视。因此，《隋书·经籍志》批评六朝官修史书"理失中庸，辞乖体要"，大有滥竽充数之嫌。

《隋志》批评六朝史学，同时又指出事物的另一面，亦即六朝史籍剧增的一面。这里专门提到《汉书·艺文志》把《史记》附录在《六艺略·春秋》之后，可见当时史书数量非常少，还不能单独成为一类。从东汉到隋，情况发生变化，大量史书被生产出来。从生产主体看，包括官方与私人两大群体。这两大群体又是互通的：一方面是指史籍的互通。官编史籍可能成为私人著史的模仿对象，而私人所著史书一旦被官方采入和收藏，又使其从个体知识或地方知识转变成公共知识。另一方面是指身份的转换。担任史职的官员,有可能从事官方和私人两种性质的史书生产工作。也就是说,他们以史官身份参与史书编纂,转任或离职后继续以私人身份著史。官修史籍显然是在国家书籍制度之下完成的。在官私互通背景之下,私人编撰行为也受国家书籍制度引导和制约。因此,从《隋书·经籍志》史部分类和著录体例,可以反观六朝书籍制度。或者可以说,《隋书·经籍志》隐含了六朝书籍制度的发展变迁。此外,初唐史官将史部书籍分为十三类,不仅是对已有史籍的知识分类,同时也规划了未来史籍生产的发展方向,因而实际上是一种隐性的书籍制度。

第九讲 《隋书·经籍志》文学史价值

上一讲主要讲了《隋书·经籍志》史部分类及其史学价值。在史部十三类中,杂传类情况比较复杂,与文学关联比较密切,我们把它放到这一讲中来讲。以下先讲史部杂传类。

一、杂传源流及其与小说的关系

杂传类共著录 217 部、1 286 卷,加上亡佚之书,共 219 部、1 503 卷。关于杂传类的起源,其序文说得很清楚:

> 古之史官,必广其所记,非独人君之举。《周官》,外史掌四方之志,则诸侯史记,兼而有之。《春秋传》曰:"虢仲、虢叔,王季之穆,勋在王室,藏于盟府。"臧纥之叛,季孙命太史召掌恶臣而盟。《周官》,司寇凡大盟约,莅其盟书,登于天府。太史、内史、司会,六官皆受其贰而藏之。是则王者诛赏,具录其事,昭告神明,百官史臣,皆藏其书。故自公卿诸侯,至于群士,善恶之迹,毕集史职。而又间胥之政,凡聚众庶,书其敬敏任恤者,族师每月书其孝悌睦姻有学者,党正岁书其德行道艺者,而入之于乡大夫。乡大夫三年大比,考其德行道艺,举其贤者能者,而献其书。王再拜受之,登于天府,内史贰之。是以穷居侧陋之士,言行必达,皆有史传。自史官旷绝,其道废坏,汉初,始有丹书之约,白马

之盟。武帝从董仲舒之言,始举贤良文学。天下计书,先上太史,善恶之事,靡不毕集。司马迁、班固,撰而成之,股肱辅弼之臣,扶义俶傥之士,皆有记录。而操行高洁,不涉于世者,《史记》独传夷齐,《汉书》但述杨王孙之俦,其余皆略而不说。又汉时,阮仓作《列仙图》,刘向典校经籍,始作《列仙》《列士》《列女》之传,皆因其志尚,率尔而作,不在正史。后汉光武,始诏南阳,撰作风俗,故沛、三辅有耆旧节士之序,鲁、庐江有名德先贤之赞。郡国之书,由是而作。魏文帝又作《列异》,以序鬼物奇怪之事,嵇康作《高士传》,以叙圣贤之风。因其事类,相继而作者甚众,名目转广,而又杂以虚诞怪妄之说。推其本源,盖亦史官之末事也。载笔之士,删采其要焉。鲁、沛、三辅,序赞并亡,后之作者,亦多零失。今取其见存,部而类之,谓之杂传。

这篇序文很重要,里面讲了几个重要问题。

第一,杂传的起源。杂传起源于周官系统中的史官传统。上古史官修史,在正史所载之外,还有其他形式对正史进行补充。补充的材料来源主要有两大类:一类是官府所藏的君王所行诛伐褒赏、与其他诸侯国会盟结盟的盟书等档案文书;另一类是由自下至上的信息系统所形成的各种人物档案,这类档案的记录者和书写者是地方官吏,包括闾胥、党正、乡大夫等。乡大夫把闾胥和党正记录的那些道德高尚、行为卓异的乡里人物材料上报国君,国君昭告神明后,藏于档案室,其副本则交由史官保存收藏。因此,那些居于偏远之地的贤能特异之士,虽未能入正史,但也有相应的传记,以作为正史的补充。这是杂传的远源。这个传统在春秋战国至秦遭到破坏,至汉代开始逐渐恢复。汉初,盟约之类的文字档案开始为史官收藏,成为修史材料。这里的"丹书之约""白马之盟"对应于前面《春秋传》所载的周王朝的盟约之文。这样对照,是为了突出汉代史官传统的恢复,当然也是为了说明杂传类在汉代的发展。除了"丹书之约""白马之盟"这类档案材料之外,汉代对地方贤能之士的选拔和考核也逐渐形成新的体系,由此产生新的档案材料。汉武帝接受董仲舒的建议,以"贤良""文学"作为察举科目。同时,由计吏上报的各地档案材料,先交给太史。因此,在太史那里,收藏和保存了从国家到地方的各类人物档案。这些人物档案,成为司马迁《史记》、班固《汉书》撰写当代人物列传的重要史料。但是,正史人物列传的容量毕竟有限,无法尽载。例如,《史记》所载民间高士,仅有伯夷、叔齐的传记,《汉书》也只记载了杨王孙等人,其他贤能特异之士都没有被载入。这些没有被载入正史列传的人,他们的档案材料还保存在太史那里。这些档案材料成为杂传的重要来源。

第二,杂传三大类型的形成。杂传有三大类型,其开创者是刘向。刘向编《列仙传》《列士传》《列女传》,形成仙道、高士、女性三大杂传类型。这三大类型杂传在后世分别得以继承和发扬。东汉光武帝刘秀命郡国修撰风俗传记,各地编撰地方人物传记的风气开始流行。汉魏时期察举制的推行,使这类杂传郁然勃兴,数量剧增,由此形成以先贤、耆旧、家记、家传为主体的列士类杂传系统。此后,嵇康撰《高士传》,是对此类杂传的进一步发展。刘向《列仙传》开创了仙道类,魏文帝曹丕《列异传》等是对此类杂传的延续和承继,使仙道鬼神一类成为杂传中的重要一支。刘向《列女传》开创了女性传记的先例,此后刘歆、缪袭、曹植、皇甫谧、杜预等均有此类杂传的撰著。

杂传三大类型也反映在《隋书·经籍志》的著录中。第一类是列士类。从赵岐《三辅决录》至梁元帝《同姓名录》,均属此类。这类杂传以先贤传、耆旧传为主体。列士类数量巨大,当与汉光武帝刘秀大力推行察举制、九品中正制、门阀观念等有密切关系。因此,这类杂传是考察中古时期人才选拔制度、职官制度、家族观念等与文学关联性的重要材料。同时,这类杂传也是研究中古时期地方知识与国家公共知识互动关联的切入口。先贤传、耆旧传、家传等,从知识生产角度看,都属于地方知识。但这类书籍无论主动还是被动地为国家庋藏后,地方知识便转成公共知识。深度考察地方人物传记的撰写目的就会发现,各地方在表彰先贤、弘扬家族时,实际上是对国家制度的回应。他们的撰著行为是在制度的引导和制约中发生的。因此,这类书籍的生产行为反映了国家与地方之间在不同层面的互动关系。其中一个可特别关注的点是,此类书籍关系到撰写者及其所在地的切身利益。先贤传关系到立祠祭祀和相关利益,而家传在述祖德的同时也明显关系到人才选拔时的家族利益。这类杂传被国家收藏的过程,实际上是对各地先贤和某些家族的认可过程。第二类是列女类。从刘向《列女传》至严灟《梁武皇帝大舍》,均属此类。大家注意,这里以刘向《列女传》为此类杂传的首部,如果不细心阅读就很难发现。杂传类的这种排序方式,暗含了《隋志》作者对此类书籍的理解和认知。这是第一个要注意的地方。另一个需要注意的是,自康泓所撰《道人善道开传》开始,到严灟《梁武皇帝大舍》,也列入列女类,实际上是把僧尼的传记附在此类之后。因为僧尼传记还不足以单独成为一类,而其中又有一部分是记女尼的,所以暂系于此。当然,这样做也是为了把僧尼和仙道分开。第三类是仙道鬼神类。这类杂传以魏文帝曹丕《列异传》为首。从《列异传》至末尾颜之推《冤魂志》,都属于此类,主要记载鬼神怪异之事。从《隋志》将魏文帝曹丕《列异传》作为此类首部,可知在初唐史官那里,《列异传》是仙道鬼神类杂传的重要源头。

第三,杂传与小说的关系。《列异传》开启了专叙鬼怪的杂传新类型,是杂传发展史上里程碑式的重要著作。但此书后来被当作志怪小说的开山之作,这个过程是如何发生的呢? 此问题关涉对《列异传》性质认识的历史性变化。

杂传和小说本为两种事物。据前引《隋志》史部杂传类序,可知杂传起源约在西汉时期。《汉书·艺文志》之诸子略说:"小说家者流,盖出于稗官。街谈巷语,道听途说者之所造也。……闾里小知者之所及,亦使缀而不忘。如或一言可采,此亦刍荛狂夫之议也。"[①]据此,小说本为稗官收集整理的"道听途说者"所造的"街谈巷语",起源要比杂传早得多。《隋志》子部小说类序叙述更详:

> 小说者,街说巷语之说也。《传》载舆人之诵,《诗》美询于刍荛。古者圣人在上,史为书,瞽为诗,工诵箴谏,大夫规诲,士传言而庶人谤。孟春,徇木铎以求歌谣,巡省观人诗,以知风俗。过则正之,失则改之,道听途说,靡不毕纪。《周官》,诵训"掌道方志以诏观事,道方慝以诏辟忌,以知地俗";而训方氏"掌道四方之政事,与其上下之志,诵四方之传

---

① 班固《汉书》卷三十《艺文志》,第 1745 页。

道而观衣物"是也。孔子曰:"虽小道,必有可观者焉,致远恐泥。"①

这段文字表明,周王朝已形成一个庞大而严密的舆论采集系统。小说是指舆人、刍荛等卑微者的议论之辞。负责此类信息收集并上报者为诵训和训方氏。诵训专门收集民间流传的各地远古故事及忌讳之语,训方氏则整理诸侯政事和四方传说。诵训和训方氏统称稗官。据《汉书》颜师古注,"稗官"即小官。如淳解释说:"王者欲知闾巷风俗,故立稗官使称说之。"②据此可知,稗官属于周朝所设官职之一种。其职能似与采诗之官相通,但询访对象和采集内容有所不同。采诗者收集歌谣,而诵训和训方氏所采多为民间避讳忌语及规劝箴语,具有警示和训诫之义。例如,《左传·僖公二十八年》所载"原田每每,舍其旧而新是谋"③,即为舆人之诵。因此,追溯古代小说观念的形成,不仅要顾及其原始形态,还要从设官分职角度考察其政治功能。

据上述可知,自有人类便有道听途说的小说。但作为一种观念,小说概念是后起的,是指有意识地通过建官设职而采集的民间信息。其采集者诵训和训方氏,与由御史、大史、小史、左史、右史构成的史官系统一起,共同成为天子与四方各地之间的信息通道。之所以称此类信息为小说,是因为其言说者和采集者地位卑微,同时也因为所采集的信息具有言说的外部特征。在文体学意义上,"说"与"诰""训""誓"等语类文献具有相通性。《汉书·艺文志》诸子略所载小说家 15 种,多以"说"命篇,如《伊尹说》《鬻子说》《黄帝说》《封禅方说》《虞初周说》等。《隋志》子部小说类所载 25 部,也多以"说""语""对"为题,如《琐语》《迩说》《要用语对》《文对》等。不仅如此,该类之下还列入《座右方》《座右法》《鲁史欹器图》《器准图》等书,保存了小说所具有的规箴训诫的古义。从《汉书·艺文志》《隋志》所载来看,小说作为语类文献的特点非常明显,故重在记录和展示言语技巧、论辩智慧及话语机锋。据前所述,杂传是作为正史补充形式出现的,产生于西汉时期。因此,无论从文本性质还是产生时间来看,杂传与小说都不相同。这就是《列异传》作为

① 魏徵等《隋书》卷三四《经籍三》,中华书局,1973 年,第 1012 页。
② 班固《汉书》卷三十《艺文志》,第 1745 页。
③ 杜预注,孔颖达等疏《春秋左传正义》卷十六,第 1825 页。

杂传的一种,在唐前不入子部小说家而归为史部杂传类的原因。

《列异传》是如何从杂传变成小说的? 从官方史志著录来看,《隋志》和《旧唐书·经籍志》都将其归为史部杂传类。《列异传》文献部类归属的改变,发生于北宋欧阳修等人编撰的《新唐书·艺文志》,至此它始被列为子部小说类。究其成因,唐宋时期小说观念的变化最为关键。质而言之,此变化之发生,始于唐人对杂传、小说与正史关系的论辩。初唐史官在编纂前代史时,为突出新作与原书的不同,好奇博异,多采杂传和小说入史。刘知几对此现象极为不满,批评初唐所修《晋书》,杂用《语林》《世说》《幽明录》《搜神记》,"务多为美,聚博为功"①,结果使正史失实。他认为,杂传和小说与正史不同,在采摭史料时,当区别对待,不可混同。这种看法后来得到韩愈、柳宗元、张籍等人的认同,并为北宋欧阳修、宋祁等人接受。故《新唐书·艺文志》在进行文献归类时作了相应调整:将《旧唐书·经籍志》史部杂传类《列仙传》以下至《稠禅师传》数十种移入子部道家类,又将《列异传》以下至《冥报记》数十种并入子部小说家类。②《列异传》自此由杂传而变为"小说",其后相沿不改。至明代胡应麟,始将小说分志怪、传奇、杂录、丛谈、辨订、箴规六类,《搜神记》被列入志怪一类。胡氏称志怪类著作"《搜神》《玄怪》之先也"③。也就是说,他认为《搜神记》和《玄怪录》是志怪小说的鼻祖。胡应麟未将《列异传》列为志怪小说之祖,很可能因《列异传》一书在宋以后已散佚,未能见到原书之故。但据《隋志》所载,《搜神记》等著作的源头为《列异传》。因此,按胡氏分类,《列异传》当属小说志怪类的开山者。《四库全书总目》把胡氏所分的丛谈、辨订、箴规三类改隶杂家,又将小说分为杂事、异闻、琐语三类。鲁迅先生曾对此现象进行分析:"校以胡应麟之分,实止两类,前一即杂录,后二即志怪,……小说范围,至是乃稍整洁矣。"④其意是,胡应麟所分的丛谈、辨订、箴规三类为杂录,《四库全书总目》所分的杂事、异闻、琐语三类为志怪。由此可见,鲁迅先生大致认同《四库全书总目》对小说的分类,故

① 刘知几著,浦起龙释《史通通释》卷五,第108页。
② 参见吴夏平《史学转向与唐代"文之将史"现象》,《文学评论》2019年第3期。
③ 胡应麟《少室山房笔丛》,上海书店出版社2009年版,第283页。
④ 鲁迅《中国小说史略》,《鲁迅全集》第九卷,人民文学出版社2005年版,第10页。

其撰《中国小说史略》中，将魏晋小说分为志人与志怪两大类，论志怪小说则首列曹丕《列异传》。但据上述，在唐开元之前，《列异传》属史部杂传类。欧阳修等人将其划置子部小说类，仅为北宋时期"小说"观念的反映，不能代表此前的"小说"观念，因此也不能据此而混同此前杂传与小说的界限。将魏晋杂传与"小说"混为一体，是拿后起观念去套前人著述，并不符合历史事实。如果回归本义来研究六朝小说史，《隋志》子部小说类所载25种当为直接研究对象。从这个角度说，《列异传》是叙述鬼怪类杂传的创辟者，而非志怪小说的开山之作。

二、《楚辞》类的文学史价值

下面讲《隋书·经籍志》集部。这里面，很重要的一个问题是集部分类。集部共分三大类，包括楚辞、别集、总集。我们要重点关注集部，特别是文集的概念是怎么产生的。前面读《汉书·艺文志》，里面有没有"文集"的概念呢？显然是没有的。从分类上看，确实没有"集"的概念。那么，《汉书·艺文志》中有没有"集"的事实呢？我想，这是大家应该思考的问题。因为作为一个名词，或者作为一概念，其形成过程是漫长的。在明确的概念兴起之前，应有较长一段时间的实践过程。

楚辞类共著录10部、29卷，加上亡佚之书，共11部、40卷，包括以下这些书籍：

《楚辞》十二卷。（并目录。后汉校书郎王逸注。）

《楚辞》三卷。（郭璞注。梁有《楚辞》十一卷，宋何偃删王逸注，亡。）

《楚辞九悼》一卷。（杨穆撰。）

《参解楚辞》七卷。（皇甫遵训撰。）

《楚辞音》一卷。（徐邈撰。）

《楚辞音》一卷。（宋处士诸葛氏撰。）

《楚辞音》一卷。（孟奥撰。）

《楚辞音》一卷。

《楚辞音》一卷。（释道骞撰。）

《离骚草木疏》二卷。（刘杳撰。）

从以上所列书目，可知亡佚之书是刘宋时期何偃删王逸所注的《楚辞》。王逸所注《楚辞》，加上目录共十二卷，何偃不仅对王逸之注作了删改，而且把目录也去除了，因此只有十一卷。这部书，萧梁时曾藏存，后来全部亡佚。这里列出的十一、四十卷，实际上是东汉以来《楚辞》的研究著作，故据此可以了解隋之前的《楚辞》学史。以下是《楚辞》类的序文：

> 《楚辞》者，屈原之所作也。自周室衰乱，诗人寝息，谄佞之道兴，讽刺之辞废。楚有贤臣屈原，被谗放逐，乃著《离骚》八篇，言己离别愁思，申杼其心，自明无罪，因以讽谏，冀君觉悟，卒不省察，遂赴汨罗死焉。弟子宋玉，痛惜其师，伤而和之。其后，贾谊、东方朔、刘向、扬雄，嘉其文彩，拟之而作。盖以原楚人也，谓之"楚辞"。然其气质高丽，雅致清远，后之文人，咸不能逮。始汉武帝命淮南王为之章句，旦受诏，食时而奏之，其书今亡。后汉校书郎王逸，集屈原已下，迄于刘向，逸又自为一篇，并叙而注之，今行于世。隋时有释道骞，善读之，能为楚声，音韵清切，至今传《楚辞》者，皆祖骞公之音。

这段关于《楚辞》类的序文，首先讲屈原《离骚》八篇是怎么创作的，并对其内容作了评价。关于《楚辞》的著录问题非常复杂，实际上不同的著录反映了《楚辞》的成书和流传过程。《汉书·艺文志》诗赋略所载"屈原赋二十五篇"，显然是刘向整理的屈原的作品。刘向虽以"赋"为题名，但实际上包括了屈原《离骚》在内的全部作品，二十五篇是指：《离骚》一篇、《九歌》十一篇、《天问》一篇、《九章》九篇、《远游》一篇、《卜居》一篇、《渔父》一篇。那么，《隋书·经籍志》序文中所说的"乃著《离骚》八篇"又是什么意思？《四库全书总目》说："初，刘向哀集屈原《离骚》《九歌》《天问》《九章》《远游》《卜居》

《渔父》，宋玉《九辨》《招魂》，景差《大招》，而以贾谊《惜誓》，淮南小山《招隐士》，东方朔《七谏》，严忌《哀时命》，王褒《九怀》及向所作《九叹》，共为《楚辞》十六篇。"①四库馆臣继承了传统说法，或者说这种看法反映了清代学者对《楚辞》形成过程的共识，但这种说法与事实不符。刘向所裒集的是以"赋"为名的二十五篇，并非这里所说的"十六篇"，是不包括宋玉以下等人作品在内的。那么，这里的"十六篇"又是怎么来的？实际上是对王逸《离骚后叙》的误读和误解。王逸《离骚后叙》说：

> 而屈原履忠被谮，忧悲愁思，独依诗人之义而作《离骚》，上以讽谏，下以自慰，遭时暗乱，不见省纳，不胜愤懑，遂复作《九歌》以下，凡二十五篇。楚人高其行义，玮其文采，以相教传。至于孝武帝，恢廓道训，使淮南王安作《离骚经章句》，则大义粲然。后世雄俊，莫不瞻仰，撷舒妙思，缵述其词。逮至刘向典校经书，分以为十六卷。孝章即位，深弘道艺，而班固、贾逵复以所见，改易前疑，各作《离骚经章句》。其余十五卷，阙而不说。又以"壮"为"状"，义多乖异，事不要撮。今臣复以所识所知，稽之旧章，合之经传，作十六卷《章句》。②

王逸的后叙，自始至终所说都是《离骚》，而不是《离骚》以外的其他作品。王逸说淮南王刘安受命注解《离骚》，作《离骚经章句》，但未分章。刘向依据文意起伏，把《离骚》分为十六章。东汉班固、贾逵都有《离骚经章句》之作，但所传下来的只有其中一章的注释，其他十五章阙而未传。因此，王逸综合前人，包括刘安、刘向、班固、贾逵等人的释文，又依据刘向所分十六章，对《离骚》重作疏解。要之，这里的"十六卷"是指《离骚》分为十六章，而非包括屈原其他作品在内所分的十六卷。事实上，王逸也明确说到刘向整理屈原作品"凡二十五篇"，而非十六卷。

出土的《王逸集》"象牙书签"载："元初中，王公逸为校书郎，著《楚辞章

---

① 永瑢等《四库全书总目》卷一四八"《楚辞章句》十七卷"提要，第1267页。
② 王逸撰，黄灵庚点校《楚辞章句》卷一，上海古籍出版社2017年版，第38页。

句》及诔、书、杂文二十一篇。"①这个记载可以与刘宋时期范晔《后汉书·王逸传》所载相参。《王逸传》说："著《楚辞章句》行于世。其赋、诔、书、论及杂文凡二十一篇。又作《汉诗》百二十三篇。"②黄灵庚先生认为，范晔的《王逸传》"夺一'及'字"③，"二十一篇"是包括《楚辞章句》在内的。六朝所传的这二十一篇，内容包括：王逸所作《正部论》八卷，也就是八篇；《王逸集》二卷，这二卷包含了王逸所作"赋、诔、书、论及杂文"在内。剩下的十一篇，就是《楚辞章句》十一篇。这与《隋书·经籍志》所载刚好吻合，《隋书·经籍志》所载《楚辞章句》六朝传本在梁时有《楚辞》十一卷本。这十一卷本是去除了目录的，如果加上目录，刚好是十二卷。六朝时期，刘勰所见的《楚辞章句》的本子，其篇目如下：

> 故《骚经》《九章》，朗丽以哀志；《九歌》《九辩》，绮靡以伤情；《远游》《天问》，瑰诡而惠巧；《招魂》《招隐》，耀艳而深华；《卜居》标放言之致；《渔父》寄独往之才。故能气往轹古，辞来切今，惊采绝艳，难与并能矣。自《九怀》以下，遽蹑其迹；而屈、宋逸步，莫之能追。④

这里面的十一篇，与五代王勉《释文目录》相合。《释文目录》所载十一篇次序是：《离骚》《九辩》《九歌》《天问》《九章》《远游》《卜居》《渔父》《招魂》《招隐士》《九怀》。其中，《九辩》《招魂》为宋玉所作，《招隐》为淮南小山所作，《九怀》是王褒所作。《隋书·经籍志》所说"乃著《离骚》八篇"，这八篇依次是《骚经》《九辩》《九歌》《天问》《九章》《远游》《卜居》《渔父》。这里的问题是，《九辩》非屈原所作，何以也掺杂在其中？这是因为，《九辩》《九歌》都是古代遗声。在古代传统中，《九辩》都在《九歌》之前，所以王逸在编次时，把《九辩》置于《九歌》之前。此其一。其二，《九辩》非屈原所作，是唐宋以后的

---

① 张政烺《〈王逸集〉牙签考证》，《文史丛考》，第175页。按："元初"，原文作"初元"，系误倒。"诔、书、杂文"，原文作"诔书、杂文"，须区分。
② 范晔《后汉书》卷八十上《文苑传上》，第2618页。
③ 王逸撰，黄灵庚点校《楚辞章句》"前言"，第4页。
④ 刘勰著，范文澜注《文心雕龙注》卷一《辨骚第五》，人民文学出版社1958年版，第47页。

观念。据"乃著《离骚》八篇"之语,其言下之意,是把《九辩》也认为是屈原所作。不仅王逸如此,六朝人乃至《隋书·经籍志》的作者也都如此认为。例如,《三国志·曹植传》载植上疏:"屈平曰:'国有骥而不知乘,焉皇皇而更索!'"①"国有骥而不知乘,焉皇皇而更"出自《九辩》,曹植认为它的作者是屈原。曹植上疏魏文帝曹丕,态度非常谨慎,必定字斟句酌,因此他在疏中引用,谓之"屈平曰",应该不是误记。这表明魏晋时期人们认为《九辩》的作者是屈原。

这样一来,我们大致上可以梳理《隋书·经籍志》所载六朝时期《楚辞章句》十一卷本(加上目录为十二卷本)的成书过程。

第一阶段:汉武帝刘彻令淮南王刘安注《离骚》。刘安所注《离骚》后虽亡佚,但司马迁等人当时读到,并把刘安的评论采入《史记》。何以知之? 班固《离骚序》引用过刘安的话:"昔在孝武,博览古文。淮南王安叙《离骚传》,以'《国风》好色而不淫,《小雅》怨悱而不乱,若《离骚》者,可谓兼之矣。蝉蜕浊秽之中,浮游尘埃之外,皭然泥而不滓。推此志,虽与日月争光可也'。斯论似过其真。"②《史记·屈原贾生列传》说:"屈平之作《离骚》,盖自怨生也。《国风》好色而不淫,《小雅》怨诽而不乱。若'离骚'者,可谓兼之矣。"③淮南王所注《离骚》,应未分十六章。汉武帝令淮南王刘安注《离骚》,其意义在于提升了楚辞的政治地位。同时,刘安门客中的文人如淮南小山等,或仿作,或悼念,从而增强了楚辞的社会影响和传播力度。

第二阶段:刘向注《离骚》。刘向在前人基础上重注《离骚》,分成十六章。

第三阶段:刘向整理屈原作品。刘向整理后成《屈原赋》二十五篇,包括《离骚》一篇,《九歌》十一篇,《天问》一篇,《九章》九篇,《远游》一篇,《卜居》一篇,《渔父》一篇。这里面,不包括《九辩》。

第四阶段:王逸整理《楚辞》,并为之注,成《楚辞章句》十一篇。王逸在刘向整理的基础上,重加编次。他依照《九辩》《九歌》都是古代遗声的

---

① 陈寿《三国志》卷十九《陈思王植》,中华书局 1982 年版,第 573 页。
② 班固《离骚序》,王逸撰,黄灵庚点校《楚辞章句》卷三,第 88 页。
③ 司马迁《史记》卷八四《屈原贾生列传》,第 2482 页。

传统,增入《九辩》,并将其次序置于《九歌》之前。因此形成屈原"乃著《离骚》八篇"的说法。王逸又补入宋玉《招魂》,淮南小山《招隐》,王褒《九怀》,因为这些都是悼念屈原之作。这样就形成了六朝时期流传的《楚辞章句》十一卷本,加上目录,则为十二卷本。十一卷本的篇目次序是:《离骚》《九辩》《九歌》《天问》《九章》《远游》《卜居》《渔父》《招魂》《招隐士》《九怀》。

以上是对《隋书·经籍志》楚辞类著录及序文的分析。

三、别集的兴起和大规模编纂

《隋书·经籍志》著录别集 437 部、4 381 卷,加上亡佚之书,共有 886 部、8 126 卷。其序文说:

> 别集之名,盖汉东京之所创也。自灵均已降,属文之士众矣,然其志尚不同,风流殊别。后之君子,欲观其体势,而见其心灵,故别聚焉,名之为集。辞人景慕,并自记载,以成书部。年代迁徙,亦颇遗散。其高唱绝俗者,略皆具存,今依其先后,次之于此。

这篇序文代表了初唐史官对别集的基本认知。他们认为,别集的兴起是在东汉时期。而溯其源头,则在屈原。后人模仿屈原《楚辞》之体,形成创作风尚。再后来的文人,想模仿前人之作,揣摩其心思,把前人的作品按照不同的文体类型聚合在一起,称为"集"。再后来,文人模仿这种做法,把自己的作品编成集子,于是形成别集。由于年代迁变,这些别集散佚较多,能够留存下来的大多是"高唱绝俗"之类。《隋书·经籍志》著录别集的体例主要是按时间先后为序。这是初唐史官的基本看法。很显然,这里面提到的一个具体时间是东汉,其他时间都是模糊的。那么,也就是说,《隋书·经籍志》作者认为别集产生于东汉。

《隋书·经籍志》将别集兴起的时间定在东汉是否合理? 这是一个长期

为学界关注和讨论的问题。不过,《隋志》中也透露出一些其他信息,也就是关于别集编撰的基本条件以及对形成过程中各阶段的认识。在他们看来,别集编撰的对象是文人的作品。因此,首先要有文人作品,这是基本条件。别集编撰一开始并非文人自编文集,而是将前人的作品"别聚"在一起,以便揣摩学习。这里的"别"是指类别,是以类相从的意思。后来才发展到将自己的作品也按照类别加以聚合,形成个人的文集。这样一来,《隋志》说别集"盖汉东京之所创"也就可以理解。班固《汉书·艺文志》诗赋略所载五大类,包括"屈原赋""陆贾赋""孙卿赋""杂赋""歌诗",其实都是对前人作品"别聚"的。当然,这里的"别"主要是指赋和歌诗,其他文体则没有列入。实际上,汉代文人写作,就其文体而言是很广泛的,并不只有诗和赋。比如,《史记·司马相如列传》说:"相如他所著,若《遗平陵侯书》《与五公子相难》《草木书》篇不采,采其尤著公卿者云。"[①]扬雄的著作,除了赋之外,还有不少其他文体,如《文心雕龙》说:"至扬雄稽古,始范《虞箴》,作《卿尹》《州牧》二十五篇。"[②]意思是,扬雄模仿《虞箴》,写作了箴体文二十五篇。这种情况在范晔《后汉书·文苑传》中,记载更为详明:

> 杜笃:著赋、诔、吊、书、赞、《七言》、《女诫》及杂文,凡十八篇。
>
> 夏恭:著赋、颂、诗《励学》,凡二十篇。
>
> 傅毅:著诗、赋、诔、颂、祝文、《七激》、连珠,凡二十八篇。
>
> 黄香:著赋、笺、奏、书、令,凡五篇。
>
> 李尤:著诗、赋、铭、诔、颂、《七叹》、《哀典》,凡二十八篇。
>
> 苏顺:著赋、论、诔、哀辞、杂文,凡十六篇。
>
> 王逸:其赋、诔、书、论及杂文,凡二十一篇。
>
> 崔琦:著赋、颂、铭、诔、箴、吊、论、《九咨》、《七言》,凡十五篇。
>
> 边韶:著诗、颂、碑、铭、书、策,凡十五篇。
>
> 张升:著赋、诔、颂、碑、书,凡六十篇。

---

① 司马迁《史记》卷一一七《司马相如列传》,第 3073 页。
② 刘勰著,范文澜注《文心雕龙注》卷三《铭箴第十一》,第 194 页。

　　赵壹：著赋、颂、箴、诔、书、论及杂文十六篇。

　　张超：著赋、颂、碑文、荐、檄、笺、书、谒文、嘲，凡十九篇。①

　　由以上可知，两汉时期的文体实际上并不只有诗和赋两种，而是非常庞杂的。但当时流行的，或者说被认为是主流的还是赋和诗。因此，《汉书·艺文志》诗赋略所记载的，并没有反映当时的全部情况，而仅仅记载了主流的诗赋。这种做法的用意，与司马迁《史记·司马相如列传》末尾所言"余采其语可论者著于篇"是一样的。《汉书·艺文志》诗赋略的做法，即《隋志》所言"别聚"，也就是按文体类别来聚集。"别集之名，盖汉东京之所创也"中的"别集"，"别"指按文体分类，"集"就是汇聚、整理的意思。所以，这里的"集"，用的是"集"的动词意义，而非指代文集的名词意义。

　　关于文集的兴起问题，清代学者章学诚曾有所讨论，他说：

　　　子史衰而文集之体盛；著作衰而辞章之学兴。文集者，辞章不专家，而萃聚文墨，以为蛇龙之菹也。后贤承而不废者，江河导而其势不容复遏也。经学不专家，而文集有经义；史学不专家，而文集有传记；立言不专家，（原注：即诸子书也。）而文集有论辨。后世之文集，舍经义与传记论辨之三体，其余莫非辞章之属也。而辞章实备于战国，承其流而代变其体制焉。学者不知，而溯挚虞所裒之《流别》，甚且以萧梁《文选》，举为辞章之祖也，其亦不知古今流别之义矣。②

　　　集文虽始于建安，（原注：魏文撰徐、陈、应、刘文为一集，此文集之始，挚虞《流别集》，犹其后也。）而实盛于齐、梁之际；古学之不可复，盖至齐梁而后荡然矣。（原注：挚虞《流别集》，乃是后人集前人。人自为集，自齐之《王文宪集》始而昭明《文选》又为总集之盛矣。）范、陈、晋、宋诸史所载，文人列传，总其撰著，必云诗、赋、碑、箴、颂、诔若干篇而未尝云文集若干卷；则古人文字，散著篇籍，而不强以类分可知也。③

---

① 范晔《后汉书》卷八十上、卷八十下，第2595—2658页。
② 章学诚著，叶瑛校注《文史通义校注》卷一《诗教上》，第61页。
③ 章学诚著，叶瑛校注《文史通义校注》卷一《诗教下》，第80页。

集之兴也,其当文章升降之交乎?古者朝有典谟,官存法令,风诗采之间里,敷奏登之庙堂,未有人自为书,家存一说者也。(原注:刘向校书,叙录诸子百家,皆云出于古者某官某氏之掌,是古无私门著述之征也。余详外篇。)自治学分途,百家风起,周、秦诸子之学,不胜纷纷;识者已病道术之裂矣。然专门传家之业,未尝欲以文名,苟足显其业,而可以传授于其徒,(原注:诸子俱有学徒传授,《管》《晏》二子书,多记其身后事,《庄子》亦记其将死之言,《韩非·存韩》之终以李斯驳议,皆非本人所撰,盖为其学者,各据闻见而附益之尔。)则其说亦遂止于是,而未尝有参差庞杂之文也。两汉文章渐富,为著作之始衰。然贾生奏议,编入《新书》;(原注:即《贾子书》。唐《集贤书目》始有《新书》之名。)相如词赋,但记篇目:(原注:《艺文志》《司马相如赋》二十九篇,次《屈原赋》二十五篇之后,而叙录总云,《诗赋》一百六家,一千三百一十八篇。盖各为一家言,与《离骚》等。)皆成一家之言,与诸子未甚相远,初未尝有汇次诸体,裒焉而为文集者也。自东京以降,迄乎建安、黄初之间,文章繁矣。然范、陈二史,(原注:《文苑传》始于《后汉书》。)所次文士诸传,识其文笔,皆云所著诗、赋、碑、箴、颂、诔若干篇,而不云文集若干卷,则文集之实已具,而文集之名犹未立。(原注:《隋志》:"别集之名,《东京》所创。"盖未深考。)自挚虞创为《文章流别》,学者便之,于是别聚古人之作,标为别集;则文集之名,实仿于晋代。(原注:陈寿定《诸葛亮集》二十四篇,本云《诸葛亮故事》,其篇目载《三国志》,亦子书之体。而《晋书·陈寿传》云,定《诸葛集》,寿于目录标题,亦称《诸葛氏集》,盖俗误云。)而后世应酬牵率之作,决科俳扰之文,亦泛滥横裂,而争附别集之名,是诚刘《略》所不能收,班《志》所无可附。[①]

荀勖《中经》有四部,诗赋图赞,与汲冢之书归丁部。王俭《七志》,以诗赋为文翰志,而介于诸子军书之间,则集部之渐日开,而尚未居然列专目也。至阮孝绪撰《七录》,惟技术、佛、道分三类,而经典、纪传、子

---

① 章学诚著,叶瑛校注《文史通义校注》卷三《文集》,第296—297页。

兵、文集之四录,已全为唐人经、史、子、集之权舆;是集部著录,实仿于
萧梁,而古学源流,至此为一变,亦其时势为之也。呜呼! 著作衰而有
文集,典故穷而有类书。①

综合章学诚对文集的看法,大致可归纳为以下几点:

一是集部与子部的关系。章学诚的观点是,子部衰而文集兴。他主
要着眼于学术与文学的关系,认为春秋战国时期,随着天下政治格局的变
化,周王朝的官学一体被打破,官与学开始分离,形成《庄子·天下篇》所
描述的"道术将为天下裂"的新格局。诸子百家的兴起是战国时期的新现
象,诸子的言行和著述不仅是对原本的口传文化的文字转述,而且里面也
蕴含了后来文学发展的各种要素。秦汉大一统,诸子衰歇,但其中所孕育
的文学要素被激发出来,从而形成文人辞赋勃兴的新局面。文集的编纂,
首要条件是作品。因此,章学诚认为,以楚辞为发端的汉代辞赋是文集兴
起的最基本条件。从子部与集部的关系来看,集部的"长"是因为子部
的"消"。

二是从书在官府到个人撰著的变化。章学诚从周官系统出发,认为周
王朝没有私人著述,一切书籍都归于官府。诸子之学是从书在官府向个人
著述演变的中间阶段,书在官府与私人著述并存。这种现象在两汉时期还
存在。个人著述要被官府采纳收藏,才变为官府之书。刘向、刘歆、班固等
人奉命整理藏书,所能看到的主要是官府所藏书籍,因此《别录》《七略》《汉
书·艺文志》都是对官方所藏书籍的载录,那些流行于民间的书籍未被记
载。这与他们以周官系统梳理学术源流的做法是一致的。因此,这并不
是说刘向、刘歆、班固等人不知道民间书籍的流传,而是说即便他们有所
了解,按照周官系统建构的学术传统也不允许他们把民间的书籍纳入其
中。这就很好地解释了《汉书·艺文志》诗赋略何以只载赋和歌诗,而不
载其他文体。

三是文集概念的确立是一个动态发展的过程。汉末魏初,文人创作渐

① 章学诚著,叶瑛校注《文史通义校注》卷三《文集》,第297页。

多,此时虽未有文集之名,但把某几个人的文章合在一处,这样的行为已经发生。章学诚所举例子是曹丕编诸人之集。《三国志·吴质传》裴松之注引《魏略》:"(建安)二十三年,太子又与质书曰:'……昔年疾疫,亲故多离其灾,徐、陈、应、刘,一时俱逝,痛何可言邪! 昔日游处,行则同舆,止则接席,何尝须臾相失! 每至觞酌流行,丝竹并奏,酒酣耳热,仰而赋诗。当此之时,忽然不自知乐也。谓百年己分,长共相保,何图数年之间,零落略尽,言之伤心。顷撰其遗文,都为一集。……'"①曹丕把徐干、陈琳、应场、刘祯等人的文章合在一起,这种编集行为与王逸把屈原、宋玉、淮南小山、王褒等人的辞赋合在一起而成《楚辞章句》的做法是相通的。从编集目的来看,二者也有相通之处,都是为了追思怀念,揣摩学习。从技术上来说,合编多人文章与编集个人文章之间并无多大差异,是可以实现的。但从观念看,汉末魏初流行的还是合编前人的文章,彼时自编文集的做法还没有流行。当然,从理论上来说,每个文人生前都有保存个人作品的做法,否则其作品也难以流传。但是,这种保存己作的行为是否就等同于编撰别集,恐怕还不能这样看。所以,章学诚说建安、黄初,文人作品繁兴,有别集编撰之实,但尚无别集之名。以往关注较多的是曹植生前自编文集。《艺文类聚》引曹植《文章序》:"余少而好赋,其所尚也,雅好慷慨,所著繁多,虽触类而作,然芜秽者众,故删定别撰,为《前录》七十八篇。"②曹植选编个人的文章,删定为七十八篇,并将之命名为《前录》,从行为上看,显然是自编文集。但彼时还没有别集的概念,所以,虽然有此行为,但还不能称之为曹植的别集。曹植去世后,魏明帝曹叡曾下诏:"陈思王昔虽有过失,既克己慎行,以补前阙,且自少至终,篇籍不离于手,诚难能也。其收黄初中诸奏植罪状,公卿已下议尚书、秘书、中书三府、大鸿胪者皆削除之。撰录植前后所著赋颂诗铭杂论凡百余篇,副藏内外。"③魏明帝为曹植平反,下令销毁三府及大鸿胪所藏以往奏曹植罪状的档案材料,并由官方重新撰录曹植的文章百余篇。《晋书·曹志传》:"咸宁初,……帝尝阅《六代论》,问志曰:'是卿先王所作邪?'志对曰:'先王有手所

---

① 陈寿《三国志》卷二一《吴质传》,第 608 页。
② 欧阳询《艺文类聚》卷五五《杂文一》,汪绍楹点校,上海古籍出版社 1999 年版,第 996 页。
③ 陈寿《三国志》卷十九《陈思王植》,第 576 页。

作目录,请归寻按。'还奏曰:'按录无此。'帝曰:'谁作?'志曰:'以臣所闻,是臣族父囧所作。以先王文高名著,欲令书传于后,是以假托。'帝曰:'古来亦多有是。'顾谓公卿曰:'父子证明,足以为审。自今已后,可无复疑。'"①曹志是曹植之子,晋武帝司马炎曾读到署名曹植的《六代论》,但对此文的作者产生疑问,于是询问曹志。曹志归家翻检曹植生前自定目录,发现此文非曹植所作,据传闻当是其族叔曹囧假托之作。据此记载,可知曹植生前曾手定文集目录。由此事件还可以推知,司马炎当时所读《六代论》并未收入魏明帝时官方所编的曹植文集,因为官编曹植文集应有目录,司马炎不会对其作者产生疑问。由此可知,在官编曹植文集之外,还有不少曹植的文章在流传。此其一。其二,由曹志所言"请归寻按",可知在官编曹植文集之外,曹志家中尚有另一种曹植文集,或与官编本有差异。其三,此事件还反映了汉末魏初个人文集向官府藏书流动的过程和路径。当时的文人大多有自觉保存个人作品的意识,或许曾自编文集,但是受制于其他各种因素,只有极少数人的文集得到官方关注,大多数文集并未被国家收藏,因而缺少官定这一性质。因此,我们可以看到,魏秘书郎郑默整理国家藏书,所能见到的文集是非常有限的。晋秘书监荀勖因郑默《中经》,撰著晋《中经新簿》,分甲乙丙丁四部,其丁部著录诗赋、图赞、汲冢书。所用之名仍为"诗赋",而非"文集"或"别集"之类。这表明,荀勖等人所见到的西晋国家藏书中,文集还非常少,不足以单独成为一类。因此,他延续了班固《汉书·艺文志》的做法,称之为"诗赋"。东晋著作郎李充把丙部和乙部的次序互调,说明他所见到的后来称为史部书籍的数量增加,已超过子部书籍。但丁部的位置和名称未变,表明文集数量增加并不明显。刘宋后废帝刘昱元徽元年(473),秘书丞王俭造《四部目录》,收书15 704卷。这是王俭对官方藏书的整理情况。王俭又私撰《七志》,其三称《文翰志》,纪诗赋,虽然改名,但还不称文集或别集。直到梁武帝普通(520—527)中,阮孝绪撰《七录》,把官方目录与私人目录合编,分为七类,其四称为《文集录》,"文集"才开始作为目录学的专名。章学诚指出,初唐史官撰《隋书·经籍志》,分经史子集四部,其集部名称是仿照萧梁

---

① 房玄龄等《晋书》卷五十《曹志传》,中华书局1974年版,第1390页。

时期的做法,特别是受到阮孝绪《七录》的启发。阮孝绪之所以将传统纪诗赋一类改称《文集录》,显然是因为他所看到的文集数量庞大,不单独成类则不足以记录此类书籍。尤其要注意的是,阮孝绪并非仅仅参考官方目录,他还参考了当时不少私人目录学著作。这表明,到梁武帝普通时期,文集编撰已成流行风气。这些文集,不仅是私家所藏,而且不少已为国家图书机构庋藏。也正是因为如此,《隋书·经籍志》作为官方藏书的整理行为,才能著录别集近九百种。

四是文集的名实关系。章学诚的观点可概括为先有文集之实,后有文集之名。章氏对于文集相关事件的辨析别具识见。例如,陈寿编撰《诸葛亮集》一事,《三国志·诸葛亮传》云:"亮言教书奏多可观,别为一集。"①并附《诸葛氏集目录》,"二十四篇,凡十万四千一百一十二字"。又附进书表:"臣寿等言:臣前在著作郎,侍中领中书监济北侯臣荀勖、中书令关内侯臣和峤奏,使臣定故蜀丞相诸葛亮故事。亮毗佐危国,负阻不宾,然犹存录其言,耻善有遗,诚是大晋光明至德,泽被无疆,自古以来,未之有伦也。辄删除复重,随类相从,凡为二十四篇,篇名如右。……伏惟陛下迈踪古圣,荡然无忌,故虽敌国诽谤之言,咸肆其辞而无所革讳,所以明大通之道也。谨录写上诣著作。臣寿诚惶诚恐,顿首顿首,死罪死罪。泰始十年二月一日癸巳,平阳侯相臣陈寿上。"②《晋书·陈寿传》:"司空张华爱其才,以寿虽不远嫌,原情不至贬废,举为孝廉,除佐著作郎,出补阳平令。撰《蜀相诸葛亮集》,奏之。除著作郎,领本郡中正。"③据此可知,此书原名《诸葛亮故事》,是陈寿任职佐著作郎时受命所撰。《三国志·诸葛亮传》所附进书表中的"臣前在著作郎"之"在"字,或为"佐"字之误。泰始十年(274)陈寿进书时,已转任平阳侯相。那么,从《诸葛亮故事》到《诸葛亮集》的变化,到底发生在什么时间?改名者又是谁呢?《隋书·经籍志》载:蜀丞相《诸葛亮集》二十五卷,梁二十四卷。据此可知,萧梁时诸葛亮文集的名称已改为《诸葛亮集》,其时为二十四卷,与《三国志·诸葛亮传》所记相同。《隋书·经籍志》作者所见《诸葛

① 陈寿《三国志》卷三五《诸葛亮传》,第927页。
② 陈寿《三国志》卷三五《诸葛亮传》,第929—931页。
③ 房玄龄等《晋书》卷八二《陈寿传》,第2137页。

亮集》为二十五卷，当是后来增加目录一卷所致。由此大致可以推断：《诸葛亮集》的改名，当发生于萧梁时期。章学诚说"盖俗误"并不准确，因为萧梁时期整理前人著作，是一次大规模的书籍整理活动，改书名是有意识地整齐集部书籍。《三国志·诸葛亮传》所称《诸葛氏集》，则是萧梁以后，或者是唐代史官的修改所致。《三国志·诸葛亮传》所载目录如下：

开府作牧第一

权制第二

南征第三

北出第四

计算第五

训厉第六

综核上第七

综核下第八

杂言上第九

杂言下第十

贵和第十一

兵要第十二

传运第十三

与孙权书第十四

与诸葛瑾书第十五

与孟达书第十六

废李平第十七

法检上第十八

法检下第十九

科令上第二十

科令下第二十一

军令上第二十二

军令中第二十三

军令下第二十四①

从目录可推知此书的性质,正如章学诚所说"亦子书之体"。我们可以比较
《汉书·扬雄传》所载《法言》目录:

> 天降生民,倥侗颛蒙,恣于情性,聪明不开,训诸理。撰《学行》
第一。
> 降周迄孔,成于王道,终后诞章乖离,诸子图微。撰《吾子》第二。
> 事有本真,陈施于亿,动不克咸,本诸身。撰《修身》第三。
> 芒芒天道,在昔圣考,过则失中,不及则不至,不可奸罔。撰《问道》
第四。
> 神心惚恍,经纬万方,事系诸道德仁谊礼。撰《问神》第五。
> 明哲煌煌,旁烛亡疆,逊于不虞,以保天命。撰《问明》第六。
> 假言周于天地,赞于神明,幽弘横广,绝于迩言。撰《寡见》第七。
> 圣人聪明渊懿,继天测灵,冠于群伦,经诸范。撰《五百》第八。
> 立政鼓众,动化天下,莫上于中和,中和之发,在于哲民情。撰《先
知》第九。
> 仲尼以来,国君将相卿士名臣参差不齐,一概诸圣。撰《重黎》
第十。
> 仲尼之后,讫于汉道,德行颜、闵,股肱萧、曹,爰及名将尊卑之条,
称述品藻。撰《渊骞》第十一。
> 君子纯终领闻,蠢迪检押,旁开圣则。撰《君子》第十二。
> 孝莫大于宁亲,宁亲莫大于宁神,宁神莫大于四表之欢心。撰《孝
至》第十三。②

这是班固《汉书》转录的扬雄《法言》自序所载该书目录。《三国志·诸葛亮

---

① 陈寿《三国志》卷三五《诸葛亮传》,第 929 页。
② 班固《汉书》卷八七下《扬雄传下》,第 3580—3583 页。

传》所载诸葛亮文集的目录与此大致相类,所以章学诚说它的性质近似子书。从《三国志·诸葛亮传》可以看到,这二十四篇后改为二十四卷,是不包含目录在内的。可能陈寿当时进书时目录在进书表中,并未与正文合在一处。萧梁时期官方所藏二十四卷本诸葛亮文集,与陈寿所进之书相同,也是未包含目录在内的。后来史官把《三国志·诸葛亮传》保存的目录并入诸葛亮文集,于是形成初唐史官所见到的二十五卷本诸葛亮文集。由此可知,陈寿编诸葛亮文集是实有其事,但当时并不称作"文集",而是名为《诸葛亮故事》。萧梁时期改名为《诸葛亮集》。萧梁至唐初,官方整理国家藏书,又补充了目录,形成了二十五卷本的《诸葛亮集》。

五是总集与别集的关系。章学诚认为别集的兴起仿自总集。他说《隋书·经籍志》以挚虞《文章流别集》为首,并不正确。因为早在建安时期,曹丕已经把徐干、陈琳、应玚、刘祯等人的文章合在一起,编成一部总集。章学诚指出《隋书·经籍志》所载缺漏,曹丕编总集在挚虞之前,这个观点是对的。但章学诚把曹丕所编总集当作总集之首,也还存在一些问题。因为把不同文人的文章合编,东汉王逸《楚辞章句》已经这样做了。这是其一。其二,章学诚认为别集是模仿总集而来的,是从总集中"别聚"某一文人作品,从而形成别集。从事物发展的角度看,他可能刚好说反了。因为这里面要考虑总集是如何编成的。王逸编《楚辞章句》,以类相从,合屈原、宋玉、淮南小山、王褒诸人楚辞类文章而成。后来曹丕编徐干等人的文章而成总集,所用方法与王逸相同。应当说,这在技术操作层面并不复杂。但这里面存在一个逻辑问题,即先有个人作品,之后才有诸人作品的合编。所以,曹丕编徐干等人的总集,里面隐含了一个基本前提,那就是徐、陈、应、刘诸人去世后,其个人作品均已成集,或自编,或他编,其过程与曹植手定《前录》相近。否则,曹丕从何获得这些人的作品呢?只不过,如前所论,当时尚未有文集的概念,仅存文集编撰的事实。但是,章学诚所言别集从总集"别聚"而来,也还是很有启发意义的。这是因为,据此可以知道总集在保存文人作品中的重要价值。挚虞《文章流别集》四十一卷,保存了大量文人的作品,成为齐梁时期重编前代文集的重要材料来源。不仅如此,曹丕、挚虞等人编撰总集时,还对这些作品重新分类,其依据主要是文体。因此,从这层意义上说,总集编纂对魏晋时期文体观念的兴起起到了重要的促推作用。因为面对纷繁复杂的各类作品时,编纂者要做的工作首先是从文体上予以界定,只有这样才能合理地把那些作品归到不同类别中。自编或他编的个人文集,有时并非按文体分类的。比如曹植手定《前录》七十八篇,很可能是按时间先后编成的;而《三国志·诸葛亮传》保存的诸葛亮文集目录,是以事为类的,并未完全按照文体来分类。总而言之,魏晋时期的总集在别集发展史上,特别是在别集编撰之实转向别集概念确立的过程中,起到了重要的过渡作用。这个作用,既体现为保存作品,也体现为文体分类观念。

六是齐梁为文集编撰的大爆发时期。章学诚指出,《隋书·经籍志》"集部著录,实仿于萧梁",确为卓识。不过,这个问题还可以继续探讨。实际上,萧梁时期不仅开创了集部著录的先例,而且更是别集编纂的大爆发时期。这个问题可从书籍史角度来展开。

《隋书·经籍志》著录文集,其小注多用梁有多少卷来说明。例如,"楚兰陵令《荀况集》一卷。(残缺。梁二卷。)""《汉武帝集》一卷。(梁二卷。)"《隋书·经籍志》所载陈以后的文集,未标明时代。这些文集包括:《炀帝集》五十五卷,《王祐集》一卷,武阳太守《卢思道集》三十卷,金州刺史《李元操集》十卷,蜀王府记室《辛德源集》三十卷,太尉《杨素集》十卷,怀州刺史《李德林集》十卷,吏部尚书《牛弘集》十二卷,司隶大夫《薛道衡集》三卷,国子祭酒《何妥集》十卷,秘书监《柳䛒集》五卷,开府《江总集》三十卷,《江总后集》二卷,记室参军《萧悫集》九卷,著作郎《魏彦深集》三卷,著作郎《诸葛颍集》十四卷,刘子政母《祖氏集》九卷,著作郎《王胄集》十卷。在这十七种文集中,除了刘子政母《祖氏集》九卷系后人整理的文集之外,其他十六种文集的作者都是隋朝人。问题是,《隋书·经籍志》为什么对隋代作家不注明朝代呢? 合理的解释应是,《隋书·经籍志》别集著录是以隋代官方所撰目录书为基础的,隋代对于本朝作者的文集当然不必特别注明为"隋",初唐史官在转抄时还保存了当时的痕迹。如果这个推断属实,那么,《隋书·经籍志》对于别集的著录,反映了隋代国家藏书的实际情况。因此,这里面所言梁有多少卷的记载,是当时清查文集后的具体记录。梁有多少卷,显然是把当时的现存书与梁代官方书目对比之后的结果,类似于后世的到阙书目,也就是清查之后需要补充的书目。因此,从梁有多少卷这个著录格式,可以知道这些文集的最后结集时间,也就是其时间下限为梁代。我们之前已经讨论过,从文集的定名过程可以知道,魏晋时期是文集编纂有其实而无其名的阶段。这一阶段,虽有文集编纂行为,但总量并不多,还不足以单独成类。刘宋时期范晔《后汉书》立《文苑传》,反映了文集开始得到重视以及文人群体与儒学群体分流的情况。但是《后汉书》对文人作品的记载,还采用著赋、诗、铭、箴、诔多少篇的统一格式著录,又反映出刘宋时期这些古人的作品还未编成文集,或者至少说明当时的国家藏书中,这些古人的作品编成文集者并不多见。

文集编纂爆发于齐梁时期,还可以从宋齐梁整理国家藏书的数量变化来观察。据《隋书·经籍志》总序,刘宋元嘉八年(431),谢灵运整理国家藏书,"造《四部目录》,大凡六万四千五百八十二卷"。刘宋元徽元年(473),"秘书丞王俭又造《目录》,大凡一万五千七百四卷"。此前东晋著作郎李充以荀勖《中经新簿》校现存书,"但有三千一十四卷"。谢灵运《四部目录》著录的"六万"之"六"字当是"一"字之误,否则无法解释与前后两端国家藏书数量相差太大的现象。齐永明(483—493)中,秘书丞王亮、秘书监谢朓"又造《四部书目》,大凡一万八千一十卷"。齐末,经历兵火,书籍亡佚较多。梁初,秘书监任昉等造《四部目录》,"大凡二万三千一百六卷"。至梁元帝时,"元帝克平侯景,收文德之书及公私经籍,归于江陵,大凡七万余卷"。也就是说,经历侯景之乱,梁元帝迁于江陵时,带到江陵的书籍多达七万多卷。根据各时期国家藏书数量变化的记载,大致可推知齐梁时期文集编纂开始兴盛。

据《梁书·任昉传》,梁天监六年(507),任昉出为新安太守,此前曾担任秘书监,"自齐永元以来,秘阁四部,篇卷纷杂,昉手自雠校,由是篇目定焉"[1]。又说:"昉坟籍无所不见,家虽贫,聚书至万余卷,率多异本。昉卒后,高祖使学士贺纵共沈约勘其书目,官所无者,就昉家取之。"[2]《梁书·沈约

---

①② 姚思廉《梁书》卷十四《任昉传》,中华书局 1973 年版,第 254 页。

传》:"好坟籍,聚书至二万卷,京师莫比。"①任昉、沈约私人藏书宏富,其中应有不少文集。而这些私人所藏文集,成为国家藏书的重要来源。《隋书·经籍志》说"秘书监任昉,躬加部集",此为尤可注意者。其中的"部"是分类的意思,而"集"意为编纂,任昉所编纂者应该包括前人文集和当朝人的文集。

综合以上所说,可知别集的兴起发生于汉末魏初,至齐梁,别集编纂之风流行,国家图书机构大规模整理前人文集和当朝人文集,由此形成历史上文人别集的第一次发展高峰。其意义是重大的,当我们追溯别集整体发展史或某一部文集版本源流,如果能将之置于齐梁时期别集编纂的文化语境中重加考察,一定能有新收获。

四、总集著录体例及其价值

《隋书·经籍志》总集类著录 107 部、2 213 卷,加上亡佚之书,共有 249部、5 224 卷。以下是总集类序文:

> 总集者,以建安之后,辞赋转繁,众家之集,日以滋广,晋代挚虞,苦览者之劳倦,于是采摘孔翠,芟剪繁芜,自诗赋下,各为条贯,合而编之,谓为《流别》。是后文集总钞,作者继轨,属辞之士,以为覃奥,而取则焉。今次其前后,并解释评论,总于此篇。

这里讲总集源于汉魏之际文人创作的繁兴,并把西晋挚虞所编《文章流别集》作为总集的开端。章学诚指出,早在挚虞之前,曹丕已总徐干、陈琳、应玚、刘桢等人文章为一集。章氏观点显然具有补充价值。但是,如果从总诸家之文为一集或总诸体文章为一集的角度来看,《汉书·艺文志》诗赋略中的杂赋、歌诗,除去《高祖歌诗》外,已都具有总集的性质。王逸合屈原、宋玉等人辞赋为《楚辞章句》,显然也具有总集性质。但当时并无总集的名称和

---

① 姚思廉《梁书》卷十三《沈约传》,第 242 页。

概念,书籍题名尚未称为某某集。从这个角度看,总集的形成史同别集一样,也是先有总集编纂之实,后因总集性质的书籍数量增多,才有总集之名。

总集与别集的关系,我们在讨论别集问题时已有所论述。从材料来看,总集是以别集为基础编纂而成的。因此,从材料使用的角度说,别集在总集之先。总集的编纂方式,大体上有两种,一种是总诸家某一类之文,另一种是总诸家各体之文。前者如《汉书·艺文志》所载杂赋和歌诗,杂赋是总诸家某一类赋为集,或以主题总而集之,如《杂中贤失意赋》十二篇,显然是合各种失意主题的赋作而成;或以所赋题中的实物总而集之,如《杂鼓琴剑戏赋》十三篇、《杂器械草木赋》三十三篇等;或以艺术体制总而集之,如《客主赋》十八篇。王逸合屈原、宋玉等人辞赋为一集,显然也属于总诸家某一类文为集的性质。曹丕合徐干、陈琳、应场、刘桢等人的各体文章为一集,挚虞《文章流别集》合诸家不同文体的文章为一集,都属于后者。显然,这两类总集都是以文人的个人作品为基础的,如果没有个人作品的传存,总集是无法编成的。曹丕编徐干等人的文章为一集,其首要工作是搜集整理徐干、陈琳、应场、刘桢等人的作品,再把他们的作品按照不同文体合在一处,就形成了一部总集。挚虞编《文章流别集》的做法,也大体如此。当然,因涉及的作家数量较多,挚虞的先期工作要比曹丕繁复一些。他抄录的个人不同文体的作品,可能来自别集,也可能来自已有总集,还可能来自其他文献,如史传、类书等等。总而言之,挚虞所做的第一步工作,就是尽可能广泛地搜集诸家留存的作品。第二步工作,是按照不同文体,把搜集到的诸家作品按照时间先后次序归入相应的文体之下。因此,总集具有保存作家作品的重要作用。前面说齐梁时期总集编纂大爆发,特别是任昉等人"躬加部集",从别集整理编纂的角度说,他们的工作就是把个人作品从当时所能见到的总集中分离出来,形成文人别集的初编本,再从其他文献中抄录所能见到的该文人的作品,以作为补充,从而还原古人文集。因此,别集与总集的关系,可以说是"分—总—分"的关系。在这个过程中,我们还需要看到,有些文人原来是没有个人文集的,他们的作品以其他形式(如史传、地志、类书等)保存下来,这些作品因进入总集,经由齐梁时期国家图书机构的整理而形成个人别集。因此,齐梁时期的这种编纂行为,可以说是对文人文集的再创造。当然,这里并不是说任昉等人整理编纂文人别集的方式都是从总集中"扒"出来的,他们也还有其他的方式再造别集,如从史传、类书、方志等文献中搜集整理。但可以说,从总集中分离出新的文人文集是当时的主要编纂方式。

在以上所说的总集与别集的关系中,我们还应注意到一种现象,就是各种不同总集的编纂与个人作品流传的关系。总集编纂目的各有不同,有些以保存作品为目的,有些则以凸显编纂者其他意图为目的。后来总集编纂,其材料来源主要包括之前的总集和文人别集。但新编总集对已有材料是重新做了选择的,因此,后人辑佚时面对不同总集,将所见到的文人作品合归一处,形成新的文人别集,这种新编别集遮蔽了魏晋南北朝时期文人别集的原始面貌。因为从理论上来说,不同总集编纂取材来源可能是不同的文集版本。

另外,在上述总集与别集的关系中,还可以看到一种现象,亦即文人作品自下而上,从民间到官方的流动路径。齐梁时期官方所造目录,其对象是官方藏书,这是毋庸置疑的。但是,是否据此可以说《隋书·经籍志》中所著录的"梁有"文集,都是当时征藏而来的图书呢? 答案显然是否定的。齐梁官方藏书机构收藏了一部分个人文集,这是肯定的。但是,可以说绝大部分前代文人别集是当时编纂生产出来的。因此,这种新生产出来的文集,实现了从民间散藏到官方庋藏的转变。这种文集流动路径,是我们研究官私书籍流动时一定要特别加以注意的,不能简单依照官方史志目录的著录,认为所有书籍都是原有的官藏图书。

细致考察,发现《隋书·经籍志》总集类著录是按照如下体例进行的:

其一,从挚虞《文章流别集》到张防《四代文章记》,是按时序对总诸家各体文章为一集的总集的著录。这里面要特别提到的一部书是《文心雕龙》,《旧唐书·经籍志》和《新唐书·艺文志》都将此书归为总集类。《四库全书总目》也把它放到总集类中,置于诗文评类之首。自此以后,人们对此书的认识就与诗文评产生关联。事实上,《文心雕龙》的作者刘勰探讨文体源流和创作理论,是建立在他的阅读经验和知识积累基础之上的。因此,从《文心雕龙》论述各类文体源流所列举的例证,大致可还原刘勰所处时代的古籍情况,特别是齐梁之前的古籍情况。从这个角度说,《文心雕龙》具有保存古籍书目和部分书籍内容的文献价值。以往研究比较重视《文心雕龙》的文学理论价值。实际上,以该书所载文献为线索,可追溯汉魏时期古籍流传至齐梁时期的大致情况。另外需要注意的是,这类总集中还有按地域和时代编纂的总集,如《吴朝文士集》;按性别编纂的总集,如女性作家的总集《妇人集》四种。

其二,自谢灵运编《赋集》以下,均为按文体归类的总集。大体按照赋、诗、颂、箴、铭、诔、训、赞、七体、碑、论、连珠、诏、表、奏、露布、启、书、策、俳谐文等文体来分类著录。其中特别需要注意的是对齐梁时期宴会诗集的编纂,如魏、晋、宋《杂祖饯宴会诗集》21 部、143 卷,齐《释奠会诗》10 卷,《齐宴会诗》17 卷,《青溪诗》30 卷(原注:齐宴会作),梁萧淑编《西府新文》11 卷并录,《文林馆诗府》8 卷(原注:后齐文林馆作)。根据前四种著录,可知魏、晋、宋、齐各时代都有以宴会为主题的诗歌集会活动。根据后两种著录,可知齐梁文士在从事文馆活动时,均有诗歌酬唱活动,并且这种风气还流行至北朝。

以上是《隋书·经籍志》著录总集的大致体例。

《隋书·经籍志》集部总序,即从"文者,所以明言也"到"班固有《诗赋略》,凡五种,今引而伸之,合为三种,谓之集部"一段,具有重要的文学史价值。集部总序可以说是一部唐前文学发展简史,不仅条列了各时代主要文学家和重要文学现象,而且对文学史嬗变的成因作了深入分析,因而充分展示了初唐史官的文学史观。例如,"世有浇淳,时移治乱,文体迁变,邪正或殊",是说每个时代风气不同,影响文学发展,可与《文心雕龙·时序》互参。另外,关于南北文学不同的观念,关乎文学地理,可与《隋书·文学传序》论江左与河朔文风不同相参。按照以往惯例,集部总序是要请大家作笺注的,因此,这里不详细展开。

第十讲　两《唐书》经籍艺文志与唐人别集

　　上节课讲《隋书·经籍志》集部，发现齐梁是文集整理第一次大爆发时期。从别集概念的兴起以及《隋书·经籍志》的著录可以看到，当时整理的文集不仅包括当朝人的别集，也包括大量齐梁之前的文人别集。例如，列在别集之首的是《荀况集》二卷，然而荀子所处的战国晚期是没有集的概念的，所以不可能有别集编纂活动。刘宋时期范晔《后汉书》按诗、赋、铭、诔等各种文体著录篇籍，即是按诗、赋等文体各有多少篇来记载的，而不是像后来那样，按有文集多少卷来著录的。此外，还可以通过书籍的数量变化来比较。刘宋时期谢灵运所编《四部目录》著录一万四千多卷。经历战乱后，梁元帝从都城金陵运到江陵的书籍仍有七万多卷。从刘宋到齐梁，短短几十年时间，书籍数量从一万多卷增加到了七万多卷。那么，数量如此庞大的书籍是从哪里来的？答案应该是：一方面，国家加大了对民间所藏书籍的征集力度，大量书籍由民间汇聚到国家藏书机构；另一方面，齐梁时期对前人书籍做了大规模整理工作，生产了数量巨大的新书，其中重要工作之一就是整理前代文集。

　　下面我们来读《旧唐书·经籍志》和《新唐书·艺文志》。要充分利用这两部官方史志目录，首先就要弄清楚它们的性质。只有在这样的基础之上，才能更加科学合理地加以利用。《旧唐书·经籍志》保存在《旧唐书》第四十六、四十七卷。《新唐书·艺文志》保存在《新唐书》第五十七至六十卷。

一、《旧唐书·经籍志》总序

先看《旧唐书·经籍志》总序第一段：

> 夫龟文成象，肇八卦于庖牺；鸟迹分形，创六书于苍颉。圣作明述，同源异流。《坟》《典》起之于前，《诗》《书》继之于后，先王陈迹，后王准绳。《易》曰："观乎人文以化成天下。"《礼》曰："君子如欲化民成俗，其必由学乎！"学者非他，方策之谓也。琢玉成器，观古知今，历代哲王，莫不崇尚。自仲尼没而微言绝，七十子丧而大义乖。嬴氏坑焚，以愚黔首。汉兴学校，复创石渠。雄、向校雠于前，马、郑讨论于后，两京载籍，由是粲然。及汉末还都，焚溺过半。爰自魏、晋，迄于周、隋，而好事之君，慕古之士，亦未尝不以图籍为意也。然河北江南，未能混一，偏方购辑，卷帙未弘。而荀勖、李充、王俭、任昉、祖暅，皆达学多闻，历世整比，群分类聚，递相祖述。或为七录，或为四部，言其部类，多有所遗。及隋氏建邦，寰区一统，炀皇好学，喜聚逸书，而隋世简编，最为博洽。及大业之季，丧失者多。贞观中，令狐德棻、魏徵相次为秘书监，上言经籍亡逸，请行购募，并奏引学士校定，群书大备。

"龟文成象，八卦于庖牺；鸟迹分形，创六书于苍颉"，是说古代文字的起源，因为要论及书籍文明，首先要从文字讲起。"圣作明述，同源异流"，是说用文字记载思想，古今相通，源流相同。接下来"《坟》《典》起之于前，《诗》《书》继之于后"是对上一句话的举例论证。所谓《坟》《典》，也就是《三坟》《五典》，概指上古的书籍。《诗》《书》也即"《诗》三百"和《尚书》。"先王陈迹，后王准绳"，是说前人历史经验是后人学习对象。接下来引用了《易》的话："观乎人文以化成天下。"随后又引用了《礼》的话："君子如欲化民成俗，其必由学乎！"这是说学习对于社会教化的重要作用。《旧唐书·经籍志》引用《易》《礼》，无非强调书籍的重要性。"学者非他，方策之谓也"一句中，"学者"是指所学的对象。学什么呢？学"方策"，也就是由木牍、简册记载而流传下来的经典。"琢玉成器，观古知今，历代哲王，莫不崇尚"，是说教育就像琢玉一样，要有经验，经验从历史中来，所以历代圣者无不重视历史教育，无不崇尚经典。"自仲尼没而微言绝，七十子丧而大义乖。嬴氏坑焚，以愚黔首。汉兴学校，复创石渠。雄、向校雠于前，马、郑讨论于后，两京载籍，由是粲然。"这段话讲的是书籍史的发展。秦、汉对待书籍的不同态度形成了鲜明的对比。扬雄、刘向都曾从事过书籍整理工作。马融、郑玄两位东汉经学大家注释经典，使得长安和洛阳的书籍，特别是经书蔚为大观。"及汉末还都，焚溺过半"，是说东汉末年董卓挟献帝西迁长安时焚毁糟蹋了大量书籍，实为书籍史上的一大厄运。"爰自魏、晋，迄于周、隋，而好事之君，慕古之士，亦未尝不以图籍为意也"，总括了魏晋至隋的书籍发展。"然河北江南，未能混一，偏方购辑，卷帙未弘"，是说南北方书籍发展的不平衡，有的政权重视书籍收藏，有的则不够重视，尤其是北方政权。"而荀勖、李充、王俭、任昉、祖暅，皆达学多闻，历世整比，群分类聚，递相祖述"，是讲魏晋至隋书籍发展史上的几位重要学者。如之前讲过的西晋荀勖，曾在魏秘书郎郑默《中经》的基础上编成了目录学著作《中经新簿》。东晋李充在目录学史上的重要作用是将魏晋书籍甲、乙、丙、丁四分法中的乙、丙两类位置互调，也即子书与史书互调。其中反映的问题是汉魏时期子书数量较多，而到东晋李充时，史书相对更多，故史部地位上升。这奠定了经、史、子、集四分法的基础，所以李充在目录学史上的贡献是巨大的。王俭是齐梁时期的重要学者，他既著有官方书目，也撰写了私人目录学著作《七志》。王俭与阮孝绪都采用七分法著录书籍。任昉、祖暅也是齐梁时期的著名学者，做过书籍整理工作，有相应的书目留存。"或为七录，或为四部，言其部类，多有所遗"，是说魏晋南北朝时期四分法与七分法同时存在，官方目录学著作多采用四分法，私人多采用七分法。

"及隋氏建邦，寰区一统，炀皇好学，喜聚逸书，而隋世简编，最为博洽"，是讲隋炀帝在书籍史上的贡献。他执政期间曾下令大规模整理书籍，在东都洛阳建了两个大型书库来收藏书画等图籍，并下令每部书各抄写三十种副本，这就加快了书籍的收藏和流通。我们之前在《隋书·经籍志》总序部分也谈到过隋炀帝。各个历史时期对他的评价不同,在初唐他是政治失败者,是一个反面教材。但到盛唐,对他的评价开始发生变化,《初学记》中收录了他十五首诗歌。"及大业之季,丧失者多",是说隋唐之际,由于战乱,书籍大量散佚。"贞观中,令狐德棻、魏徵相次为秘书监,上言经籍亡逸,请行购募,并奏引学士校定,群书大备。"这个问题我曾做过相关考证。魏徵在贞观三年(629)至贞观七年(633)担任秘书监是有原因的。魏徵曾是太子李建成的谋臣,李世民射杀李建成后,魏徵成了其部下。虽然李世民与魏徵后来成为典范君臣,但起初两人相互之间并不信任,这可以从魏徵担任的官职看出。秘书省在贞观三年之前是重要的国家机构,它的职能不只是管理国家藏书,还担任着修史的重任,既修撰本朝实录,也参与修撰前代史。李世民对魏徵并不放心,因为他担心魏徵会实录玄武门之变,会使李世民在史书上留下污点。所以,贞观三年别设史馆,将原本属于秘书省的修史职能分离出去,秘书省由此成为专门的国家图书机构。魏徵在贞观三年转任秘书监,主要负责国家图书机构的书籍管理工作,不再负责国史的修撰。史馆独立设置后,划归门下省管理。什么原因呢? 这是因为当时门下省的长官房玄龄是玄武门之变的主谋。把监修国史的任务交给房玄龄,李世民是放心的。贞观三年史馆独设,既是政治史上的重要事件,也是史学史上的重要事件,因为自此以后国史修撰发生了重要变化,史学发展方向也由此改变。据我考证,令狐德棻毕生都未担任过秘书监一职,仅在贞观十八年(644)担任过秘书丞。《旧唐书·经籍志》说令狐德棻曾担任过秘书监,属于误记。在令狐德棻、魏徵的建议之下,唐王朝开始大规模整理书籍,并且在全国各地搜求书籍。到贞观末年,国家藏书已经非常丰富了。

接着看下面一段:

> 开元三年,左散骑常侍褚无量、马怀素侍宴,言及经籍。玄宗曰:"内库皆是太宗、高宗先代旧书,常令宫人主掌,所有残缺,未遑补缉,篇卷错乱,难于检阅。卿试为朕整比之。"至七年,诏公卿士庶之家,所有异书,官借缮写。及四部书成,上令百官入乾元殿东廊观之,无不骇其广。九年十一月,殷践猷、王惬、韦述、余钦、毋煚、刘彦真、王湾、刘仲等

重修成《群书四部录》二百卷,右散骑常侍元行冲奏上之。自后毋煚又略为四十卷,名为《古今书录》,大凡五万一千八百五十二卷。禄山之乱,两都覆没,乾元旧籍,亡散殆尽。肃宗、代宗崇重儒术,屡诏购募。文宗时,郑覃侍讲禁中,以经籍道丧,屡以为言。诏令秘阁搜访遗文,日令添写。开成初,四部书至五万六千四百七十六卷。及广明初,黄巢干纪,再陷两京,宫庙寺署,焚荡殆尽,襄时遗籍,尺简无存。及行在朝诸儒购辑,所传无几。昭宗即位,志弘文雅。秘书省奏曰:"当省元掌四部御书十二库,共七万余卷。广明之乱,一时散失。后来省司购募,尚及二万余卷。及先朝再幸山南,尚存一万八千卷。窃知京城制置使孙惟晟收在本军,其御书秘阁见充教坊及诸军人占住。伏以典籍国之大经,秘府校雠之地,其书籍并望付当省校其残缺,渐令补辑,乐人乞移他所。"并从之。及迁都洛阳,又丧其半。平时载籍,世莫得闻。今录开元盛时四部诸书,以表艺文之盛。

"开元三年,左散骑常侍褚无量、马怀素侍宴,言及经籍。玄宗曰:'内库皆是太宗、高宗先代旧书,常令宫人主掌,所有残缺,未遑补缉,篇卷错乱,难于检阅。卿试为朕整比之。'"唐玄宗此言具有制度性的意义,亦即口诏令褚无量和马怀素负责整理内库书籍。这里的"内库"是指皇家藏书室,也可理解为皇帝的私人图书馆,与当时的国家图书馆即秘书省是并行的两个藏书机构。"至七年,诏公卿士庶之家,所有异书,官借缮写。及四部书成,上令百官入乾元殿东廊观之,无不骇其广。九年十一月,殷践猷、王惬、韦述、余钦、毋煚、刘彦真、王湾、刘仲等重修成《群书四部录》二百卷,右散骑常侍元行冲奏上之。自后毋煚又略为四十卷,名为《古今书录》,大凡五万一千八百五十二卷。"其中讲了两个重要事件:一是马怀素去世后,唐玄宗令元行冲继续负责国家书籍整理活动,元行冲最终将这些书籍编成了《群书四部录》。《群书四部录》是一部很重要的目录学著作,二百卷这么大的体量决定了它不是一部简单的目录学著作。它应是模仿了刘向、刘歆父子的《别录》《七略》,详细著录每部书的书名、作者、内容、编纂过程、价值、意义等等。可以说,《群书四部录》是《旧唐书·经籍志》的原始史料来源。二是毋煚在《群书四部录》

基础上，重编目录，形成四十卷的《古今书录》。"禄山之乱，两都覆没，乾元旧籍，亡散殆尽。肃宗、代宗崇重儒术，屡诏购募。"关于肃宗、代宗搜购书籍这个问题，我曾经做过研究。我从《全唐诗》《全唐文》以及两《唐书》等文献考察中晚唐的书籍整理工作，对秘书省、集贤院官员到全国各地搜求书籍的活动做了相应考证。

"文宗时，郑覃侍讲禁中，以经籍道丧，屡以为言。诏令秘阁搜访遗文，日令添写。开成初，四部书至五万六千四百七十六卷。"从"安史之乱"书籍严重散佚到文宗时再度丰富，反映了唐王朝对书籍的重视程度。我在这里举个例子，大家知道，《旧唐书》是以盛唐所修《唐史》一百三十卷为基础的。"安史之乱"爆发，洛阳、长安先后陷落，当时史官韦述克服重重困难，最终把《唐史》保存下来。这表明战乱中学者对重要书籍保护作了巨大贡献。"及广明初，黄巢干纪，再陷两京，宫庙寺署，焚荡殆尽，曩时遗籍，尺简无存。及行在朝诸儒购辑，所传无几。昭宗即位，志弘文雅。秘书省奏曰：'当省元掌四部御书十二库，共七万余卷。广明之乱，一时散失。后来省司购募，尚及二万余卷。及先朝再幸山南，尚存一万八千卷。窃知京城制置使孙惟晟收在本军，其御书秘阁见充教坊及诸军人占住。伏以典籍国之大经，秘府校雠之地，其书籍并望付当省校其残缺，渐令补辑，乐人乞移他所。'并从之。"这段话是说唐代书籍的又一次厄运，到唐昭宗时，书籍仅存一万八千卷。"及迁都洛阳，又丧其半。"这讲的是唐哀帝时的事。"平时载籍，世莫得闻。今录开元盛时四部诸书，以表艺文之盛。"这两句非常重要，告诉我们《旧唐书·经籍志》所著录的是开元之前的书籍，而开元之后的书籍是没有记载的。这就是说，要查阅开元以后的唐代书籍目录，《旧唐书·经籍志》没有记载，这些书目主要保存在《新唐书·艺文志》以及人物列传中。

《旧唐书·经籍志》分经、史、子、集四部。甲部为经，其类十二：《易》类、《书》类、《诗》类、《礼》类、《乐》类、《春秋》类、《孝经》类、《论语》类、图纬类、经解类、诂训类、小学类。乙部为史，其类十三：正史类、古史类、杂史类、霸史类、起居注类、旧事类、职官类、仪注类、刑法类、杂传类、地理类、谱系类、略录类。丙部为子，其类十四：儒家类、道家类、法家类、名家类、墨家类、纵横家类、杂家类、农家类、小说家类、兵法类、天文类、历数类、五行类、医方类。丁部为集,其类有三:楚辞、别集、总集。这反映的是盛唐时期书籍分类观念,而不是《旧唐书》编纂者刘昫等人所处后晋时期的分类观念,所以不能用它来印证五代时期的书籍观念。《隋书·经籍志》反映的是初唐的书籍分类观念。《旧唐书·经籍志》的书籍分类观念与《隋书·经籍志》基本一致。

接着看下一段:

> 煦等撰集,依班固《艺文志》体例,诸书随部皆有小序,发明其指。近史官撰《隋书·经籍志》,其例亦然。窃以纪录简编异题,卷部相沿,序述无出前修。今之杀青,亦所不取,但纪部帙而已。而煦等所序四部都录以明新修之旨,今略载之。

这是《旧唐书·经籍志》编撰者的话,意思是他们并没有完全照搬毋煦《古今书录》体例,而做了删减,只记录了作者、书名、卷数。因为他们认为"小序"实际上就是毋煦等人撰写的各书提要,在目录学体例上并无创造,与《汉书·经籍志》差不多,一些古书的著录与《隋书·经籍志》所述相差不大,所以并不重要。不过刘昫等人记录了《古今书录》中的一段序言,这段文字是研究唐代书籍史非常重要的材料,据此可知《旧唐书·经籍志》的性质:

> 窃以经坟浩广,史图纷博,寻览者莫之能遍,司总者常苦其多,何暇重屋复床,更繁其说?若先王有阙典,上圣有遗事,邦政所急,儒训是先,宜垂教以作程,当阐规而开典,则不遑启处,何获宴宁。曩之所修,诚惟此义,然礼有未惬,追怨良深。于时秘书省经书,实多亡阙,诸司坟籍,不暇讨论。此则事有未周,一也。其后周览人间,颇睹阙文,新集记贞观之前,永徽已来不取;近书采长安之上,神龙已来未录。此则理有未弘,二也。书阅不遍,事复未周,或不详名氏,或未知部伍。此则体有未通,三也。书多阙目,空张第数,既无篇题,实乖标榜。此则例有所亏,四也。所用书序,咸取魏文贞;所分书类,皆据《隋经籍志》。理有未允,体有不通。此则事实未安,五也。昔马谈作《史记》,班彪作《汉书》,

皆两叶而仅成；刘歆作《七略》，王俭作《七志》，逾二纪而方就。孰有四万卷目，二千部书，名目首尾，三年便令终竟，欲求精悉，不其难乎？所以常有遗恨，窃思追雪。乃与类同契，积思潜心，审正旧疑，详开新制。永徽新集，神龙近书，则释而附也；未详名氏，不知部伍，则论而补也。空张之目，则检获便增；未允之序，则详宜别作。纰缪咸正，混杂必刊。改旧传之失者，三百余条；加新书之目者，六千余卷。凡经录十二家，五百七十五部，六千二百四十一卷。史录十三家，八百四十部，一万七千九百四十六卷。子录十七家，七百五十三部，一万五千六百三十七卷。集录三家，八百九十二部，一万二千二十八卷。凡四部之录四十五家，都管三千六十部，五万一千八百五十二卷，成《书录》四十卷。其外有释氏经律论疏，道家经戒符篆，凡二千五百余部，九千五百余卷。亦具翻译名氏，序述指归，又勒成目录十卷，名曰《开元内外经录》。若夫先王秘传，列代奥文，自古之粹籍灵符，绝域之神经怪牒，尽载于此二书矣。

夫经籍者，开物成务，垂教作程，圣哲之能事，帝王之达典。而去圣已久，开凿遂多，苟不剖判条源，甄明科部，则先贤遗事，有卒代而不闻，大国经书，遂终年而空泯。使学者孤舟泳海，弱羽凭天，衔石填溟，倚杖追日，莫闻名目，岂详家代？不亦劳乎！不亦弊乎！将使书千帙于掌眄，披万函于年祀，览录而知旨，观目而悉词，经坟之精术尽探，贤哲之睿思咸识，不见古人之面，而见古人之心，以传后来，不其愈已！

毋煚《古今书录》序文，讲了几个重要问题。第一是对元行冲主持编撰的《群书四部录》存在的问题作了揭示和批评。毋煚指出其不足有五个方面：一是许多经书没有著录，著录的没有认真撰写提要。二是只著录了贞观之前的文集，而永徽至开元年间的文集则没有著录。我们今天看到的《旧唐书·经籍志》中的 109 种唐人别集大都是毋煚增补的，这一点非常重要。三是著录混乱，有的时代不清，有的归类错误。四是有些书只有卷数，而有具体内容的目录。五是书序，也就是各部书的提要，都用魏徵所撰旧序，有些书则无提要。书籍分类也照搬《隋书·经籍志》，存在不合理之处。毋煚认为，随着时代变化，书籍的整体情况也发生了改变，编目当以新情况为基础作相应调整。

毋煚指出《群书四部录》存在的各种不足,并进一步分析了造成这些缺憾的原因。他认为,最主要的原因是时间仓促。他以《史记》《汉书》《七略》《七志》为例,说明时间是书籍质量的保障。《群书四部录》二百卷的编撰,实际所用时间不到三年,因此难免粗糙。这是毋煚所表达的第二层意思。

第三层意思是针对《群书四部录》中的错漏,毋煚进行了补正。具体来说,一是补充新书,二是重新归类,三是补充内容,四是改写书序。总的工作量,合计修正《群书四部录》错误 300 余条,增补新书 6 000 余卷。《古今书录》载录经史子集共 45 家,也就是 45 类,共计书籍 3 060 种、51 852 卷。此外,关于佛道二教书籍目录,撰写了《开元内外经录》10 卷,共著录佛道典籍 2 500 余部、9 500 余卷。

毋煚表达的第四层意思,是讲目录学著作的重要性,亦即在裨益教化、保存古籍、传承文化等方面的作用。其中,"览录而知旨,观目而悉词","不见古人之面,而见古人之心"等,概括提炼得非常精准。由此可知,毋煚是很有思想的目录学家,对唐代书籍的传存作了重要贡献。我们过去对他的关注很少,实际上他是很值得研究的。

在转引毋煚《古今书录》序文后,《旧唐书·经籍志》接着说:

> 煚等《四部目》及《释道目》,并有小序及注撰人姓氏,卷轴繁多,今并略之,但纪篇部,以表我朝文物之大。其《释道录目》附本书,今亦不取,据开元经籍为之志。天宝已后,名公各著文章,儒者多有撰述,或记礼法之沿革,或裁国史之繁略,皆张部类,其徒实繁。臣以后出之书,在开元四部之外,不欲杂其本部,今据所闻,附撰人等传。其诸公文集,亦见本传,此并不录。……

这段话中的《四部目》是指毋煚的《古今书录》,《释道目》是指毋煚的《开元内外经录》。毋煚的《古今书录》详细记载了各书的作者和小序,《旧唐书·经籍志》认为比较烦琐,因此对其作了简化,"但纪篇部",也就是只记作者、书名、卷数,其他信息都删除了。《开元内外经录》是佛道书籍目录,"亦不取"。

这就形成了我们今天看到的《旧唐书·经籍志》，或者说这就是《旧唐书·经籍志》的史料来源。那么，天宝以后的书籍怎么载录呢？《旧唐书·经籍志》也作了交代，经学和史学之类的著作，附入作者本传；如有文集留存，也附入各自的传记。

接下来，我们对《旧唐书·经籍志》总序做一个简单总结。根据《古今书录》序文以及五代史臣的叙述，可以知道《旧唐书·经籍志》的性质和史料来源。《旧唐书·经籍志》是据《古今书录》四十卷删减而成的，也即删去了各部书的提要，只保留了作者、书名、卷数。另外，比对二者分类，可知《旧唐书·经籍志》子部将《古今书录》十七类删除或合并为十四类。《旧唐书·经籍志》所记载的书截止到开元年间，开元以后的书籍多无著录。天宝以后的文人别集在《旧唐书》所载作者传记中有记录。只有搞清楚《旧唐书·经籍志》来龙去脉，才能更好地利用。我在研究过程中利用过《旧唐书·经籍志》和《新唐书·艺文志》，后面还会再举例子来具体说明该怎么用。

二、《新唐书·艺文志》总序

下面讲《新唐书·艺文志》，先看它的总序：

> 自《六经》焚于秦而复出于汉，其师传之道中绝，而简编脱乱讹缺，学者莫得其本真，于是诸儒章句之学兴焉。其后传注、笺解、义疏之流，转相讲述，而圣道粗明，然其为说固已不胜其繁矣。至于上古三皇五帝以来世次，国家兴灭终始，僭窃伪乱，史官备矣。而传记、小说，外暨方言、地理、职官、氏族，皆出于史官之流也。自孔子在时，方修明圣经以绌缪异，而老子著书论道德。接乎周衰，战国游谈放荡之士，田骈、慎到、列、庄之徒，各极其辩；而孟轲、荀卿始专修孔氏，以折异端。然诸子之论，各成一家，自前世皆存而不绝也。夫王迹熄而《诗》亡，《离骚》作而文辞之士兴。历代盛衰，文章与时高下。然其变态百出，不可穷极，何其多也。自汉以来，史官列其名氏篇第，以为六艺、九种、七略；至唐

始分为四类，曰经、史、子、集。而藏书之盛，莫盛于开元，其著录者，五万三千九百一十五卷，而唐之学者自为之书者，又二万八千四百六十九卷。呜呼，可谓盛矣！

《六经》之道，简严易直而天人备，故其愈久而益明。其余作者众矣，质之圣人，或离或合。然其精深闳博，各尽其术，而怪奇伟丽，往往震发于其间，此所以使好奇博爱者不能忘也。然凋零磨灭，亦不可胜数，岂其华文少实，不足以行远欤？而俚言俗说，猥有存者，亦其有幸不幸者欤？今著于篇，有其名而亡其书者，十盖五六也，可不惜哉。

初，隋嘉则殿书三十七万卷，至武德初，有书八万卷，重复相糅。王世充平，得隋旧书八千余卷，太府卿宋遵贵监运东都，浮舟溯河，西致京师，经砥柱舟覆，尽亡其书。贞观中，魏徵、虞世南、颜师古继为秘书监，请购天下书，选五品以上子孙工书者为书手，缮写藏于内库，以宫人掌之。玄宗命左散骑常侍、昭文馆学士马怀素为修图书使，与右散骑常侍、崇文馆学士褚无量整比。会幸东都，乃就乾元殿东序检校。无量建议：御书以宰相宋璟、苏颋同署，如贞观故事。又借民间异本传录。及还京师，迁书东宫丽正殿，置修书院于著作院。其后大明宫光顺门外、东都明福门外，皆创集贤书院，学士通籍出入。既而太府月给蜀郡麻纸五千番，季给上谷墨三百三十六丸，岁给河间、景城、清河、博平四郡兔千五百皮为笔材。两都各聚书四部，以甲、乙、丙、丁为次，列经、史、子、集四库。其本有正有副，轴带帙签皆异色以别之。

安禄山之乱，尺简不藏。元载为相，奏以千钱购书一卷，又命拾遗苗发等使江淮括访。至文宗时，郑覃侍讲，进言经籍未备，因诏秘阁搜采，于是四库之书复完，分藏于十二库。黄巢之乱，存者盖鲜。昭宗播迁，京城制置使孙惟晟敛书本军，寓教坊于秘阁，有诏还其书，命监察御史韦昌范等诸道求购，及徙洛阳，荡然无遗矣。

《新唐书·艺文志》在说什么呢？"自《六经》焚于秦而复出于汉，其师传之道中绝，而简编脱乱讹缺，学者莫得其本真，于是诸儒章句之学兴焉。"这是说秦始皇焚书后，汉代的书籍生产发生了许多新变化。例如，今文经大多是用汉隶记录书写的口传文本,与先秦时期的文本相较存在不少讹误。秦始皇禁锢思想也使得讲经解经活动被迫中断。汉初,秦朝的经师如济南伏生已经九十多岁了。由于行动不便,朝廷便派晁错到济南去向他学习《尚书》。与此同时,各种各样的对经典做出解释的学者和书籍也多起来了。"其后传注、笺解、义疏之流,转相讲述,而圣道粗明,然其为说固已不胜其繁矣。"这里讲的是汉代经学兴盛以及解经的烦琐。"至于上古三皇五帝以来世次,国家兴灭终始,僭窃伪乱,史官备矣。而传记、小说,外暨方言、地理、职官、氏族,皆出于史官之流也。"这是说史学著作的源流,由史官记事之书而发展出方言、地理、职官、氏族等不同类型的史著。"自孔子在时,方修明圣经以绌缪异,而老子著书论道德。接乎周衰,战国游谈放荡之士,田骈、慎到、列、庄之徒,各极其辩;而孟轲、荀卿始专修孔氏,以折异端。然诸子之论,各成一家,自前世皆存而不绝也。"这是说子书的兴起和发展变化。《新唐书》对于诸子之学渊源的观点,似乎与《汉书·艺文志》《隋书·经籍志》不大相同。传统认为诸子之学起于史官系统,《新唐书》则认为源于孔子和老子。这个问题当引起注意,还可以再讨论。"夫王迹熄而《诗》亡,《离骚》作而文辞之士兴。历代盛衰,文章与时高下。然其变态百出,不可穷极,何其多也。"这是说集部的渊源流变。关于文人别集和文学总集的源头问题,也还需要进一步研究。"自汉以来,史官列其名氏篇第,以为六艺、九种、七略;至唐始分为四类,曰经、史、子、集。"这是总括前人对书籍的分类,"六艺"是指"六艺略",是刘向、刘歆父子对经部书籍的概称;"九种"是指把"六艺略"中的书籍分为《易》类、《书》类、《诗》类、《礼》类、《乐》类、《春秋》类、《论语》类、《孝经》类、"小学"类,共九种;"七略"是刘歆在其父刘向的基础上对书籍的分类。总而言之,这段话是讲经、史、子、集的渊源流变。"而藏书之盛,莫盛于开元,其著录者,五万三千九百一十五卷,而唐之学者自为之书者,又二万八千四百六十九卷。呜呼,可谓盛矣!"要注意,开元时期 53 915 卷书这个数据与《旧唐书·经籍志》和毋煚《古今书录》记载的大致相当,但具体数字略有变化。这是说唐代书籍事业的繁盛。

　　《新唐书·艺文志》总序的第二段,叙述作者因书籍兴衰引发的感慨。在书籍发展史上,可以看到很多好书未能留存,而那些"俚言俗说"之类的书籍却保存得很好。这里实际上提到一个书籍雅俗与传播的问题，那些语言华丽但缺少思想的书籍很难流传，而通俗之作往往能行之久远。

"初，隋嘉则殿书三十七万卷，至武德初，有书八万卷，重复相糅。"这里的"三十七万卷"包括隋炀帝命令抄写的副本在内，因此有不少书是重复的。"王世充平，得隋旧书八千余卷，太府卿宋遵贵监运东都，浮舟溯河，西致京师，经砥柱舟覆，尽亡其书。"这次书籍厄运在《隋书·经籍志》里也有提到过，实为书籍史上一件重要的事。"贞观中，魏徵、虞世南、颜师古继为秘书监，请购天下书，选五品以上子孙工书者为书手，缮写藏于内库，以宫人掌之。"这是说贞观时期国家对书籍的收藏和整理活动。"玄宗命左散骑常侍、昭文馆学士马怀素为修图书使，与右散骑常侍、崇文馆学士褚无量整比。会幸东都，乃就乾元殿东序检校。无量建议：御书以宰相宋璟、苏颋同署，如贞观故事。又借民间异本传录。"这是说盛唐时期修书盛况。开元初，马怀素和褚无量受玄宗之命整理内库藏书。这里特别提到御集，也就是皇帝个人文集的整理方法。由宰相署名，也就是对搜集到的皇帝个人的作品，或者以皇帝名义编纂的书籍，最后要由宰相审定。宰相同署，一方面表示权威性，另一方面表示编撰者身份是最高的，可见其重视程度。"及还京师，迁书东宫丽正殿，置修书院于著作院。其后大明宫光顺门外、东都明福门外，皆创集贤书院，学士通籍出入。"这是说把整理好的书籍从东都洛阳乾元殿迁到京城长安丽正殿。开元十三年（725），在丽正殿修书院的基础上创置集贤院。集贤院是为皇帝个人服务的，实际上是皇帝的私人图书馆。皇帝的主要活动之地都有藏书，大明宫光顺门外、东都明福门外都有集贤院，说的就是这个意思。集贤院的职能，除了整理藏书之外，还负责起草重要文件、制定制敕、推举人才等工作。开元二十六年（738），翰林院成立后，这些职能便由翰林院来承担，集贤院成为一个专门的图书机构。集贤院所需的纸墨笔等书写材料，由太府统一供给。唐玄宗不断往来于长安和洛阳，两地都有藏书，所以接下来说："两都各聚书四部，以甲、乙、丙、丁为次，列经、史、子、集四库。其本有正有副，轴带帙签皆异色以别之。"甲、乙、丙、丁表示次序，经、史、子、集是各类书籍的总称。为了区分经、史、子、集，四部书的轴、带、帙、签等所用材料和颜色都不一样。这一段是写唐代书籍发展的盛况，主要有两个阶段,一是贞观时期,一是开元时期。

以下讲唐代书籍的散佚和重新整理。"安禄山之乱,尺简不藏",讲的是"安史之乱"致使书籍大量散失。"元载为相,奏以千钱购书一卷,又命拾遗苗发等使江淮括访。"元载是唐代宗时期的宰相,可见当时也有过大规模的书籍搜求活动。关于苗发等人到江淮搜集图书这件事,《全唐诗》有相关例证。当时苗发等人从长安出发,很多朋友为他送行,不少送行诗被保存下来。根据这些诗歌的记载,可知此事曾真实发生。这是唐代宗时期书籍活动的情况。"至文宗时,郑覃侍讲,进言经籍未备,因诏秘阁搜采,于是四库之书复完,分藏于十二库。"郑覃担任文宗侍讲时,曾经上书论书籍之事,于是文宗下令秘书省、集贤院搜采图书,经、史、子、集四库书再度充实。"黄巢之乱,存者盖鲜。"唐末黄巢之乱,书籍再次遭受厄运,许多书籍被焚毁。"昭宗播迁,京城制置使孙惟晟敛书本军,寓教坊于秘阁,有诏还其书,命监察御史韦昌范等诸道求购。"唐昭宗时期,京城制置使孙惟晟搜敛了不少书籍,并将教坊艺人安置在秘书省,把当时的国家图书馆变成了艺人的住所。有人把这些情况向唐昭宗汇报,于是昭宗下令孙惟晟把书籍归还国家。同时,令监察御史韦昌范等人到全国各地搜购书籍。这样一来,国家藏书又逐渐恢复。"及徙洛阳,荡然无遗矣。"这是说朱温之乱时,唐哀帝从长安迁到洛阳,书籍在乱军中又一次消亡殆尽。《新唐书·艺文志》的这些记载,与《旧唐书·经籍志》所载内容差不多,个别细节可以互补。

三、《新唐书·艺文志》集部著录体例的新变化

《新唐书·艺文志》著录经、史、子、集四部,这里主要以集部为例说明著录体例的新变化。

《新唐书·艺文志》集部著录三类书籍:一是楚辞类,二是别集类,三是总集类。其中,自"赵《荀况集》二卷"以下为别集类,以上为楚辞类。大家一定要注意,读书时要细心,有时可能会弄不清楚作者是哪个时代的人。"赵

《荀况集》二卷"意为赵国之《荀况集》，而不是说其作者赵姓。同样，"楚《宋玉集》二卷"意为楚国之《宋玉集》，而非其作者为楚姓。"汉《武帝集》二卷"意为汉代之《武帝集》，而非《汉武帝集》之意。此外，"汉《武帝集》二卷"还表示自此以下，至"《王粲集》十卷"，也即"魏《武帝集》三十卷"之前，都是汉代作者的集子。"魏《武帝集》三十卷"及其以下，至"蜀《许靖集》二卷"之前，都是三国时期曹魏作者的集子。"蜀《许靖集》二卷"及其后《诸葛亮集》二十四卷"为蜀国两位作者的集子。孙吴作者的文集较丰富，包括"吴《张温集》五卷"至"《纪隲集》二卷"中的所有集子。"晋《宣帝集》五卷"至"宋《武帝集》二十卷"，为两晋作者的集子。"宋《武帝集》二十卷"至"齐《竟陵王集》三十卷"，为刘宋作者的集子。"齐《竟陵王集》三十卷"至"梁《文帝集》十八卷"，为南朝齐作者的集子。"梁《文帝集》十八卷"至"后梁《明帝集》一卷"之前，为南朝梁作者的集子。下面后梁、后魏、北齐、后周、陈、隋的作者集子的著录规则依次类推。"《太宗集》四十卷"及其以下为唐代作者的集子，这里就不逐一细说了。

另外要特别提醒大家的是，《新唐书·艺文志》著录某些书目时有小注。如"《杜元志集》十卷"，其下小注说："字道宁，开元考功郎中，杭州刺史。"又如"《康国安集》十卷"，注文说："以明经高第直国子监，教授三馆进士，授右典戎卫录事参军，太学崇文助教，迁博士，白兽门内供奉、崇文馆学士。"这些小注是很重要的。因为一些作者在列传中没有记载，而这些小注就为我们了解其生平情况提供了重要信息。再如《苑咸集》，小注说："卷亡。京兆人。开元末上书，拜司经校书、中书舍人，贬汉东郡司户参军，复起为舍人、永阳太守。"这条信息除了提供作者的生平情况外，"卷亡"也很关键。那么，"卷亡"有什么含义呢？《新唐书·艺文志》所载录的书目，欧阳修等人当时并不是全都见到过。有些书籍在此之前是存在的，但在欧阳修等人整理书目时已经亡佚，只有书名保存了下来。"卷亡"透露出的信息还有，欧阳修等人修撰《新唐书·艺文志》时，对存世的书籍进行过大规模清查，否则就不可能用"卷亡"这样确定的词语来著录。此外，"卷亡"还表明《新唐书·艺文志》并不只是著录当时目验的书籍。这里面有一个比对的过程，也就是拿原来的书目与现存之书进行比对，所以才能发现"卷亡"的情况。据此可知，《新唐书·艺文志》所载录的书籍并不是北宋当时国家图书馆的实际藏书情况。《苑咸集》"卷亡"表明该书在历史上是存在过的,但在欧阳修等人编撰《新唐书·艺文志》时已经亡佚。

再看下面这条信息:《严从集》三卷,注文:"从卒,诏求其稿,吕向集而进焉。"我曾经就这个问题做过研究,根据这部书的小注,可以对《严从集》三卷进行定性。这部书曾经保存在盛唐的国家图书馆里。如何得知呢?"诏求其稿"是非常关键的信息。这就是说国家曾经下令搜集严从的集子,因此可以说他的集子曾经被国家图书馆收藏过。后面的信息说得也很清楚,是由吕向搜集编成,并进献给国家。《刘长卿集》十卷,注文说:"字文房。至德监察御史,以检校祠部员外郎为转运使判官,知淮西鄂岳转运留后、鄂岳观察使。吴仲孺诬奏,贬潘州南巴尉。会有为辨之者,除睦州司马,终随州刺史。"这条书目信息比较详细,有助于我们了解刘长卿的仕历。再看丘为集子的情况:《丘为集》,"卷亡。苏州嘉兴人,事继母孝,尝有灵芝生堂下。累官太子右庶子,时年八十余,而母无恙,给俸禄之半。及居忧,观察使韩滉以致仕官给禄所以惠养老臣,不可在丧为异,唯罢春秋羊酒。初还乡,县令谒之,为候门磬折,令坐,乃拜,里胥立庭下,既出,乃敢坐。经县署,降马而趋。卒年九十六"。这条书目信息更加详细,可惜的是欧阳修等人著录时丘为的集子已经亡佚。其中有一个很值得我们思考的问题,既然《丘为集》已经亡佚,那么欧阳修等人如何得知这么丰富的信息?面对材料,我们不仅要知道怎么使用它,还须弄清楚它是怎么来的。唐人的集子编好之后往往会请名人写序。这种情况是常见的,保存在《全唐文》中的书序有不少。有些唐人的集子虽然亡佚了,但集序文可能会流传下来。因为有些集序会以另一种方式流传,也就是保存在序文作者的文集中,或者被选录到其他的总集中。这样一来,即使原书亡佚,他人所作之序文还能保存下来。如刘禹锡为他人写了十几篇集序文,后来有些人的集子亡佚了,但保存在刘禹锡文集里的那些集序文为我们提供了他曾写过序文的集子的信息。因此,《丘为集》注文中的这段话很有可能来自其文集序。我们虽然不知道其文集序的作者,但至少说明欧阳修等人当时为此集撰写注文时,很可能从其他材料中看到了文集序,这条注文的史源很可能是文集序。当然,也有可能来自文集作者的墓志等其他材料,因为有些唐人墓志被保存下来,而且在志文中提到墓主的文集情况。所以,我们在做研究时,不仅要善于分析信息,而且要弄清楚信息的来源。

《新唐书·艺文志》著录的书目通过小注来介绍作者情况的这一现象,实际上反映了"以书存人"的编撰目的。"以书存人"是《新唐书·艺文志》新创的体例,因为这些文集作者在列传当中没有传记,或者无相关记载。这与《史记》《汉书》开创的"以史存文"现象恰好形成鲜明对照。《史记》《汉书》在文人传中大量节选传主重要作品,目的是突出传主的性格特征,因为作为文人,最能反映其特点的当然是他的作品。这种"以史存文"现象形成史传编纂学传统,后来也称"节文"。"节文"的编纂方法有助于使传主形象更加丰满。但是,有些文人在列传中无记载。因此,《新唐书·艺文志》发明了一种新方法,亦即借助文集之下的小注来对其作进一步叙述,这就形成"以书存人"现象。当然,在著录的书目之下进一步作注的做法,并非《新唐书·艺文志》首创。不过,与之前的注文相较,《新唐书·艺文志》更注重记录作者信息或者书籍编纂过程,具有独特的学术价值。因此,《新唐书·艺文志》中的这些小注实际上相当于传记。例如,袁皓《碧池书》三十卷,小注:"袁州宜春人。龙纪集贤殿图书使,自称碧池处士。"袁州也即今天江西宜春,龙纪是唐昭宗李晔的年号,这条信息说明唐昭宗时集贤殿有专门负责图书搜访工作的图书使者。再如《孙氏小集》三卷,注文:"孙郃。字希韩,乾宁进士第。"这条书目告诉我们,孙郃是一个不起眼的文人,但他曾在唐昭宗乾宁年间进士及第。我们再看"《包融诗》一卷"的小注:"润州延陵人。历大理司直。二子何、佶齐名,世称'二包'。何,字幼嗣,大历起居舍人。融与储光羲皆延陵人;曲阿有余杭尉丁仙芝、缑氏主簿蔡隐丘、监察御史蔡希周、渭南尉蔡希寂、处士张彦雄张潮、校书郎张晕、吏部常选周瑀、长洲尉谈戭,句容有忠王府仓曹参军殷遥、硖石主簿樊光、横阳主簿沈如筠,江宁有右拾遗孙处玄、处士徐延寿,丹徒有江都主簿马挺、武进尉申堂构,十八人皆有诗名。殷璠汇次其诗,为《丹杨集》者。"包融这个人很重要,是中唐著名诗人。唐人选唐诗是唐代文学史上的重要文学现象,而《包融诗》下的注文是研究唐人选唐诗的重要材料,因为它详细说明了殷璠唐诗选本《丹杨集》的编纂情况。《皇甫冉诗集》三卷,小注:"字茂政,润州丹杨人,秘书少监、集贤院修撰彬侄也。天宝末无锡尉,避难居阳羡,后为左金吾卫兵曹参军、左补阙,与弟曾齐名。曾,字孝常,历侍御史,坐事贬徙舒州司马,阳翟令。"这条信息很特别,不仅交代了皇甫冉的情况,还提供了皇甫曾的生平信息,具有重要参考价值。

我们之前介绍了《旧唐书·经籍志》的著录情况,这里又介绍了《新唐书·艺文志》的情况。那么,有没有把两者合抄在一起,从而有利于比较研究的著作呢?有的,这里向大家介绍商务印书馆1956年出版的《唐书经籍艺文合志》。作为《旧唐书·经籍志》《新唐书·艺文志》的合抄本,这部书能帮助我们对比考察两种著作的异同,以及它们之间的变化。我们之前讲过,《隋书·经籍志》把《搜神记》归入史部杂传类,《旧唐书·经籍志》也是这样划分的。《旧唐书·经籍志》是转抄毋煚所编《古今书录》而成的,反映的是盛唐时期书籍分类观念。《隋书·经籍志》反映的是初唐时期图书分类观念,因此初盛唐书籍分类观念具有一致性,并没有多大变化。《搜神记》在《新唐书·艺文志》中发生了变化,被划归子部小说家类。这一书籍分类观念的变化具有非常重要的意义,因为这个变化反映了唐宋时期的学者对《搜神记》性质认识的改变。究其本质原因,是唐宋时期对小说性质的认识以及小说观念发生了变化。这种现象背后的机制应引起研究者的注意。

我之前研究过这个问题。这个问题比较复杂,这里简单向大家介绍一下,以便更好地理解文献部类归属变化及其背后的机制问题。这种现象大致上和初唐时期史官的观念有关系,特别是与刘知几关系密切。我反复强调过,刘知几这个人很重要。我认为,研究文学思想史有三个重要人物和三部重要典籍:一是刘勰《文心雕龙》,二是刘知几《史通》,三是章学诚《文史通义》。刘知几是初唐著名史学家,他在《史通》里提出一个重要观点。大家知道,《晋书》在初唐官方重修之前已有十几种著作,其中包括臧荣绪一百二十卷本的《晋书》。初唐官修《晋书》为了突出新颖性,在前人基础上重新搜集新材料。那么,他们是怎样搜集新材料的呢?他们从《搜神记》《世说新语》等书中搜集新材料。初唐史官为什么要把后来被认为是小说的《搜神记》《世说新语》等作为正史的史料来源呢?这与他们的书籍观念,特别是对这几部书的文献归属观念有关。他们把《搜神记》《世说新语》等书归为史部杂传类,因此可以采入正史。而刘知几的看法与他们不同。他批判说,《搜神记》这样记录鬼神怪异的书不能作为正史的材料来源,初唐史官之所以这样做,无非为了突出新编《晋书》的新异性。刘知几的观点得到了后世很多人的支持,如韩愈、柳宗元、张籍等等。他们把杂传和小说区分得很清楚。韩愈对宋人影响很大。尤其是欧阳修,非常敬佩韩愈,因此韩愈的这个观念显然对他产生影响。《新唐书·艺文志》赞同自刘知几到韩愈等人的新观点,所以把《搜神记》从史部杂传类分离出来,转而归入子部小说家类。从《新唐书·艺文志》开始,一直到《四库全书总目》,乃至今天,都将《搜神记》这类书当作小说来看待。这个例子对我们利用书目来做学术研究具有较大启发意义,因为找到了一个很好的利用目录学著作研究中国古代小说观念的切入点。

第十一讲 《四库全书总目》及其检索利用

　　这节课向大家介绍《四库全书总目》。此书是一部非常重要的目录学著作，又名《钦定四库全书总目提要》，大家经常会用到这部书。之前我们从《汉书·艺文志》开始，一直讲到了《新唐书·艺文志》。中国目录学经历了一千多年的漫长发展，其间产生了许多目录学著作。比如之前讲到过的《汉书·艺文志》《隋书·经籍志》《旧唐书·经籍志》《新唐书·艺文志》，当然还包括《宋史·艺文志》《明史·艺文志》等。《艺文志》《经籍志》这些志书属于官方史志目录著作。除此之外，还有许多私人目录学著作，比如宋人晁公武《郡斋读书志》、陈振孙《直斋书录解题》。私人目录学著作并不是宋代才有的，早在宋之前已有许多私人藏书家。南朝阮孝绪的《七录》，其中很大一部分是根据他个人藏书整理而成的。唐代也有不少私人藏书家，如《贞观政要》的作者吴兢，藏书据说有一万多卷，后据此编成《西斋书目》。中晚唐时期的藏书家更多。韩愈《送诸葛觉往随州读书》："邺侯家多书，插架三万轴。"[1]这是说李泌藏书之富。宋代藏书家更多，如欧阳修号称"六一居士"，其中一个"一"便是"藏书一万卷"。晁公武《郡斋读书志》、陈振孙《直斋书录解题》是宋代比较典型的私人藏书目录，今天都还能见到，在研究中应充分利用。这是因为，晁公武、陈振孙看到的唐人文集和我们今天看到的唐人文集是有差异的。也就是说，他们在书目中记录了唐及唐前大量古籍的原始面貌，这些书籍的面貌今天很难见到。我们可以根据他们的描述，来推断当时的情况。

---

　　[1]　韩愈著，钱仲联集释《韩昌黎诗系年集释》卷十二，上海古籍出版社 2020 年版，第 1352 页。

我曾经发表《唐人别集国家庋藏制度及相关文学问题》(《文学遗产》2020 年第 3 期),其中就利用过晁公武《郡斋读书志》和陈振孙《直斋书录解题》,特别是《直斋书录解题》,对这篇论文有很大帮助。我考证《骆宾王文集》便是根据《直斋书录解题》的记载进行的。陈振孙当时见到了好几种《骆宾王文集》的版本,如蜀刻本等。他还讲到自己见到的蜀刻本《骆宾王文集》的序文和之前见到的版本的序文是不一样的。因此,根据《直斋书录解题》所记载的信息就可以分析《骆宾王文集》从唐至宋发生了哪些变化。而这些信息和《旧唐书·经籍志》《新唐书·艺文志》的记载是不一样的。《旧唐书·骆宾王传》说《骆宾王文集》是武则天下令编纂的,而《新唐书·骆宾王传》则说是唐中宗下令编纂的。那么,到底是《旧唐书》说得对,还是《新唐书》说得对呢? 其中只有一种说法是对的,或者两种说法都不对。最后,我根据相关信息判断,得出的结论是:《旧唐书》的记载是对的。既然《新唐书》的记载不对,我们就应该分析其错误产生的原因。大家知道,《新唐书》是北宋中期欧阳修、宋祁等人编撰的。他们的说法来源于修改后的《骆宾王文集》序,所以跟《旧唐书》的记载不同。举这个例子是想告诉大家,晁公武、陈振孙的目录学著作,以及尤袤《遂初堂书目》,还有其他私人目录学著作,在研究古代文献和古代文学时尤其要充分利用。

明清时期,私人藏书家越来越多,私人目录学著作也更加繁荣。宋代藏书家的藏书目的相对单纯,主要是为了个人阅读、书籍整理等。他们认为这是比较文雅的一种生活方式,所以乐在其中。明清藏书家虽然也有这样一种典雅的生活乐趣,但是书籍的商业性质、书籍流通的商业氛围越来越浓。这是明清私人目录学著作越来越多的原因之一。因此,除了官方史志目录外,还要重视私人目录学著作。这是要跟大家交流的第一个问题。下面开始讲《四库全书总目》。

一、《四库全书》纂修过程

从性质上看,与《汉书·艺文志》等官方史志目录及《直斋书录解题》等私人目录学著作不大一样，《四库全书总目》属于大型丛书目录。接下来，我们看一看这部丛书目录是怎么产生的。

先了解一下《四库全书》的修撰过程。大家知道，它是从乾隆三十八年(1773)开始，花费了十年时间方才修好。为纂修《四库全书》，清王朝在北京设立了"四库全书馆"这一专门机构，并且对馆臣做了明确细致的分工。我们引用《四库全书总目》，可以总称那些整理书籍的官员为四库馆臣。根据乾隆四十七年(1782)"进四库全书告成表"所附"办理四库全书在事诸臣职名"表，有正总裁，以乾隆第六子永瑢担任其职。此外，还有副总裁、总阅官、总纂官、总校官、翰林院提调官、武英殿提调官、总目协勘官、校勘《永乐大典》纂修兼分校官、校办各省送到遗书纂修官、黄签考证纂修官、天文算学纂修兼分校官、缮书处总校官、缮书处分校官、篆隶分校官、绘图分校官、督催官、翰林院收掌官、缮书处收掌官、武英殿收掌官、监造官等等。因为当时以永瑢总领《四库全书》修纂工程，所以《四库全书总目》作者署名是永瑢等。这里提醒大家注意，永瑢的"瑢"字，不是"镕"，很多人会写错。

《四库全书》不是刊刻印刷，而是以手抄方式抄写了七部。为什么不刊印，而要抄写呢？这里面的原因很多，可能跟修书目的有关，因为抄书更有利于书籍审查。另外，可能还跟抄本、刻本的雅俗观念有关。也就是说，当时人认为，抄本是雅的，刻本是俗的。这种观念今天仍然存在，比如有些人把诗词作品雕版印刷，就是因为他们觉得简体横排不够典雅。乾隆皇帝和当时文人同样有古典的观念，认为抄写本是典雅的。这种观念还可以再往前追溯，魏晋时期简纸替代过程中，也有类似情况。自汉末以降，造纸技术开始普及，纸张被广泛使用，但同时竹简书籍也大量存在。时人仍然愿意使用竹简来书写，而不是纸张。为什么呢？因为他们觉得纸张书写不典雅。由此可见，传统的力量是巨大的。要想改变某种观念，何其艰难。《初学记》引桓玄《伪事》："古无纸，故用简，非主于敬也。今诸用简者，皆以黄纸代之。"[1]从东汉顺帝时蔡伦发明造纸术，到东晋用纸普及，前后相跨近三百年。这与我们今天虽然倡导无纸化办公、使用电子版文书，但纸质文件依然大量

---

① 徐坚等《初学记》卷二十一《文部》"纸第七"，中华书局2004年版，第517页。

存在,道理是一样的。这两种不同的新旧观念,每个时代都有。宋代雕版印刷技术大量使用,与卷轴装的手抄本书籍相比,雕印书籍在当时也被认为是比较俗的。这种观念一直到清代,甚至现代仍然存在。所以,清王朝修纂《四库全书》采取手抄方式,很可能受雅俗观念影响。

清王朝修《四库全书》的另一个主要目的是想借盛世修书来博取名声。历史上,盛世修书已成为一种文化传统。如明永乐皇帝朱棣,即位后下令修《永乐大典》。再往前推,赵宋初期,编修了四部大型类书《文苑英华》《太平御览》《太平广记》《册府元龟》。唐朝也是如此,武则天时期修纂了一部大型书籍《三教珠英》,有一千三百卷。可见,盛世修书是有悠久传统的国家行为。

清王朝借修《四库全书》之机,对民间藏书进行了一次全面清查。当时的书籍审查,实质是一种严格的禁书制度,通过搜检排查,去除那些不利于清王朝统治的书籍。基于这种修纂目的,我们可以看到《四库全书》的各种不同来源,包括专人到各省进行搜访的书籍、各地藏书家进献的珍本和善本书等。当然,收入《四库全书》的书籍,也有通过辑佚方式整理的古籍。例如,当时一些学者从《永乐大典》辑出了不少散佚的古籍,如邵晋涵等辑《旧五代史》、徐松辑《登科记考》等。

《四库全书》纂修的方法,主要有以下六种:一是合抄。搜访来和进献到四库馆的书籍,由专门的人来挑选,然后按照统一格式抄写。二是合刻。选择较好的孤本,刻书以备流传。三是合存。搜访和进献的书籍中,没有被选到《四库全书》中的怎么处理?当时采用的办法是既不抄也不刻,只是为其撰写提要,以保存相关信息,因此这类书籍叫作存目书。四是禁毁。他们认为的有反清倾向的书籍,一律查禁焚毁。五是荟要。也即从《四库全书》中另选一部分书籍编为《四库全书荟要》。为什么要再编荟要呢?因为乾隆皇帝很不自信,担心有生之年看不到好书,希望能早点看到一部重要而必备的图书。因此,他令馆臣于敏中、王际华等人从应抄诸书中,撷其精华,快速成书。乾隆四十三年(1778),于、王等人编成《四库全书荟要》,藏在紫禁城坤宁宫御花园"摛藻堂"。乾隆四十四年(1779),又誊缮一部,藏在圆明园"味腴书室"。"摛藻堂"和"味腴书室"是乾隆的私人图书馆。大家知道,乾隆皇帝上朝主要在紫禁城。他的另外一个生活区域是圆明园,很多同学应该都去过,在北京大学旁边。"味腴书室"在圆明园内,大家有机会可以去看看。《四库全书荟要》收书464种,两万多卷,一万多册。《四库全书荟要》修好后,乾隆皇帝很开心,写诗记其事:"全书收四库,荟要粹其精。事自己巳(乾隆十四年,1749)兆,工今戊戌(乾隆四十三年,1778)成。于焉适枕葄,亦欲励尊行。设曰资摛藻,犹非识重轻。"六是复抄。乾隆四十六年(1781)十二月,第一部《四库全书》抄写完毕,并装潢进呈。接着又用了近三年时间,抄完第二、三、四部,分藏于文渊阁(紫禁城内文华殿后)、文溯阁(沈阳故宫)、文源阁(圆明园)、文津阁(承德避暑山庄),这就是所谓的"北四阁"。从乾隆四十七年(1782)七月到乾隆五十二年(1787),又抄了三部,分藏于江南文宗阁(镇江)、文汇阁(扬州)、文澜阁(杭州),这就是所谓的"南三阁"。《四库全书》当时共抄了七部。我们大多用的是文渊阁《四库全书》,但文津阁《四库全书》现在也影印出版了。大家可能对文津阁《四库全书》影印出版存在疑惑,可能会觉得既然文渊阁《四库全书》已经影印出版了,文津阁《四库全书》就没必要重复出版。其实不然,如果将文渊阁与文津阁《四库全书》相互比对,就会发现,同一部书的这两个版本,内容可能有一些不同。所以,大家要注意,影印文津阁《四库全书》仍然有很大的学术价值。

接下来向大家介绍一下如何利用"知识图谱"进行《四库全书》的检索和注释。登录搜韵网(https://sou-yun.cn/),点击"古籍检索"。这里以唐代陆淳《春秋集传纂例》为例说明。在"书名或作者"栏中输入"春秋集传纂例",即可链接该书,可以看到有"影印本"和"文影对照"两种模式。我们选择"文影对照",进入《春秋集传纂例》的提要页。左边是提取出来的文字栏,右边是影印栏,如图3所示。

我们看提要里的这段话:"助字叔佐,本赵州人,徙关中,官润州丹阳县主簿。匡字伯循,河东人,官洋州刺史。"如果要引用这段话,该如何处理呢?如何做到准确注释呢?这其实是有信息提示的。WYG0146-0375a,表示的意思是文渊阁《四库全书》第146册,第375页。搜韵网中的《四库全书》书影,用的是上海古籍出版社1987年影印台湾"故宫博物院"的文渊阁《四库全书》。上海古籍出版社对原书进行了缩印。缩印版同一页中的a、b、c、

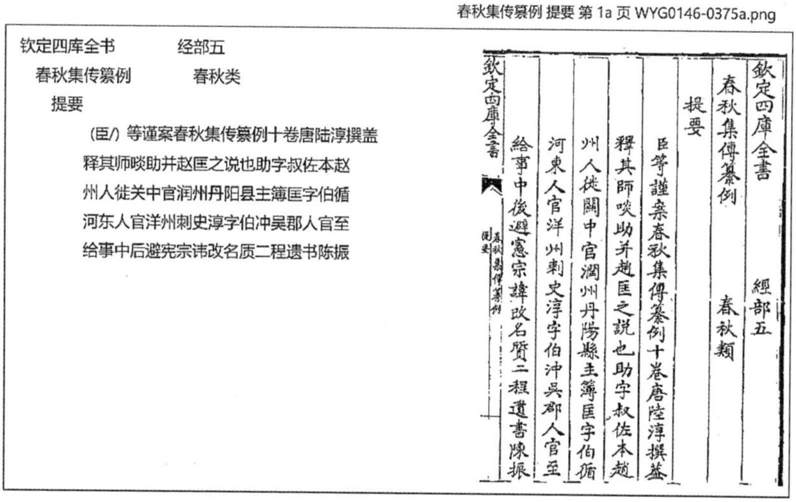
春秋集传纂例 提要 第 1a 页 WYG0146-0375a.png

钦定四库全书　　经部五
春秋集传纂例　　春秋类
提要
(臣/) 等谨案春秋集传纂例十卷唐陆淳撰盖
释其师啖助并赵匡之说也助字叔佐本赵
州人徙关中官润州丹阳县主簿匡字伯循
河东人官洋州刺史淳字伯冲吴郡人官至
给事中后避宪宗讳改名质二程遗书陈振

欽定四庫全書　　經部五
春秋集傳纂例　　春秋類
提要
臣等謹案春秋集傳纂例十卷唐陸淳撰蓋
釋其師啖助并趙匡之說也助字叔佐本趙
州人徙關中官潤州丹陽縣主簿匡字伯循
河東人官洋州刺史淳字伯沖吴郡人官至
給事中後避憲宗諱改名質二程遺書陳振
欽定四庫全書　春秋集傳纂例

图 3

d,表示原书页在缩印版一页中的次序。a、b、c、d 各小页,对应原书的四页。不过,这里要提醒大家,在使用《四库全书》时,最好还是到图书馆去核对原书。

上面介绍了电子版《四库全书》的使用,接下来继续讲此书的编纂。为了保证进度,先后有 3 000 多人参与抄写《四库全书》,同时规定抄写定额:每人每天抄写 1 000 字,每人每年抄写 33 万字,5 年限抄 180 万字。5 年期满,抄写 200 万字者,列为一等;抄写 165 万字者,列为二等。按照等级分别授官,包括州同、州判、县丞、主簿等官职。在授官的刺激下,大家抄书都很认真。清代有一种书法叫作馆阁体。什么是馆阁体呢?我们现在可以看到,在四库馆抄书的这 3 000 多人的字体几乎是一模一样的,这就是馆阁体,也就是标准的楷体。如果发现字体不工整者,记过一次,罚多写 1 万字。所以,《四库全书》的抄写工作进展顺利,每天都有约 600 人从事抄写,至少可抄 60 余万字。

以上简介了《四库全书》的编纂过程。这是我们必须了解的,因为《四库全书》是《四库全书总目》编撰的基础。接下来讲《四库全书总目》的编撰。

二、《四库全书总目》编撰

乾隆三十八年(1773),在安徽学政朱筠建议下,《四库全书总目》开始编撰。根据学者们的考证,《四库全书总目》的修撰过程如下:一是分纂官拟写提要初稿;二是总纂官润色并统一格式;三是总裁讨论;四是皇帝钦定。虽有四个步骤,但皇帝钦定只是形式而已,主要由分纂官和总纂官负责,分纂官写初稿,总纂官修改。刚才讲过,《四库全书总目》还有《四库全书总目提要》一名,实际上是同一部书。由于该书纂修由乾隆第六子永瑢负责,所以署名为永瑢等。该书修好后又经过纪昀等人润色修改,所以又有纪昀等编《四库全书总目提要》的说法。

《四库全书总目》属于集体创作而非一人所为,体现的是官方意志而非一己之私意。《四库全书总目》的收书数量:收入《四库全书》中的有 3 461 种、79 306 卷;那些没有被挑选中的,但保存了相关信息的存目书,共 6 793 种、93 551 卷。两项合计 10 254 种、172 857 卷。《四库全书总目》版本有三种:一是武英殿本;二是杭州本;三是粤本。其中,杭州本最好。如果只是做简单的查询和阅读,而不是专门研究,用通行本即可。今通行本《四库全书总目》,中华书局 1965 年版,即以杭州本为底本,参用了武英殿本和粤本。

对与《四库全书总目》相关的其他书目,也应该有所了解。一是《四库全书简明目录》。简明目录该如何理解? 是不是只保留了书名、作者、卷数这些简要信息的目录呢? 不是这个意思。《四库全书总目》是包括存目书在内的,而《四库全书简明目录》则去掉了存目书,只保留了被选中抄到《四库全书》中的书籍的提要,也就是只保存了 3 461 种书目提要。因此,《四库全书简明目录》中查不到存目书的信息。二是《四库撤毁提要》。乾隆五十二年(1787),清政府发现《四库全书》中明代李清《诸史同异录》等 11 种著作有诋毁清廷之处,于是将此 11 种书从"四库"中抽毁,并把这 11 种书的提要从《四库全书总目》中删除。但宫廷中依然保存了 11 种书的副本,书前提要也因此得以保存。这些提要合在一起,即为《四库撤毁提要》。三是《四库未收书目提要》。《四库全书》修好之后,很多学者对此很关心,他们阅读《四库全书总目》时发现有很多好书没有收进去。阮元先后征集了"四库"未收书 70 余种,撰写成提要五卷,亦即《四库未收书目提要》。前面提到《四库全书总目》中有存目书 6 793 种,这些书籍虽然没有被抄入《四库全书》,但仍然保存在武英殿内。这就产生了新的问题:这些存目书是如何流传的呢?后来又分别散存到什么地方?这是需要弄清楚的。杜泽逊先生《四库存目标注》一书,专门对此进行了研究。杜先生依据《四库全书存目》,遍查各地图书馆藏书,如国家图书馆、北京大学图书馆、中国社会科学院图书馆、各省图书馆等,把《四库全书存目》中大部分书的现存情况、保存地等信息都搞清楚了,撰成《四库存目标注》。工作量非常大,花了十几年时间。大家如果感兴趣,可以找来看看。

三、《四库全书总目》利用

刚才讲《四库全书》以及《四库全书总目》编纂过程,相信大家对这两部书的性质已有一定认识,接下来讲如何利用《四库全书总目》。要利用《四库全书总目》,首先要对它的分类有所了解。《四库全书总目》分为经、史、子、集四部。经部收录儒家经典及相关著作,包括《易》类、《书》类、《诗》类、《礼》类、《春秋》类、《孝经》类、五经总义类、四书类、《乐》类、小学类,共 10 个大类。如果将《四库全书总目》的经部分类与《隋书·经籍志》比较,就会发现《四库全书总目》多出了五经总义类和四书类。这说明从唐代到清代,经学发生了很多新变化。特别是四书类,作为一个概念、一个名词,它产生于宋代。朱熹注《大学》《中庸》《论语》《孟子》四书,明清以此作为科举考试教材和主要考查内容,由此形成"四书学"。经学变化正是从这些对比中考察出来的。另外,大类之下又分小类。比如《礼》类,又分《周礼》、《仪礼》、《礼记》、三礼总义、通礼、杂礼书 6 属。这种分类也是之前官方史志目录没有的,说明唐代到明清这一个时段的经学发生了新变化,有了新现象,特别是对儒家经典的专书研究越来越繁杂。

史部分正史类、编年类、纪事本末类、别史类、杂史类、诏令奏议类、传记类、史钞类、载记类、时令类、地理类、职官类、政书类、目录类、史评类，共15个大类。如果拿史部的这15个大类和《隋书·经籍志》史部的13类作比较，就会发现其中发生了很多变化。纪事本末类和史评类是《隋书·经籍志》史部中没有的。我们知道，史书主要有编年体和纪传体两种体例。两种体例各有优长，也各有缺陷。纪传体史书中，人物本传主要记载传主的人生大事，其他小事则记载在他人传记中，这叫互见法。因此，要了解某一历史人物的全部历史，就不得不阅读大量的其他相关传记，很不方便。同样，编年体也有其弊端，将历史切分成不同时段。因此，要了解某一历史事件，很不方便。比如中晚唐"牛李党争"持续了几十年，要了解其来龙去脉，就不得不查阅大量其他相关史料。宋代史学家袁枢创造了一种新方法，以重要历史事件为主题，亦即纪事本末体，由此形成史籍的一个新品种，也就是纪事本末类。自唐以降，史评类的书开始增多，如唐代刘知几的《史通》等。将《史通》放在编年类、纪传类或者其他类中都不合适，所以《四库全书总目》专门设置了史评类，把《史通》等书纳入其中。史部的15个大类中又分了一些小类，比如传记类又分圣贤、名人、总录、杂录、别录。地理类又分宫殿疏、总志、都会郡县、河渠、边防、山川、古迹、杂记、游记、外记10属。目录类又分经籍、金石2属。因此，从《四库全书总目》史部分类可以发现史学的新变化。

子部收录诸子百家著作和类书，包括儒家类、兵家类、法家类、农家类、医家类、天文算法类、术数类、艺术类、谱录类、杂家类、类书类、小说家类、释家类、道家类，共14大类。有些大类下面又分小的属，我们就不展开讲了。

《隋书·经籍志》集部分总集、别集、楚辞三大类，而《四库全书总目》集部在上述三大类之外，增加了诗文评、词曲两大类。

这里稍微延伸一下。大家知道，《四库全书》和《四部丛刊》中都保存了很多古书，那么，假如同一种书在这两种丛书中都有收录，应阅读或参考哪个版本呢？一般认为，《四部丛刊》版本要比《四库全书》好。为什么？因为《四部丛刊》是民国时期张元济等人收集出版的，其中大部分都是善本。《四库全书》编纂，一方面，为了清查不利于清朝统治的书籍，因此很多好书被排斥在外；另一方面，《四库全书》通过抄写完成，抄写改变了原书面貌，抄写后的版本与原书版本不同,形成了新的本子。因此,这里面很值得研究的是《四库全书》本与抄写之前的原始版本之间的比对。通过比对就会发现《四库全书》改动了原书的哪些内容,是怎样改动的,以及当时是如何审查书籍的。我们之前讲过,《旧五代史》是邵晋涵等人从《永乐大典》中辑出来的。大家知道,《旧五代史》很多史料保存在《册府元龟》中。陈尚君教授以《册府元龟》为基础重编《旧五代史》,撰写了《旧五代史新辑会证》。如果拿《册府元龟》中的史料与邵晋涵所辑《旧五代史》进行比对,就会发现四库馆臣的辑佚本对哪些文字做了改动,是怎么改的,也就可以知道清王朝采取了怎样的书籍审查方法,他们忌讳的地方在哪里,等等。其中不仅涉及版本学问题,还涉及如何通过史源学方法来考察同一种书不同版本之间的差异。《四库全书》中不少其他书籍也是如此,已不是进献时的原始面貌,很多地方都被改动过。所以,《四库全书》本与其抄写的原始本之间的关系问题很值得研究。当然,这个问题一直为学界关注。前辈学者讲如何利用《四库全书》时,总会反复不断提醒大家要注意这一点。但也有学者指出,清王朝编纂《四库全书》时,主要审查经史典籍和诗文集,而对艺术类书籍并没有过细的审查和改动。所以,优先引用《四部丛刊》本这个说法应当修正,因为《四库全书》中艺术类书籍也保存了比较好的本子。

(一) 即类求书与因书究学

《四库全书总目》的基本功能就是助人找书。关于这一点,乾隆皇帝也说过,目录的编纂主要是为了方便检索:"俾学者由《书目》而寻《提要》,由《提要》而得全书。"[①]有人认为,这个功能在数字化的今天已经没有多大价值了,因为利用关键词检索可以快速在电子版《四库全书》中找到需要的书。那么,在找书这个层面,《四库全书总目》已经完全失去价值了吗?我想不是这样的。因为利用关键词检索固然可以快速找到所需之书,但是关键词检索无法做到"即类求书"。因此,我们可以利用《四库全书总目》去聚类,也就是找到某一类书。王小盾老师归纳任中敏先生的治学方法,指出其中重要方法就是"即类求书"与"因书究学"。举个简单的例子,譬如研究中国古代

---

① 张书才《纂修四库全书档案》,上海古籍出版社 1997 年版,第 229 页。

的书法艺术,需尽可能地搜求历代相关的书法类文献,这便叫作"即类求书"。另一方面,大家也能够利用《四库全书总目》来"因书究学"。比如《四库全书总目》卷一百三十五至卷一百三十九记载了类书书目两卷、存目三卷,我们可以按图索骥,进行类书的研究,这便叫作"因书究学"。学会并善用目录学著作,可以帮助我们掌握某一门类学问,了解其历史发展脉络。《四库全书总目》实际上与读书、治学息息相关。大家在平时阅读过程中,或是确定论文选题,查找资料时,必须具备"即类求书,因书究学"的意识。有的同学总觉得论文难写,但写只是把思考成果表述出来,它的难处其实在于搜集文献和解读资料,在此基础之上采用相应方法进行分析、提炼、概括,得出科学合理的结论。前面提到过,许多同学存在一个认识误区,以为找资料就是查知网,其实知网检索的论文充其量不过是学术史的一部分。我们所说的资料,是指与研究相关的原始文献。举例来说,假如研究李白,就应该熟悉李白的诗集、版本流传以及与之相关的各种其他材料,而不是知网上检索到的研究李白的论文。所以,《四库全书总目》在文献聚类方面还具有重要作用,并非如一些人所说的那样,在数字化当下已经没有价值了。

实际上,前人对《四库全书》和《四库全书总目》进行了深入研究,已形成专门的"四库学"。民国以来,陈垣、余嘉锡、王重民、杨家骆等先生在此方面都做了大量研究工作。陈垣有《编纂〈四库全书〉始末》,余嘉锡有《四库提要辨证》,王重民有《办理四库全书档案》,杨家骆有《四库大辞典》。20世纪后半叶,胡玉缙、严耕望、吴哲夫、杜泽逊、司马朝军、何宗美等人也有不少相关研究著作,推进了"四库学"的发展。

(二) 各部类序文与学术史

此外,我们还需要仔细阅读四部总序及各类小序,因为这些序文当中包含了大量学术史信息。以经部总序为例:

> 经禀圣裁,垂型万世,删定之旨,如日中天,无所容其赞述。所论次者,诂经之说而已。自汉京以后垂二千年,儒者沿波,学凡六变。其初专门授受,递禀师承,非惟诂训相传,莫敢同异,即篇章字句,亦恪守所闻,其学笃实谨严,及其弊也拘。王弼、王肃稍持异议,流风所扇,或信

或疑,越孔、贾、啖、赵以及北宋孙复、刘敞等,各自论说,不相统摄,及其弊也杂。洛闽继起,道学大昌,摆落汉唐,独研义理,凡经师旧说,俱排斥以为不足信,其学务别是非,及其弊也悍(如王柏、吴澄攻驳经文,动辄删改之类)。学脉旁分,攀缘日众,驱除异己,务定一尊,自宋末以逮明初,其学见异不迁,及其弊也党(如《论语集注》误引包咸夏瑚商琏之说,张存中《四书通证》即阙此一条以讳其误。又如王柏删《国风》三十二篇,许谦疑之,吴师道反以为非之类)。主持太过,势有所偏,材辨聪明,激而横决,自明正德、嘉靖以后,其学各抒心得,及其弊也肆(如王守仁之末派皆以狂禅解经之类)。空谈臆断,考证必疏,于是博雅之儒引古义以抵其隙,国初诸家,其学征实不诬,及其弊也琐(如一字音训动辨数百言之类)。

经部总序实际上就是一部经学简史。"自汉京以后垂二千年,儒者沿波,学凡六变",把经学的发展分为六个阶段。以下分别叙述各阶段特点。第一个阶段:"其初专门授受,递禀师承,非惟诂训相传,莫敢同异,即篇章字句,亦恪守所闻,其学笃实谨严,及其弊也拘。"这是讲经学发展初期的特点,其优长之处在于"笃实谨严",而缺点在于过于拘泥。它的拘泥是如何造成的呢?由于太过于讲究师承和家法,不敢质疑,老师怎样说,学生就怎样学,如此造成了不好的影响。这是对两汉经学的总括。第二个阶段:"王弼、王肃稍持异议,流风所扇,或信或疑,越孔、贾、啖、赵以及北宋孙复、刘敞等,各自论说,不相统摄,及其弊也杂。"魏晋南北朝至宋是第二个阶段,四库馆臣认为此阶段经学特点是"杂"。王弼《周易略例》是易学的一座高峰,是易学研究中谁也无法回避的问题。那么,王弼的《周易》阐释有什么特点呢?他的阐释之学改变了汉人拘泥于训诂和考证的弊端,从义理角度来阐发《周易》的思想性,由此形成了义理解经的方法。"孔"是指孔颖达,"贾"是指贾公彦。"啖、赵"是中唐新《春秋》学的代表学者啖助和赵匡。北宋孙复、刘敞等人也有各自的经学方法。由此,我们知道"杂"的含义,是说魏晋至北宋时期经学派系众多,无所统属,不主一家。其实,这对经学发展来说并非坏事。但四库馆臣站在官方立场,认为"杂"是这一阶段经学的缺陷。第三个阶段:"洛闽继起,道学大昌,摆落汉唐,独研义理,凡经师旧说,俱排斥以为不足信,其学务别是非,及其弊也悍。"洛学是指程颢、程颐"二程"之学,因他们兄弟二人是洛阳人,故名。他们提出"理"的哲学范畴,认为万事万物皆有"理"。"理"与"道"相通,故也称作道学。大家知道,他们最著名的一个说法是"存天理,灭人欲",穷究天理与人欲的关系。朱熹在福建讲学,弟子多福建人,故称为闽学。闽学的最大特点是重视知识训练,将知识训练与理学研究相互结合。这里的"悍"是指以洛学和闽学为代表的两宋经学,他们往往舍传求经,修改前人之说,甚至直接改动经文。这个特点其实早在中唐就已现端倪。如韩愈等《论语笔解》一书,不少地方直接改动经书原文。因此,可以说两宋经学实际上是对中唐新《春秋》学的继承和阐扬。第四个阶段:"学脉旁分,攀缘日众,驱除异己,务定一尊,自宋末以逮明初,其学见异不迁,及其弊也党。"宋至明为经学的第四阶段,对于其弊端,四库馆臣举例说:"如《论语集注》误引包咸夏瑚商琏之说,张存中《四书通证》即阙此一条以讳其误。又如王柏删《国风》三十二篇,许谦疑之,吴师道反以为非之类。""其弊也党"中的"党"字是包庇的意思,也就是说同一派系中有人讲错了也不指出来,像张存中、吴师道等人的做法就是如此。这个阶段经学的特点是外部门派相互争论,而各个师门内部则互相包庇。第五个阶段:"主持太过,势有所偏,材辨聪明,激而横决,自明正德、嘉靖以后,其学各抒心得,及其弊也肆。"这是说明代中后期形成的阳明心学的特点。"各抒心得"是其优长处,"肆"是其弊病。"肆"是什么意思?"肆"是指无所顾忌,游谈无根。四库馆臣举例说:"如王守仁之末派皆以狂禅解经之类。"阳明心学最大的问题是空谈,但王阳明一开始提出的,如回归人的本性、内心的说法是有道理的。后来其学渐落空疏,大家都不怎么读书了,流于口号形式,所以四库馆臣认为阳明学派最大的弊端在于"肆",也就是空谈臆说的意思。第六个阶段:"空谈臆断,考证必疏,于是博雅之儒引古义以抵其隙,国初诸家,其学征实不诬,及其弊也琐。"这是讲明末清初的经学特点。清初顾炎武、黄宗羲等学者为了矫正阳明学派的空疏,提出以实攻虚、以实补虚的办法,具体来讲就是考据和实证的方法。但四库馆臣认为他们矫枉过正,考证过于琐碎,故此说"其弊也琐"。

四库馆臣将两千年来的经学总结为六个阶段,并指出每个阶段的特点和弊端。大家知道,经学史相关著作很多,如皮锡瑞曾著《经学历史》,现当代学者撰写了不少经学史著作,日本学者也有不少相关著作。但在皮锡瑞《经学历史》之前,没有任何一部专书研究经学发展史。所以,《四库全书总目》经部总序是在《经学历史》之前的、简明的经学发展史。四库馆臣接着说:

> 要其归宿,则不过汉学、宋学两家互为胜负。夫汉学具有根柢,讲学者以浅陋轻之,不足服汉儒也。宋学具有精微,读书者以空疏薄之,亦不足服宋儒也。消融门户之见而各取所长,则私心祛而公理出,公理出而经义明矣。盖经者非他,即天下之公理而已。

这段话的意思是:如果要对上述六个阶段做一个总结,那么经学的派别无非汉学和宋学,二者互有胜负。汉学的特点是讲考据,以知识为基础;宋学的特点是讲义理,以哲思见长。若能够合二者之长,去其所短,则公理出、经义明。这里实际上是站在一个很高的立场来总括经学的价值和意义,也可以说为经学发展指明了大方向。从这个例子可以知道,《四库全书总目》各部类序文很重要,通过这些序文可以了解相关学术史的发展流变过程。

下面再看集部词曲类的序文:

> 词、曲二体在文章、技艺之间。厥品颇卑,作者弗贵,特才华之士以绮语相高耳。然三百篇变而古诗,古诗变而近体,近体变而词,词变而曲,层累而降,莫知其然。究厥渊源,实亦乐府之余音,风人之末派。其于文苑,同属附庸,亦未可全斥为俳优也。今酌取往例,附之篇终。词、曲两家又略分甲乙。词为五类:曰别集,曰总集,曰词话,曰词谱、词韵。曲则惟录品题论断之词,及《中原音韵》,而曲文则不录焉。王圻《续文献通考》以《西厢记》《琵琶记》俱入经籍类中,全失论撰之体裁,不可训也。

王国维先生说一代有一代之文学,或许受此序启发。顾颉刚先生有一个著名论断,他认为中国历史是层累而成的,这个说法与《四库全书总目》关于诗、词、曲"层累而降"的论断很相似。此序讲词、曲在中国古代地位不高及其成因,并叙述词、曲的渊源流变,对初学词、曲者来说,很有提纲挈领的作用。关于词学文献,这里所讲的别集、总集、词话、词谱、词韵五类,现今大致还按照这个分类来整理和研究。大家知道,研究宋词有两部非常重要的书籍:一是《全宋词》,属于总集;一是《词话丛编》,属于词话。这两部大书的编者都是唐圭璋先生。我的硕士毕业论文题目是《北宋雅词流变论》,这些书当年写毕业论文时都是翻过的。词谱、词韵方面的书籍就更加专业了,有兴趣的可以顺着《四库全书总目》指引去翻一翻。

(三)细读各书提要

除了各部类序文之外,还须详细阅读各书提要。因为提要有四库馆臣对各书作者、内容、主旨、版本的详细考证,这是非常重要的。以下是《楚辞章句》提要:

> 汉王逸撰。逸字叔师,南郡宜城人。顺帝时官至侍中。事迹具《后汉书·文苑传》。旧本题校书郎中,盖据其注是书时所居官也。初,刘向哀集屈原《离骚》《九歌》《天问》《九章》《远游》《卜居》《渔父》,宋玉《九辨》《招魂》,景差《大招》,而以贾谊《惜誓》,淮南小山《招隐士》,东方朔《七谏》,严忌《哀时命》,王褒《九怀》及向所作《九叹》,共为《楚辞》十六篇。是为总集之祖。逸又益以己作《九思》与班固二叙为十七卷,而各为之注。其《九思》之注,洪兴祖疑其子延寿所为。然《汉书》"地理志""艺文志"即有自注,事在逸前。谢灵运作《山居赋》,亦自注之。安知非用逸例耶?旧说无文,未可遽疑为延寿作也。陈振孙《书录解题》载有《古文楚辞释文》一卷,其篇第首《离骚》,次《九辨》《九歌》《天问》《九章》《远游》《卜居》《渔父》《招隐士》《招魂》《九怀》《七谏》《九叹》《哀时命》《惜誓》《大招》《九思》,迥与今本不同。兴祖据逸《九章》注中,称皆解于《九辨》中,知古本《九辨》在前,《九章》在后。振孙又引朱子之言,据天圣十年陈说之序,谓旧本篇第混并,乃考其人之先后,重定其篇第,知今本为说之所改。则自宋以来,已非逸之旧本。又黄伯思《东观余论》谓逸注《楚辞》,序皆在后,如《法言》旧本之例,不知何人移于前。则不但篇第非旧,并其序亦非旧矣。然洪兴祖《考异》,于"离骚经"下注曰:

"《释文》第一,无'经'字。"而逸注明云:"离,别也。骚,愁也。经,径
也。"则逸所注本确有"经"字,与《释文》本不同。必谓《释文》为旧本,亦
未可信,姑存其说可也。逸注虽不甚详赅,而去古未远,多传先儒之训
诂。故李善注《文选》,全用其文。《抽思》以下诸篇注中,往往隔句用
韵。如'哀愤结缙,虑烦冤也。哀悲太息,损肺肝也。心中结屈,如连环
也'之类,不一而足。盖仿《周易·象传》之体,亦足以考证汉人之韵。
而吴棫以来谈古韵者,皆未征引,是尤宜表而出之矣。

这篇提要有不少问题,特别是四库馆臣认为王逸编《楚辞》十七卷并不符合
事实。详细的辨析,大家可以参考黄灵庚先生整理的《楚辞章句》之前言①。
但我们也要看到这篇提要其他方面的价值。一是《楚辞》的编纂过程。王逸
在刘向编集的基础上增加了新内容,形成《楚辞》新版本,也是王逸所注对
象。这里要特别注意总集的问题,四库馆臣特意指出刘向所编《楚辞》是总
集之祖。这与《隋书·经籍志》总集类将挚虞《文章流别集》作为总集之首不
同。二是关于《九思》注文的作者问题。洪兴祖认为这是王逸之子王延寿所
为。四库馆臣指出洪氏的说法不一定可靠,很可能是王逸自注。其依据是
前有班固自注《汉书》之例,后有谢灵运自注《山居赋》之例。不过,今天看
来,这个依据似乎只能作为旁证,不能作为王逸自注的直接证据。但要提醒
大家注意的是,研究文集"自注"现象,应当注意四库馆臣所举的这些例子。
三是《楚辞》古本与今本的问题。陈振孙《直斋书录解题》认为,五代王勉的
《释文》本为古本,与今本不同,今本的篇第次序是陈说之重定而成。但根据
洪兴祖《楚辞考异》,《释文》本"离骚经"有"经"字,而王逸注本则无"经"字,
《释文》本与王逸注本不同,据此也不能确定《释文》本一定是王逸所注古本。
四是关于王逸注文的价值。四库馆臣认为王逸注文去古未远,比较好地保
存了战国晚期和汉代的训诂特点。他们还特别指出,王逸注文保存了汉代
的古韵,是研究古代音韵学的重要材料。

以上仅举了一个例子,即便如此,也可知认真阅读提要的重要性。

---

① 王逸撰,黄灵庚点校《楚辞章句》"前言",上海古籍出版社 2017 年版。

第十二讲　数字文献与现代学术转向

　　古籍数字化与古代文学研究之间的关联属于技术与学术关系范畴。从书籍史视野看,数字化古籍与之前的写本及印本是共存而非替换关系,这是研究古籍数字化相关问题的重要前提。基于技术进步和标志性成果,古籍数字化四十余年历程大致可分起步、发展、兴盛三个阶段。这种划分只是为了方便对以往过程的理解和认识,从未来发展着眼,既有历程只不过是新事物的一个开端。大数据时代的古代文学研究,以知识发现、文献转型、大数据思维为基础,朝着时空结合、历史现场还原、可视化呈现、文本情感分析及多模态情景生成等新方向发展,为传统学术提供了新观念、新视野、新方法和新思路。从古籍数字化角度考察古代文学研究的新变化,不仅具有重要的方法论意义,而且有重要的学术史价值。

　　如果从 20 世纪 80 年代初算起,古籍数字化已走过四十余年发展历程。在此过程中,不少学者敏锐地发现古籍数字化对学术研究的重要作用和影响,发表了一些具有重要启发意义的论文。如王兆鹏、刘石、郑永晓、李铎、徐永明、刘京臣等,不仅注重理论阐发,而且将理论与实践结合起来,为探索大数据时代古代文学研究的新方向提供了实证范例。若干年前,我也开始关注古籍数字化现象,曾对数字化与古代文学研究的相关问题发表过一些不甚成熟的看法。[①] 以下拟在前人基础上,结合当前古籍数字化成果,从历

---

　　① 吴夏平《数据库与古代文学研究》,《光明日报》(理论版)2004 年 9 月 29 日第 B2 版;《古籍数字化与文献利用》,《中国社会科学院院报》2007 年 9 月 18 日版(总第 71 期);《谁在左右学术——论古籍数字化与现代学术进程》,《山西师大学报》(社会科学版)2010 年第 3 期;《古籍数字化与学术异化》,《山西师大学报》(社会科学版)2012 年第 6 期;等等。

史视野和发展历程出发,就大数据时代古代文学研究中的知识发现、方法转型、视野新变等问题试作分析。

一、古籍数字化考察的书籍史视野

古籍数字化是以现代技术手段对古籍进行数字化加工,以便机器读取和处理的过程。由此形成的数字化古籍是传统书籍的一种现代形态。从这个角度看,对古籍数字化的认识,首先要将其置于整个书籍史发展中,才能获得对其在技术与学术关系范畴中的准确认识。

从技术与学术关系看,中国古代书籍史的发展大致有三个重要节点,一是纸张发明,二是印刷术广泛使用,三是数字技术普及,由此形成书籍发展史上三个重要阶段。在纸张发明之前,书籍形态主要是竹帛。先秦时期,甲骨和铜器等虽也用作书写材料,但这种书写形式是非常态的。甲骨文主要记录占卜的内容,铜器铭文主要刻写与祭祀、战争等有关的重要历史事件,因此甲骨文和铜器铭文是特殊情况下的书写。先秦时期经常使用的书写材料主要有木牍、竹简和丝帛,由此形成与之相关的书籍概念,如编、册、典之类。例如,"韦编三绝"的本义是以牛皮穿连的书简断了多次,后引申为读书勤奋。"册"的本义是指用绳编连的竹简。"典"是一个会意字,上部分指的是"册",下部分是双手,合起来是捧着书册,后来也指重要典籍。受书写材料和工具影响,在纸张广泛使用之前,书籍抄写不易,书籍传播速度和范围也很受限制。汉末魏初,纸张开始较广泛使用,书写载体发生变化,由此改变了书籍抄写和知识传播方式。例如,三国时期魏国缪袭等人奉命编纂大型类书《皇览》,对知识进行了系统分类。书籍装帧形式也发生变化,出现卷轴装、蝴蝶装、经折装、包背装等不同形态。书籍载体、阅读以及写作方式变化,使知识在更大范围内传播。

唐末五代,雕版印刷技术开始被使用,佛道经典、儒家典籍、文学总集、文人别集都在不同程度上被刊刻印刷。不过,时人也认识到雕版印刷技术的负面作用。苏轼曾指出雕版印刷对文人的影响:"余犹及见老儒先生,自言其少时,欲求《史记》《汉书》而不可得,幸而得之,皆手自书,日夜诵读,惟恐不及。近岁市人转相摹刻诸子百家之书,日传万纸,学者之于书,多且易致如此,其文词学术,当倍蓰于昔人,而后生科举之士,皆束书不观,游谈无根,此又何也?"[①]叶梦得也说:"唐以前,凡书籍皆写本,未有模印之法,人以藏书为贵。人不多有,而藏者精于雠对,故往往皆有善本。学者以传录之艰,故其诵读亦精详。五代时,冯道始奏请官镂《六经》板印行。国朝淳化中,复以《史记》、前后《汉》付有司摹印,自是书籍刊镂者益多,士大夫不复以藏书为意。学者易于得书,其诵读亦因灭裂,然板本初不是正,不无讹误。世既一以板本为正,而藏本日亡,其讹谬者遂不可正,甚可惜也。"[②]苏轼和叶梦得都发现,在雕版印刷时代,书籍比较容易获得,人们反而不大读书。叶梦得还进一步指出,人们多读印本书,对印本源头的抄本不大关注,随着抄本不断散佚,印本中的错误也无从校正。由叶梦得所言还可以知道,在印本时代,写本与印本是共存的。也就是说,印本与之前的写本是转换关系,而非替换关系。同时,这也提醒研究者注意,印本时代并非所有书籍都为印本,还有大量书籍是以写本形式传存的。

古籍数字化是书籍发展的第三个重要节点。数字化古籍与原始文献的关系,同样不是替换而是共存关系。也就是说,古籍文献在数字化之后,书籍具有多种形态,包含数字化形态以及之前的写本和印本形态。数字化只是利用现代技术手段对原有古籍进行数字化处理,原有古籍并未因此消失。因此,在数字化时代,也会出现如苏轼和叶梦得所说的各种问题,其中数字化古籍与原始文献之间的形态关系,是需特别关注的重要问题。

二、古籍数字化发展的三个重要节点

大致上说,古籍数字化经历了三个发展阶段,每个阶段均为一个重要节

---

① 苏轼《李氏山房藏书记》,《苏轼文集》卷十一,中华书局1986年版,第359页。
② 叶梦得《石林燕语》卷八,中华书局1984年版,第116页。

点，由此形成古籍数字化发展主脉。

第一阶段为二十世纪七八十年代。此为古籍数字化起始阶段。古籍数字化可以追溯到 20 世纪 40 年代末，意大利耶稣会士罗伯托·布萨与 IBM 公司合作，利用大型计算机制作了托马斯·阿奎那著作索引，称为 Index Thornisticus。60 年代，《计算机与人文科学》杂志诞生，标志着人文计算的正式兴起。1978 年，苏联《高等学校通讯》杂志发表了 M.安德柳辛科介绍电子计算机用于人文科学的文章。作者指出，在经济学、语言学、心理学、社会学、法学等领域，应当培养一批使用电子计算机的人；同时，在建立与人文学科相关的计算体系时，应有人文学科的学者参与。这篇文章提出"电子计算机与人文学科"的关系问题，为后来数字人文发展提供了理论基础。[①] 1980 年 4 月 23 日，法国学者 J.孔特律西在《世界报》撰文说，电子计算机已经进入属于人类智慧的领域，即非形式化智力活动领域。该文详细介绍了法国国立科学研究中心于 1975 年成立的人文科学电子计算机实验室。该实验室负责人说："借助于电子计算机，我们可以进行近似于人的逻辑运算那样的推理。"[②]

在"计算人文"大背景下，一些学者和科研机构开始尝试对中文古籍进行数字化。1978 年，美国学者艾文荷（P. J. lvanhoe）等人运用计算机编制了《朱熹〈大学章句〉索引》《王阳明〈传习录〉索引》《戴震〈孟子字义疏证〉索引》等。1983 年，我国召开的全国语言学学科规划会议上，专门介绍了电子计算机在语言学上的应用，同时确立在《论衡》《朱子语类》《儿女英雄传》三部汉语史专书中用计算机编制引得。从 20 世纪 80 年代中期开始，中国社会科学院栾明贵等人尝试研制《全唐诗》《红楼梦》《全宋词》等数据库。从 1984 年开始，台湾"中央研究院"和各高校着手进行古籍数字化工作。从 80 年代末开始，香港中文大学中国文化研究所下属"汉达古文献数据库中心"陆续开发的全文数据库，包含了甲骨文数据库、竹简帛书出土文献数据库、金文全文数据库、先秦两汉一切传世文献数据库、魏晋南北朝传世文献数据

① 　力一摘译《苏联学者谈电子计算机用于人文科学》，《国外社会科学》1979 年第 1 期。
② 　江小平摘译《法国〈世界报〉谈电子计算机进入人文科学问题》，《国外社会科学》1980 年第 12 期。

库、中国类书数据库等。

受当时技术条件等因素限制，上述成果还存在诸多不足，但也应看到，此阶段的主要贡献是使古籍数字化发生了从无到有的变化，为后来继续推进奠定了重要基础。

第二阶段为20世纪90年代至21世纪初。此期属于古籍数字化的发展阶段。首先是观念的改变，虽有不少学者提出要警惕计量分析在传统文化研究中的负面影响，但整体上认同者居多。基于此种认识，各大高校图书馆开始对馆藏图书目录进行数字化。1993年，中美两国学术机构联合编制中文古籍善本书机读目录。藏书目录和古籍书目的数字化，极大地提高了图书检索效率。一些图书馆着手对馆藏特色文献进行数字化，如上海图书馆建立了一套古籍影像光盘制作及检索系统，包括"标引建库制作子系统"和"存储及检索子系统"；辽宁省图书馆利用IBM的TDI数字相机对古籍进行数字化加工，形成了古籍精选、历史存照等内容。1998年，中国国家图书馆启动"中国数字图书馆工程"，与古籍有关的数字化内容主要有数字方志资源库、石刻拓片资源库、甲骨文献资源库、馆藏各类文献书目数据库、《永乐大典》资源库等子项目。①

此期具有代表性的全文检索数据库是文渊阁《四库全书》电子版，由香港迪志文化出版有限公司与上海人民出版社合作研制。该数据库设置了汉字关联、联机字典、标点笔记、四库大词典等多种辅助功能。文本版页面跟图像版页面对应，可以随时调出图像页面查阅原书。但受字库限制，有些异体字和特殊版式跟原书不尽一致。此外，较知名的全文数据库还有百衲本二十四史、《四部丛刊》、《古今图书集成》、《续资治通鉴长编》的光盘电子版等。值得特别介绍的是哈佛大学开发的"中国历代人物传记资料库"（CBDB）。此库由郝若贝（Robert M. Hartwell）教授创办，他去世后由包弼德（Peter K. Bol）教授主持。其开发工作由哈佛大学费正清中国研究中心、台湾"中央研究院"历史语言研究所和北京大学中国古代史研究中心三方合

① 耿元骊《三十年来中国古籍数字化研究综述1979—2009》，尹小林主编《第二届中国古籍数字化国际学术研讨会论文集》，五洲传播出版社2011年版，第12—28页。

作进行。

与上一阶段相较，此期主要特点：一是参与主体从之前的单一化转向多样化，不少图书机构、科研单位、商业公司纷纷加入古籍数字化队伍；二是充分展示了古籍数字化工程的学科交叉与团体合作性质；三是开发对象主要面向古籍书目和重要典籍。

第三阶段为 21 世纪初迄今。此为古籍数字化的兴盛阶段。进入 21 世纪，古籍数字化日新月异。此期主要特点是：其一，以"中国基本古籍数据库""国学宝典""中华经典古籍库"等为代表的数字化成果，表明研发主体已突破原有格局，形成商业团体、科研单位、出版机构鼎足而三的新局面。其二，在横向上，突破以重要典籍为中心的传统格局，数据库类型更加多样。例如，北京爱如生数字化技术研究中心在"中国基本古籍数据库"之外，还研制了"四库系列"、方志、谱牒、金石、丛书、类书、辞书、儒学、史学、俗文、佛教经典、道教经典、中医典海、历代别集、敦煌文献等十余种数据库。其三，在纵向上，由典藏向量化分析、数字人文平台等方面发展。"爱如生"系列数据库、"国学宝典"、"中华经典古籍库"、"瀚堂典藏古籍数据库"以及各馆藏特色古籍文献的数字化成果等，都属于典藏类。典藏类数据库的主要目的是通过数字化，实现对古籍内容的保存和传播，同时实现分类、字段、全文等方面的检索功能。量化分析型数据库与此不同，主要有两种类型：一是数字化索引型，二是分析平台型。数字化索引型，如"先秦诸子系年""十三经语词索引""全唐五代宋词索引""全元文篇名作者索引"等，其特点是可对内容进行提取和重新整序，形成高度结构化和规范化的形式，有利于计算机进行大规模统计分析。如"全唐五代宋词索引"，可从作者、词牌、首句、字频等方面进行检索和统计分析。分析平台型数据库，如"中国地方历史文献数据库""清代粮价数据库"等，其特点是可对检索结果进行统计分析、对检索结果的关联文献进行聚合、检索结果可视化。[①] 数字人文平台是从典藏、量化分析发展而来的新的数据库类型，如王兆鹏教授开发的"唐宋文学编年地

---

① 卢彤、李明杰《中文古籍数字化成果辅助人文学术研究功能的调查》，《图书与情报》2019 年第 1 期。

图"、徐永明教授研制的"智慧古籍平台"等,可实现从数字化转向数据化以及知识关联等新的学术目标。其四,海外中文古籍数字化。一些海外大学和科研机构,如哈佛大学哈佛燕京图书馆、日本东京大学东洋文化研究所、韩国成均馆大学尊经阁等,对所藏汉籍进行数字化,建立了多种海外汉籍数据库。其五,中西汉籍合璧工程。如郑杰文教授等主持的"全球汉籍合璧工程",对海外藏珍稀汉籍进行调查,正在建设"合璧工程数据库"。"汉典重光"项目由阿里巴巴公益基金会、四川大学、美国加州大学伯克利分校、中国国家图书馆、浙江图书馆合作开展,旨在寻觅流散海外的中国古籍并将其数字化、公共化。据"汉典重光"平台介绍,首批 20 万页古籍已完成数字化,并沉淀为覆盖 3 万多字的古籍字典,公众可通过该平台翻阅、检索古籍。

以上仅为对古籍数字化发展历程的简单梳理。实际上,从未来发展看,近半世纪的古籍数字化工作只不过是新事物的开端。

三、古籍数字化与知识新发现

借助网络环境,古籍数字化不仅加快了书籍传播速度,扩大了传播范围,而且在发现新材料方面也有重要意义。这是因为:第一,受古籍数字化大潮影响,图书机构纷纷推出馆藏特色文献。第二,商业公司为追求利益,也为避免同质化,古籍数据库制作力求新颖、全面、精确。第三,公益机构有意识地搜求海外汉籍善本。这样一来,就极大地丰富了可利用的古籍文献。现有古籍全文数据库提供了大量以往未知或不被关注的文献,毫无疑问,这些新文献都属于学术研究的新材料。

在发现新材料之外,通过数据化、语义关联等技术,可实现数字化古籍的知识聚合与重组、古籍数字化再造等智慧化功能,由此发现新知识。

数字化是数据化的基础,但数据化不等于数字化。数字化是利用计算机对原始古籍进行处理的过程;而数据代表着对某一个事物的描述,数据化是记录、分析、重组数据的过程。未被数据化的数字化信息是零散的、孤立的,不能与其他信息产生关联。只有被数据化之后,知识和信息之间才能建立联系,而其联系的产生所依赖的是被描述。

　　语义是指数据所对应的现实世界中的事物所代表的概念的含义,以及含义之间的关系。语义关联是指通过语义建立起来的知识和信息之间的关系。在数字化古籍中,目前检索方式多为字形匹配检索。例如,在《四库全书》电子版、"中国基本古籍数据库"等数据库中检索"李白",只能得到与"李白"这个词的字形匹配的结果。事实上,"李白"的含义不仅仅为"李白",还包括李太白、青莲居士、诗仙、李翰林、"大李杜"等等。但是这些与"李白"相关的信息,在以字形匹配检索方式下是无法检索出来的。模糊检索或许可以解决这个问题。模糊检索建立在同义词库的基础之上,而同义词库的制作并非计算机专业技术人员所能完成的,需要不同领域专家的通力合作。一些基于网络环境的开源性知识库会逐渐建立并完善同义词库。不过,同义只是语义关系的一个方面。语义关系可以划分为词汇语义关系和文本语义关系两个层面。词汇语义关系又可分为等级(整部、上下、属种、实例)关系、属性关系、等同(同义、反义、近义、等价、又见)关系、方式关系。文本语义关系又可分为相关、引用(被引)关系、论述关系、逻辑(因果、目的、条件、让步、时间、地点、蕴含)关系。通过词汇语义和文本语义建立的语义关联,是实现知识聚合和重组的重要条件。例如,"中国历代人物传记资料库"和"唐宋文学编年地图"等平台,注重人物关系图谱的分析和可视化呈现。"智慧古籍平台"中的关系图谱又分世系图和社会关系图两种,由此可实现知识的聚合和重组。

四、从传统文献学到数字文献学

　　随着古籍数字化不断深入,文献的概念也不断发生变化。文献计量单位从传统的部、册、卷、篇、页、段、行、句等,向基本储存单元(位、字节、字)、扩展存储单元(KB、MB、GB、TB、PB)等转变,文本越来越多按媒介、容量、格式等分类。[①] 传统文献学向数字文献学转变,主要途径是通过技术手段将

---

　　① 刘石、李飞跃《大数据技术与传统文献学的现代转型》,《中国社会科学》2021 年第 2 期。

原始文献碎片化和颗粒化，再将这些数据标准化，以检索、建模、算法等方式实现知识的重新关联。以下主要以目录学、辑佚学、校勘学为例来说明。

(一) 数字目录学

古籍书目与现代书籍目录不同。传统目录学素为专门之学，王鸣盛《十七史商榷》说："目录之学，学中第一紧要事，必从此问途，方能得其门而入。"①同时，学者金榜亦称："不通《汉·艺文志》，不可以读天下书。《艺文志》者，学问之眉目，著述之门户也。"②张之洞《书目答问》："读书不知要领，劳而无功。"③龚自珍《六经正名》："微夫刘子政氏之目录，吾其如长夜乎？"④这是前人对传统目录学重要性的认识。数字时代的古籍目录整理有两个基本工作：一是对图书馆等所藏古籍文献的数字化著录，以便于读者检索；二是对传统目录学著作进行数字化，如"国学宝典"史部"书目类"，对《崇文总目》《郡斋读书志》《直斋书录解题》《四库全书总目》等数十种著作进行了数字化。"中国历代典籍总目分析系统"是目前对古籍书目进行数字化的代表性数据库，具有多种检索功能，依据检索结果可生成可视化图表。但该系统也还存在一些缺憾，如缺少时间、空间及各元素之间的关联数据支持，关键的编撰者信息缺乏，因而无法从更多维度进行分析。因此，有必要通过扩充与古籍相关联的人物信息、时间、地名等知识，把不同类型、不同颗粒度的古籍文献内容关联、整合和集聚起来，建立古籍知识关联网络，实现古籍知识存储、编辑、标引、知识挖掘和知识发现等功能。在构建的典籍知识图谱中，编撰者实体包含朝代、生辰、字、号、别号、谥号、职业、籍贯、人物标签、代表作品、成就、官职等属性，主要通过三种方式获得：结构化数据信息抽取，如"中国历代人物传记资料库"、《中国历史人物辞典》等人名辞典；半结构化数据信息抽取，如在线百科类；非结构化数据信息抽取，如搜索网页。

数字目录学发展的新方向是典籍知识图谱。有研究者指出，依据国际图书馆协会联合会编制的《书目记录的功能需求》规范，在此基础上采用"作

① 王鸣盛《十七史商榷》卷一，第 1 页。
② 王鸣盛《十七史商榷》卷二二，第 248 页。
③ 张之洞《书目答问·略例》，范希曾补正，孙文泱增订《增订书目答问补正》，第 1 页。
④ 龚自珍《六经正名》，王佩诤校《龚自珍全集》第一辑，第 37 页。

品—版本"的形式进行表达,从概念上典籍知识图谱可归成 Work、Person、Version、Place 四类,分别为作品、人物、版本、地名。最终形成的典籍知识图谱由来自全球 743 家图书馆、科研院所等所藏的 250 万余中国历代存世典籍信息组成,其中包含古籍实体 649 549 种、典籍责任者 221 783 位、古籍版本 1 498 383 个、地名节点 13 960 个,这四类节点及其之间的关系构成一个庞大的典籍知识图谱,节点、属性及边等形成了一个立体、多维、多用途的古籍知识关联网络。[①]

对传统目录学的研究,也可采取数字方法重新切入。例如,运用基于神经词向量的 K-means＋＋、Gaussian Mixture Model 和 Spectral Clustering 模型,对《汉书·艺文志》中的存世文献进行自动聚类。结果显示四分至六分的聚类较为稳定有效,并进一步提示:书目在古代文化中已超越单纯的分类目录,成为富有潜在影响力的思维方式。[②]

（二）数字辑佚学

传统古籍辑佚,主要依靠索引、词典之类的工具书提供相关信息,再通过人工翻检、抄写、排序,既耗费人力又难免缺漏。古籍数字化时代的辑佚工作相对容易,可以通过以佚书的书名、作者、某些片段作为关键词,在全文古籍库中进行检索的方式完成。理论上讲,古籍库收书数量越大,则辑佚内容越完善。此外,还可以通过机器自主学习来实现古人别集作品的辑佚。基本步骤是:首先,对辑佚对象进行数据挖掘,将其篇目、作品、类型等进行标注。其次,挖掘意欲爬梳的文献,将文献中涉及的作者姓名、别集名称的同义项、文献中直袭或化用目标作者的作品处等,都进行标注。这样就可以实现机器对辑佚工作的辅助。例如,研究者利用这种方法对魏野《东观集》进行辑佚,发现了不少佚作。[③] 因此,有学者认为,随着数字化古籍库不断增多,未来的辑佚工作可由机器代替。不过,机器虽可完成检索和汇聚佚文的工作,但并不能代替专业学者对材料真伪的辨识以及对原书体例的准确理

---

① 欧阳剑、梁珠芳、任树怀《大规模中国历代存世典籍知识图谱构建研究》,《图书情报工作》2021 年第 5 期。

② 诸雨辰、李绅《〈汉书·艺文志〉目录分类再审视》,《数字人文》2021 年第 3 期。

③ 刘京臣《大数据时代的古典文学研究——以数据分析、数据挖掘与图像检索为中心》,《文学遗产》2015 年第 3 期。

解。因此,要真正恢复一部佚书的原貌,应由专业学者借助机器辅助共同完成。

(三) 数字校勘学

传统古籍校勘,主要通过选择善本为底本,再校以其他各种本子的方式进行。陈垣先生提出对校、本校、他校、理校四种方法,是以往古籍校勘常用之法。数字化古籍在对校、本校、他校中能发挥更好的作用。对同一种古籍的不同版本,采用全文比对或者关键词定位等方式,不仅能提高校勘速度,更能进一步提升校勘质量。例如,周文业先生开发的"中国古代小说数字化软件",可以逐字比勘同一小说的不同版本的文字,自动生成校记,据此发现和解决了不少与版本、校勘相关的学术问题。李铎教授开发的"全唐诗分析系统"和"全宋诗分析系统",可以自动查询作品的重出互见。一般而言,只要能利用的数据库中的古籍版本足够多,同时又能图文对照查看原书图像,则借助数字化古籍来辨析古籍版本、梳理版本流传,进而实现文本校勘的工作效率要比传统方法高得多。在理校中,数字化古籍库虽然也能起到相应的辅助作用,但在发现问题和推定结论等方面,更需要依靠校勘者的专业素养。

五、大数据时代学术研究新变化

上述由古籍数字化引起的知识新发现、文献学从传统向现代转型等,是大数据时代古代文学研究新变化产生的重要基础。从研究实践来看,大数据时代的古代文学研究主要发生了以下几方面新变化。

(一)"e 时代"的考据学

传统考据学提倡多重证据法。陈寅恪先生曾将其归纳为三点:一是"取地下之实物与纸上之遗文互相释证";二是"取异族之故书与吾国之旧籍互相补正";三是"取外来之观念,与固有之材料互相参证"①。概括来讲,陈

---

① 陈寅恪《王静安先生遗书序》,《金明馆丛稿二编》,第247页。

先生强调的是考据材料广博与方法多样。大数据时代的考据学在这两方面都有新发展。最早提出"e考据"概念的是台湾清华大学黄一农教授。他认为："随着出版业的蓬勃以及图书馆的现代化,再加上国际网路和电子资料库的普及,新一代的史学工作者常拥有博闻强识的前辈学者们梦寐以求的环境。我们有机会在很短时间内就掌握前人未曾寓目的材料,并填补探索历史细节时的许多隙缝,或透过逻辑推理的布局,迅速论断先前待考的疑惑或者矛盾。事实上,一个有机会孕育'e-考据学派'的时代或已出现!"①基于"e考据"理念,其《两头蛇:明末清初的第一代天主教徒》一书充分利用网络文献和数字化古籍来考察明末清初的第一代天主教徒,所利用资料多达1 099种。这在前数字时代是很难想象和实现的。在观念和方法方面,数字时代的考据学也有新变化。这种变化主要表现为通过网络和数据库,更易发现和建立人物、事件、时间、地点、文本等事物之间的关系。例如,有学者利用"中国历代人物传记资料库""《天一阁藏明代科举录选刊》数字资源数据库"以及数字化方志、宗谱等数据库,梳理了明代浙江余姚进士家族之间的关系,以及家族内部各自不同的经学传承。②借助数字化资源,能够发现并解决传统方法难以实现的学术问题。

不过,值得注意的是,数字时代的考证会因知识遮蔽而出现误判现象。所谓知识遮蔽,主要是指知识因未被选择而被遮蔽,技术在对一部分知识进行筛选和固化时,使另一部分知识淡化、边缘化,或者说被遮蔽。古籍数字化要从海量古籍中选择处理对象,在这个过程中,一部分古籍被数字化,另一部分则因未被选择而被舍弃。其结果是,那些未被收入数据库而被遗忘的文献无法被检索,进而影响研究结论。上述黄一农对明末清初天主教的研究即是如此。虽然作者利用了千余种文献材料,但还是难免出现将瞿汝夔的母亲支氏误认为谭氏的错误。其成因正如有学者所指出的,并非检索本身出了问题,而是作者检索的数千种文献中没有关键性的瞿氏家谱。③

---

① 黄一农《两头蛇:明末清初的第一代天主教徒》自序,上海古籍出版社2006年版。

② 刘京臣《大数据视阈中的明代登科录研究——以余姚进士家族为中心》,《清华大学学报》(哲学社会科学版)2019年第2期。

③ 熊熊《e时代的两头蛇》,台湾地区《"中央研究院"近代史研究所集刊》第59期,2008年。

（二）时空结合的文学研究

以往研究唐诗，多关注作者籍贯的空间分布。这种静态研究当然也有一定学术意义，但不能展示诗人动态的创作变化。如果将诗歌的创作地点考证清楚，创建一个较大型的"唐诗创作地数据库"，再将其与"唐文人籍贯数据库"结合起来，则可以通过各种分析，揭示诗人空间流动与诗歌创作的关系。[①] 如果将数字化古籍与地理信息系统（Geographic Information System，GIS）建立联系，则可发现并解决更多学术问题，如中国历代作家在不同时期的地域分布状况，自先秦以来中国历代作家在不同地域的消长，历代作家的迁徙与文化重心之转移，作家群体的诞生、嬗变与其地域之分布，家族文化与文学在不同历史时期的演变，具体作家在不同年月的创作情况及其作品在不同地域的分布，作家文集在不同时代、不同地域的流布、刊刻，精确描述文学事件、作家活动与编年文学史写作，作家年谱的编纂，著名作家在不同地域、不同历史时期的影响研究；等等。[②] 借助 Arc GIS、MapInfo 等软件，将"中国历代人物传记资料库"与"中国历史地理信息系统"的数据整合在一起，可以帮助研究者在大量传记数据中归纳出一定的研究模式。

时空结合的文学研究，主要解决过去研究中时间和空间无法同时展示的问题，强调时间变化则无法展示空间分布，强调空间分布则又难按时序叙述。王兆鹏先生研发的"唐宋文学编年地图"，不仅强化了文学史的空间维度，更改变了文学地理空间的认知方式。以前文学的地理空间，人们主要关注的是作家的籍贯地理，即据作家的籍贯而确定的地理空间。而依据作家活动编年系地数据库，就可以确定文学的活动地理，具体了解每个作家一生不同时期的活动地理和创作地理。时间维度上，该平台也可以为文学史研究提供新的视角和范式。依据地图平台的编年系地数据，每年产生的文学作品都很明确、具体，每年活跃在文坛上的作家都一清二楚。因此，观察文学史的发展变化，可以细致到一年、几年之间。哪个年份是文学变化的关键

① 戴伟华《地域文化与唐诗之路》，中华书局 2022 年版，第 31 页。
② 郑永晓《以 GIS 为例看信息技术在古典文学研究中的应用》，《重庆教育学院学报》2006 年第 5 期。

节点,哪个地方是文学变化的核心场域,都有可能被发现。①

(三) 历史现场还原与可视化呈现

与时空结合的文学研究紧密关联的是历史现场还原与可视化呈现。可视化是用计算机图形学和图像处理技术,将数据转换成图形或图像在屏幕上显示,再进行交互处理的理论、方法和技术。古籍可视化研究有不同层面,如对于古籍文本的可视化,可通过数据标引、提取等技术,将一些重要的词语以不同颜色、字体、大小等方式显示,从而形成一种精读文本。② 再如,对中国传统家谱中人物关系的研究,利用优化的家谱树状图和家谱力导向图两种可视化形式,可以直观展示不同的人物之间的关联。③

基于上述可视化技术,可以实现文学研究中的历史现场还原与可视化呈现。从多层面还原历史场景,有助于对具体作品的深度解读。例如,范仲淹《渔家傲》(塞下秋来风景异)一词,根据相关研究成果确定此词的创作地点是在庆州之后,将当下地图和历史地图图层进行交叉对比,就可以发现庆州当时是与西夏接壤的位于宋夏战争前线的边塞"孤城"。正因为是边塞孤城,"四面边声"才让将士们闻之凄然伤感。再切换卫星地图,观察庆州的地形地貌,结合当地的地景图片,又可以真切地感受到范仲淹词中所写"千嶂里""孤城"的荒凉、逼仄和压抑。还原范仲淹词的历史现场,才能透彻理解词中表达的深层意蕴是述边塞之劳苦,而非建功立业之豪情。④ 借助简锦松教授开发的"长安城图的精准化和数位化应用"平台,就可以知道白居易的家住在哪里,上朝要走多久;也可以知道韩愈从家里出来拜访张继,要经过什么路径。借助这张数字化地图,还可以知道从李商隐家到他妻子娘家的居所西亭,路程并不遥远,只有 1.7 公里,进而更加深刻地理解李商隐为悼念亡妻写下的著名的《西亭》:"此夜西亭月正圆,疏帘相伴宿风烟。梧桐莫更翻清露,孤鹤从来不得眠。"罗凤珠等学者建立的"宋人与宋诗地理信息系

---

① 王兆鹏、郑永晓、刘京臣《借器之势,出道之新——"数字人文"浪潮下的古典文学研究三人谈》,《文艺研究》2019 年第 9 期。
② 欧阳剑、任树怀《数字人文研究中的古籍文本阅读可视化》,《图书馆杂志》2021 年第 4 期。
③ 任明、李俊杰、刘雪薇、许光《中华传统家谱数据可视化研究》,《数字人文研究》2021 年第 4 期。
④ 王兆鹏、肖鹏《范仲淹边塞词的现场勘查与词意新释》,《文艺研究》2017 年第 2 期。

统""唐代诗人行吟地图",徐永明教授研制的"学术地图发布平台"①等,将历史人物的行迹和社会关系、人群分布和物群分布配上地理信息,以一目了然的可视化方式呈现,都是文学可视化研究的著例。

(四) 文本计算与人文情感分析

文本计算与人文情感分析,是指利用自然语言处理(NLP)、深度神经网络(DL)等人工智能(AI)技术,研究文本中蕴含的人文情感属性和分类,剖析"文如其人"的背后机理、方法或逻辑,挖掘具有启发性、隐藏性、前瞻性的观点和结论。具体应用领域主要包括舆情分析、文风分类、文章批改、文本情感分析等。利用"主题模型算法"(Latent Dirichlet Allocation,LDA),使计算机学习并识别大规模文档库或语料库中潜藏的主题信息。其原理是:将文本库中每篇文档的主题以概率分布的形式抽取出来,通过分析这些抽取出的主题,进行主题聚类或文本分类。研究认为,主观文本一般会有情感基调和情感走向,对情感词汇标引,可揭示语篇层面的情感流动。对不同时代或群体的情感用词统计聚类,可自动生成"情感辞典"。在此基础上,可以对不同的文本单元如句子、段落和全文作出情感分析,也可以对整篇以及整部、多部作品作多维度如作者、体裁、题材、时代、地域、社团、流派等的情感分析,绘制"情感雷达",捕捉文本如何表达情感、表达什么情感以及情感如何分布和演化等。通过情感标签与计算,能够进一步探究不同历史时期的社会现实与作品之间的对应关系。分析情感图谱上的关节点,可以探究情感症候与文献生产、文体流变之间的关系。情感分析方法还可用于分析诗词曲格律情感表达模式,即哪些格律更多用来或者更适合用来表达哪类情感。另外,针对诗词文中的"意象",借助深度学习技术建立意象表征和情感图谱,方便学者分析文学作品中意象与情感刻画的演化。② 例如,利用《李娃传》等唐传奇中的情感词,可绘制出不同人物随情节发展而变化的情感曲线。③ 通过提

---

① 徐永明《中国古典文学研究的几种可视化途径——以汤显祖研究为例》,《浙江大学学报》(人文社会科学版)2018 年第 2 期。

② 刘石、李飞跃《大数据技术与传统文献学的现代转型》,《中国社会科学》2021 年第 2 期。

③ 马昭仪《小说文本作为历史大数据的城市空间叙事研究——以〈李娃传〉与唐长安为例》,天津大学 2020 年硕士论文。

取宋词的创作时间、创作地或描述地及词人情感信息等时空数据,建立相关的地理时空数据库,并利用制图和空间分析方法,可研究宋代词人整体的情感特征在时间和空间上的动态变化。①

(五)多模态情景分析与文化生成

多模态情景分析与文化生成,是指采用生成对抗网络(GAN)、自然语言处理(NLP)、多媒体分析等数字 AI 技术,研究图像、视频、语音等多模态情景下的人文模式,研究"寓情于景""借景抒情"等传统人文诗词写作范式,从而探索数字时代背景下的文本自动生成理论和方法,提高人文生成效率,扩展人文研究方法。具体应用领域主要包括看图说话、AI 写诗、自动作文等。例如,清华大学自然语言处理与社会人文计算实验室研发的人工智能诗歌写作系统"九歌",采用最新的深度学习技术,结合多个为诗歌生成专门设计的模型,基于超过 80 万首诗歌进行训练学习。区别于其他诗歌生成系统,"九歌"具有多模态输入、多体裁、多风格、人机交互创作模式等特点。

以上梳理的五种类型,仅为大数据时代古代文学研究新变化的大致情况。实际上,基于各自研究特点,不同研究者对数字化古籍的利用方式也不尽相同。

从上述可知,古籍数字化确实为古代文学研究提供了新理论、新技术、新观念、新方法。但毋庸置疑,当前古籍数字化还存在不少问题,既有技术方面的,也有人为造成的,在一定程度上制约了古代文学研究发展。笔者以为,未来需要解决的重要问题主要有以下几点。

其一,检索技术。从发现知识和信息提取等角度看,数字化古籍利用最基本也最重要的是其检索功能。当前检索的主要方式是字形匹配的全文检索。正如前文所论,字形匹配的检索方式有两个重要弊端,一是漏检,二是错检。漏检造成信息不全,错检产生信息干扰。模糊检索虽在一定程度上可以解决这些问题,但网络平台提供的词条在数量和专业上都还存在不少问题,并且由于模糊检索主要是同义词检索,故而实际上现阶段模糊检索距

---

① 陈曦东、毛凌潇、陈丙寅、裴韬、任雨《宋词中情感的时空特征分析》,《地理科学进展》2017年第 9 期。

离词义检索还很遥远。学界虽已充分注意到词义检索的重要性，但真正实现词义检索需要多方联动，因此词义检索也还处在期待之中。另外，在文字文本之外，古籍原始文献及研究资料还存在图像、音频、视频等各种形态。如何实现图像检索、音频检索、视频检索，如何实现词义检索与图像、音频、视频检索的深度融合，虽已引起研究者积极关注，但目前尚未有较好的解决方法。这些技术难题已成为古籍数字化和学术研究的障碍，是古籍数字化未来发展必须解决的重要问题。

其二，信息孤岛。中国国家图书馆等开发的"中华古籍善本联合书目"、上海图书馆研制的"中国家谱知识服务平台"等，免费向读者开放。"唐宋文学编年地图"等网络平台力图解决古籍"同类异处"和"异类分隔"的问题，在实现一键提取各类综合知识上提供很好的实践范例。[1] 但当前类似于这样的开放性和公益性的平台并不多，很难满足研究者的需要。商业公司开发的各种大型古籍数据库，一些研究机构制作的专题数据库，在广泛使用上还受到种种限制。即便能使用，各类数据库之间也尚未建立深度的类似于语义检索的关联，由此形成"信息孤岛"现象。如何破除学术壁垒，也是古籍数字化需要直面的重要问题。

其三，数字鸿沟。这主要表现在两方面，一是国内各地区之间的不平衡，二是国外与国内之间的不平衡。从使用数字资源的基础设施看，东部和沿海地区要高于西部地区。在购买和使用各种数字产品方面，东部同样要高于西部。在国际方面，一些经济发达国家和地区越来越占优势，拉大了数字产品利用差距，若干年后，很可能会出现这种现象：国外科研机构在古籍数字化产品的占有量方面超出中国，因而对中国古代文化的研究成果反超中国。正如美国学者杰弗里·A.赖德伯格-科克斯(Jeffrey A. Rydberg-Cox)指出的："具有讽刺意味的是，这种具有潜力、从根本上改变学者完成他们工作的工具，由主要追求商业利益，而不是出于研究和教学需要的环境驱动，正在茁壮地生根发展。"[2]

---

[1] 王兆鹏、邵大为《数字人文在古代文学研究中的初步实践及学术意义》，《中国社会科学》2020年第8期。

[2] ［美］杰弗里·A.赖德伯格-科克斯《挑战数字图书馆和数字人文科学》，朱常红译，广西师范大学出版社2010年，第76页。

后　记

正如前言所说,我在读博士时,戴老师开设了"文学与考据""制度与文学"两门课程。后来,我在教学过程中,也承担了这两门研究生课程。自 2009 年至今,已有 15 个年头了。因讲课需要,反复阅读《汉书·艺文志》《隋书·经籍志》等目录学著作,同时也积累了不少其他材料。但之前从未想过把讲义整理出版。主要基于三方面考虑:一是不够成熟。虽然讲了多次,但不够深入,不成系统。二是传统文献学之类的教材和著作不少,若无新意,似不必出版。三是本课程是开放的、动态的,每学期课时不同,授课内容也发生变化。因此,备课过程中不断补充新材料,讲义越积越厚,但一直未有出版想法。

事物总是不断变化的。新冠肺炎疫情期间,隔空授课。有些同学说,网络信号不好,希望有空时能补听,因此提出录屏。这样一来,我就想能不能把讲课内容整理成文字,以保存课程资料。后来跟同学们商量,请他们帮忙记录、整理,于是有了讲义初稿。我在初稿基础上,对内容做了一些调整,对语言作了一些加工,并逐条核查了引文。

承蒙学校和人文学院领导信任,使我有机会参与上海市高水平地方高校"数字人文资源建设与研究"重点创新团队建设。为推进团队建设,计划出版两套系列丛书,一是"数字人文教材系列",二是"数字人文研究丛书"。本书有幸列入数字人文教材系列,倍感荣幸。特别感谢学校和学院领导大力支持,感谢同学们热心帮助,感谢上海教育出版社易英华等老师们的辛勤付出!书中错漏,恳请各位读者不吝批评教正!

吴夏平

2023 年 4 月 16 日

图书在版编目（CIP）数据

文献与考据讲义 / 吴夏平著. — 上海：上海教育出版社，2023.9
（数字人文丛书）
ISBN 978-7-5720-2310-1

Ⅰ.①文… Ⅱ.①吴… Ⅲ.①文献学 ②考据学
Ⅳ.①G256 ②K061

中国国家版本馆CIP数据核字(2023)第187454号

责任编辑　易英华
封面设计　王　捷

WENXIAN YU KAOJU JIANGYI
文献与考据讲义
吴夏平　著

出版发行　上海教育出版社有限公司
官　　网　www.seph.com.cn
地　　址　上海市闵行区号景路159弄C座
邮　　编　201101
印　　刷　上海龙腾印务有限公司
开　　本　700×1000　1/16　印张 17.5
字　　数　260 千字
版　　次　2025年4月第1版
印　　次　2025年4月第1次印刷
书　　号　ISBN 978-7-5720-2310-1/G·2049
定　　价　59.80 元

如发现质量问题，读者可向本社调换　电话：021-64373213